АНГЛИЙСКО-БЪЛГАРСКИ
БЪЛГАРСКО-АНГЛИЙСКИ
РЕЧНИК

ENGLISH-BULGARIAN
BULGARIAN-ENGLISH
DICTIONARY

●

ИЗЛЕЗЛИ ОТ ПЕЧАТ:

Английско-български/
българско-английски речник

Немско-български/
българско-немски речник

Италианско-български/
българско-италиански речник

Руско-български/
българско-руски речник

АНГЛИЙСКО-БЪЛГАРСКИ
БЪЛГАРСКО-АНГЛИЙСКИ
РЕЧНИК

ENGLISH-BULGARIAN
BULGARIAN-ENGLISH
DICTIONARY

Съставител
НАДЯ ДЖАНКОВА

Издателска къща „Хермес"

**ВСИЧКИ КНИГИ НА ИЗДАТЕЛСКА КЪЩА „ХЕРМЕС"
МОЖЕТЕ ДА ПОРЪЧАТЕ С ОТСТЪПКА**

на нашия сайт

www.hermesbooks.com

или на телефон: 032/608 100

Очакват ви промоции и други изненади!

ISBN 978-954-26-0011-4

СЪДЪРЖАНИЕ

ПРЕДГОВОР

Учебният „Английско-български / българско-английски речник" е първото ви училищно речниково помагало. Замислен като ценно допълнение в процеса на овладяване на английския език, речникът обединява лексиката, присъстваща в най-широко използваните учебници по английски език в българското училище в стандартната и ранноезиковата форма на обучение, и покрива активен речников обем от начално до средно ниво включително. Състои се от:

- ◆ Английско-български речник с близо 5000 думи и изрази
- ◆ Българско-английски речник с над 5000 думи и изрази
- ◆ Списък на географските названия и съкращения от най-популярните училищни учебници и помагала
- ◆ Таблица на най-използваните неправилни глаголи
- ◆ Указател за произношението на английските звуци

Принципът на съставяне на настоящия речник цели максимална яснота, достъпност и ефективна самостоятелна и/или урочна работа.

Учебният „Английско-български / българско-английски речник" е адресиран към всички малки и големи ученици (и техните преподаватели), за които мотивацията да овладяваш системно английския език е осъзнат факт. И той ще ви служи за превръщането на тази амбиция в реалност. Защото добрият учител и добрият учебник ви дават *какво* и *колко* се учи, а езиковият речник добавя творческото *как* да учим успешно! А това е най-ценното ноу-хау в обучението, нали?

От съставителя

АНГЛИЙСКО-БЪЛГАРСКИ РЕЧНИК

ENGLISH-BULGARIAN DICTIONARY

[ɑː]	star
[æ]	cat
[aɪ]	my
[aʊ]	now
[e]	pen
[eɪ]	say
[eə]	there
[ɪ]	fit
[iː]	see
[ɪə]	beer
[ɒ]	hot
[əʊ]	no
[ɔː]	more
[ɔɪ]	boy
[ʊ]	look
[uː]	moon
[ʊə]	tour
[ɜː]	sir
[ʌ]	cup
[ə]	better
[tʃ]	chop
[θ]	thank
[ð]	the
[dʒ]	joy
[b]	big
[d]	dog
[f]	fog
[g]	get
[h]	hit
[j]	yes
[k]	car
[l]	love
[m]	most
[n]	nose
[p]	print
[r]	rock
[s]	stop
[t]	trip
[v]	very
[w]	win
[z]	zip
[ʃ]	ship
[ʒ]	pleasure
[ŋ]	ring

Английски:

a adjective прилагателно име
adv adverb наречие
conj conjunction съюз
imper imperative повелително наклонение
int interjection междуметие
n noun съществително име
npl noun plural съществително в
   множествено число
pl plural множествено число
pp past participle минало причастие
pref prefix представка
prep preposition предлог
pron pronoun местоимение
pt past tense минало време
sg singular единствено число
v verb глагол
→ препратка

Български:

ам. американски английски
анат. анатомия
биол. биология
биох. биохимия
бот. ботаника
бъд.вр. бъдеще време
грам. граматика
ед.ч. единствено число
зоол. зоология
комп. компютри
л. лице
мат. математика
мед. медицина
мн.ч. множествено число
муз. музика
обикн. обикновено
поет. поетична дума
прев.ст. превъзходна степен
прен. преносно
разг. разговорно
сег.вр. сегашно време
сп. спорт
сравн.ст. сравнителна степен
същ. съществително име
търг. търговия
фил. философия
хим. химия

A

a [ə] неопределителен член (*пред съгласни и полусъгласни*)

abandon [ə'bændən] *v* напускам, изоставям

abbreviate [ə'bri:vɪeɪt] *v* съкращавам

abbreviation [əˌbri:vɪ'eɪʃn] *n* съкращение

ability [ə'bɪlɪtɪ] *n* способност, умение

able ['eɪbl] *a* способен

aborigine [ˌæbə'rɪdʒənɪ] *n* абориген

about [ə'baʊt] *prep* за, относно

above [ə'bʌv] *prep* над; *adv* горе

abroad [ə'brɔ:d] *adv* в чужбина

absence ['æbsəns] *n* отсъствие

absent ['æbsənt] *a* отсъстващ

absolute ['æbsəlu:t] *a* абсолютен, неограничен

absolutely ['æbsəlu:tlɪ] *adv* абсолютно, напълно

absorb [əb'sɔ:b] *v* попивам

accelerate [ək'seləreɪt] *v* ускорявам

accent¹ ['æksənt] *n* ударение

accent² [ək'sent] *v* наблягам на

accept [ək'sept] *v* приемам

access ['ækses] *n* достъп

accident ['æksɪdənt] *n* злополука

accommodation [əˌkɒmə'deɪʃn] *n* квартира; настаняване

account [ə'kaʊnt] *n* сметка; отчет

accountant [ə'kaʊntənt] *n* счетоводител

accounting [ə'kaʊntɪŋ] *n* счетоводство

accurate ['ækjʊrət] *a* точен

accuse [ə'kju:z] *v* обвинявам

ache [eɪk] *n* болка; *v* боли

acid ['æsɪd] *n* киселина; ~ **rain** ['reɪn] киселинен дъжд

acorn ['eɪkɔ:n] *n* жълъд

acquaint [ə'kweɪnt] *v* запознавам

acre ['eɪkə] *n* акър

acrobat ['ækrəbæt] *n* акробат

across [ə'krɒs] *prep* през; *adv* напряко

act [ækt] *n* действие; *v* действам, постъпвам

active ['æktɪv] *a* деен, активен

activity [æk'tɪvɪtɪ] *n* дейност, активност

actor ['æktə] *n* актьор

actress ['æktrɪs] *n* актриса

acupuncture ['ækjʊpʌŋktʃə] *n* акупунктура

acute [ə'kju:t] *a* остър; проницателен

ad [æd] *n* обява

add [æd] *v* добавям, прибавям; *мат.* събирам

addict¹ [ə'dɪkt] *v* пристрастявам се

addict² ['ædɪkt] *n* наркоман

addiction [ə'dɪkʃn] *n* пристрастяване

address [ə'dres] *n* адрес; *v* обръщам се към

adjective ['ædʒɪktɪv] *n* прилага-
телно име

administrative [əd'mɪnɪstrətɪv] *a*
административен

admire [əd'maɪə] *v* възхищавам се
от

admit [əd'mɪt] *v* приемам, допус-
кам

adore [ə'dɔː] *v* обожавам

adult ['ædʌlt] *n, a* възрастен

advanced [əd'vɑːnst] *a* напреднал;
напредничав

advantage [əd'vɑːntɪdʒ] *n* пре-
димство

adventure [əd'ventʃə] *n* приклю-
чение

adverb ['ædvɜːb] *n* наречие

advertise ['ædvətaɪz] *v* реклами-
рам

advertisement [əd'vɜːtɪsmənt] *n*
обява, реклама

advice [əd'vaɪs] *n* съвет, мнение

aerial ['eərɪəl] *n* антена

aerobic [eə'rəʊbɪk] *a* аеробен

aeroplane ['eərəpleɪn] *n* самолет

affect [ə'fekt] *v* въздействам на,
засягам

afford [ə'fɔːd] *v* позволявам си,
мога да си купя

afraid [ə'freɪd] *a* изплашен

after ['ɑːftə] *prep* след; *adv* после

afternoon [ˌɑːftə'nuːn] *n* следобед

again [ə'gen, ə'geɪn] *adv* отново,
пак

against [ə'geɪnst] *prep* против,
срещу

age [eɪdʒ] *n* възраст

agent ['eɪdʒənt] *n* агент; представ-
вител

aggressive [ə'gresɪv] *a* нападате-
лен, агресивен

ago [ə'gəʊ] *adv* преди

agree [ə'griː] *v* съгласявам се

agreement [ə'griːmənt] *n* споразу-
мение, съгласие

agricultural [ˌægrɪ'kʌltʃərəl] *a* зе-
меделски

agriculture ['ægrɪkʌltʃə] *n* земеде-
лие

ahead [ə'hed] *adv* напред

aid [eɪd] *n* помощ

aim [eɪm] *n* цел; *v* целя

air [eə] *n* въздух; *a* въздушен; *v*
проветрявам

airfield ['eəfiːld] *n* аеродрум, ле-
тище

air-hostess ['eəˌhəʊstɪs] *n* стюар-
деса

airport ['eəpɔːt] *n* летище

alarm clock [ə'lɑːm klɒk] *n* будил-
ник

album ['ælbəm] *n* албум

alert [ə'lɜːt] *a* нащрек, бдителен;
чевръст

alien ['eɪljən] *a* извънземен; чужд

alive [ə'laɪv] *a* жив

alkali ['ælkəlaɪ] *n* основа; *a* със со-
лена почва

all [ɔːl] *pron* всички; всичко

all right [ˌɔːl 'raɪt] *adv* добре; пра-
вилно

allegiance [ə'liːdʒəns] *n* преда-
ност, вярност

allergic [ə'lɜːdʒɪk] *a* алергичен

alliance [ə'laɪəns] *n* съюз, лига;
връзка

allow [ə'laʊ] *v* разрешавам, поз-
волявам

almost ['ɔ:lməʊst] *adv* почти

alone [ə'ləʊn] *a* сам

along [ə'lɒŋ] *prep* по; *adv* покрай

aloud [ə'laʊd] *adv* високо, на висок глас

alphabet ['ælfəbet] *n* азбука

already [ɔ:l'redɪ] *adv* вече

also ['ɔ:lsəʊ] *adv* също

alter ['ɔ:ltə] *v* променям

alternative [ɔ:l'tɜ:nətɪv] *n* друга възможност; *a* алтернативен

although [ɔ:l'ðəʊ] *conj* макар че, въпреки че

altitude ['æltɪtju:d] *n* надморска височина

aluminium [ˌæljʊ'mɪnɪəm] *n* алуминий

always ['ɔ:lweɪz, 'ɔ:lwɪz] *adv* винаги

am [æm, əm] *v 1 л. ед.ч. сег.вр.* → **be**

amazing [ə'meɪzɪŋ] *a* удивителен

ambition [æm'bɪʃn] *n* амбиция

ambulance ['æmbjʊləns] *n* линейка

among [ə'mʌŋ] *prep* между, сред

amount [ə'maʊnt] *n* количество; сбор; *v* възлизам (**to** на)

amplify ['æmplɪfaɪ] *v* усилвам, увеличавам

amuse [ə'mju:z] *v* забавлявам, развличам

amusement [ə'mju:zmənt] *n* забавление

an [æn, ən] неопределителен член (*пред гласна*)

analyse ['ænəlaɪz] *v* анализирам

Anasazi [ˌænə'sɑ:zɪ] *npl* анасази (*древно индианско племе*)

ancestor ['ænsestə] *n* предшественик

anchor ['æŋkə] *n* котва

ancient ['eɪnʃənt] *a* древен, античен

and [ænd, ənd] *conj* и; а, но

angle ['æŋgl] *n* ъгъл

angry ['æŋgrɪ] *a* ядосан, сърдит

animal ['ænɪml] *n* животно

animate ['ænɪmeɪt] *v* съживявам, оживявам

animator ['ænɪmeɪtə] *n* аниматор

ankle ['æŋkl] *n* глезен

anniversary [ˌænɪ'vɜ:sərɪ] *n* годишнина

announce [ə'naʊns] *v* съобщавам

announcement [ə'naʊnsmənt] *n* съобщение

annoy [ə'nɔɪ] *v* досаждам, дразня

annoying [ə'nɔɪɪŋ] *a* досаден, дразнещ, неприятен

annual ['ænjʊəl] *a* годишен

anorak ['ænəræk] *n* анорак

another [ə'nʌðə] *a* друг; още един

answer ['ɑ:nsə] *n* отговор; *v* отговарям

ant [ænt] *n* мравка

antelope ['æntɪləʊp] *n* антилопа

antenna [æn'tenə] *n* антена; пипалце (*на насекомо*)

antique [æn'ti:k] *a* античен, старинен, древен

any ['enɪ] *pron* някакъв; кой да е, всеки

anybody ['enɪˌbɒdɪ] *pron* някой (човек); никой; кой да е, всеки

anyhow ['enɪhaʊ] *adv* как да е; във всеки случай

anywhere ['enɪweə] *adv* където и да е, навсякъде

apart [ə'pɑːt] *adv* отделно, настрана

apartheid [ə'pɑːtheɪt] *n* апартейд, разделяне по расов признак

apartment [ə'pɑːtmənt] *n* апартамент; квартира

apologize [ə'pɒlədʒaɪz] *v* извинявам се

apology [ə'pɒlədʒɪ] *n* извинение

appeal [ə'piːl] *n* зов, призив

appear [ə'pɪə] *v* появявам се

appetite ['æpɪtaɪt] *n* апетит

applaud [ə'plɔːd] *v* аплодирам, ръкопляскам (на)

applause [ə'plɔːz] *n* аплодисменти, ръкопляскане (на)

apple ['æpl] *n* ябълка; *a* ябълков

apply [ə'plaɪ] *v* прилагам, употребявам

appointment [ə'pɔɪntmənt] *n* (уговорена) среща, час

approach [ə'prəʊtʃ] *n* подход; *v* приближавам се

appropriate [ə'prəʊprɪət] *a* подходящ, съответен

appropriately [ə'prəʊprɪətlɪ] *adv* подходящо

approve [ə'pruːv] *v* одобрявам

approximate [ə'prɒksɪmət] *a* приблизителен

approximately [ə'prɒksɪmətlɪ] *adv* приблизително

apricot ['eɪprɪkɒt] *n* кайсия

April ['eɪprəl] *n* април

apron ['eɪprən] *n* престилка

aquarium [ə'kweərɪəm] *n* аквариум

Arawak ['ærə,wæk] *npl* араваки (*група индиански племена*)

arch [ɑːtʃ] *n* арка, свод

archaeologist [,ɑːkɪ'ɒlədʒɪst] *n* археолог

architect ['ɑːkɪtekt] *n* архитект

arctic ['ɑːktɪk] *a* арктически

are [ɑː] *v* 2 л. ед. и 1, 2, 3 л. мн.ч. сег.вр. ➔ be

area ['eərɪə] *n* област, площ

argue ['ɑːgjuː] *v* споря; разисквам

argument ['ɑːgjʊmənt] *n* довод, аргумент; спор

arithmetic [ə'rɪθmətɪk] *n* аритметика

arm [ɑːm] *n* ръка (*от китката до рамото*)

armchair ['ɑːmtʃeə] *n* фотьойл

armour ['ɑːmə] *n* броня, доспехи

army ['ɑːmɪ] *n* армия

aroma [ə'rəʊmə] *n* аромат, благоухание

arrange [ə'reɪndʒ] *v* подреждам; уреждам

arrest [ə'rest] *v* арестувам, задържам

arrival [ə'raɪvl] *n* пристигане

arrive [ə'raɪv] *v* пристигам

arrow ['ærəʊ] *n* стрела

art [ɑːt] *n* изкуство

artichoke ['ɑːtɪtʃəʊk] *n* артишок

article ['ɑːtɪkl] *n* стока, артикул; *грам.* член

artificial [,ɑːtɪ'fɪʃl] *a* изкуствен

artist ['ɑːtɪst] *n* художник

artistic [ɑː'tɪstɪk] *a* художествен

as [æz, əz] *conj* като; тъй като

ash [æʃ] *n* пепел

ashamed [ə'ʃeɪmd] *a* засрамен

ashtray ['æʃtreɪ] *n* пепелник

ask [ɑːsk] *v* питам; моля; каня

asleep [ə'sliːp] *a* заспал

aspect ['æspekt] *n* страна (*на въпрос*)

aspirin ['æsprɪn] *n* аспирин

assassin [ə'sæsɪn] *n* убиец, атентатор

assassination [əˌsæsɪ'neɪʃn] *n* (политическо) убийство

asthma ['æsmə] *n* астма, задух

astonish [ə'stɒnɪʃ] *v* удивявам

astronaut ['æstrənɔːt] *n* астронавт

astronomer [ə'strɒnəmə] *n* астроном

at [æt, ət] *prep* при; в; у; на

ate [et, eɪt] *pt* ➜ **eat**

athlete ['æθliːt] *n* атлет

athletics [æθ'letɪks] *n* атлетика

atlas ['ætləs] *n* атлас

atmosphere ['ætməˌsfɪə] *n* атмосфера

atom ['ætəm] *n* атом

attach [ə'tætʃ] *v* прикрепям; прилагам; привързвам (се)

attachment [ə'tætʃmənt] *n* приложение; привързаност

attack [ə'tæk] *v* нападам, атакувам

attempt [ə'tempt] *n* опит; *v* опитвам се

attend [ə'tend] *v* присъствам, посещавам

attention [ə'tenʃn] *n* внимание

attic ['ætɪk] *n* таван; мансарда

attitude ['ætɪtjuːd] *n* отношение, становище

attract [ə'trækt] *v* привличам

aubergine ['əʊbədʒiːn] *n* патладжан

audience ['ɔːdjəns] *n* публика

August ['ɔːgəst] *n* август

aunt [ɑːnt] *n* леля, вуйна

author ['ɔːθə] *n* автор

authority [ɔː'θɒrətɪ] *n* авторитет; власт

autumn ['ɔːtəm] *n* есен

available [ə'veɪləbl] *a* наличен

average ['ævərɪdʒ] *a* среден, обикновен

aviator ['eɪvɪeɪtə] *n* авиатор

avocado [ˌævə'kɑːdəʊ] *n* авокадо

avoid [ə'vɔɪd] *v* избягвам, отбягвам

awake [ə'weɪk] *v* будя, събуждам; *a* буден

award [ə'wɔːd] *n* награда

away [ə'weɪ] *adv* далеч, надалеч

awful ['ɔːfʊl] *a* ужасен

awkward ['ɔːkwəd] *a* несръчен, непохватен, неловък, недодялан

awoke [ə'wəʊk] *pt* ➜ **awake**

awoken [ə'wəʊkən] *pp* ➜ **awake**

axe [æks] *n* брадва

axle ['æksl] *n* ос

Aztecs ['æzteks] *npl* ацтеки (*индианско племе*)

B

baby ['beɪbɪ] n бебе

back [bæk] n гръб; adv назад, обратно; a заден

backache ['bækeɪk] n болки в гърба

background ['bækgraʊnd] n фон; произход

backpack ['bækpæk] n раница

backwards ['bækwədz] adv назад, обратно

bacon ['beɪkən] n бекон

bacteria [bæk'tɪərɪə] npl (sg bacterium [bæk'tɪərɪəm]) бактерии

bad [bæd] a (worse [wɜːs]; worst [wɜːst]) лош; развален, гнил

badge [bædʒ] n значка

badly ['bædlɪ] adv (worse [wɜːs]; worst [wɜːst]) лошо, зле

badminton ['bædmɪntən] n бадминтон

bag [bæg] n чанта

baggage ['bægɪdʒ] n багаж

bagpipe ['bægpaɪp] n и pl гайда

bait [beɪt] n стръв

bake [beɪk] v пека

baker ['beɪkə] n хлебар, пекар

balalaika [ˌbælə'laɪkə] n балалайка

balance ['bæləns] n равновесие, баланс

balcony ['bælkənɪ] n балкон

ball [bɔːl] n топка, кълбо

ballet ['bæleɪ] n балет

balloon [bə'luːn] n балон

ballpoint pen ['bɔːlpɔɪnt pen] n химикалка

bamboo [bæm'buː] n бамбук; a бамбуков

banana [bə'nɑːnə] n банан

band [bænd] n лента; оркестър

bandage ['bændɪdʒ] n превръзка, бинт

bang [bæŋ] n трясък; v трясвам, хлопвам

bank [bæŋk] n бряг на река; банка

bankrupt ['bæŋkrʌpt] a фалирал, банкрутирал

bar [bɑː] n бар; преграда; парче; v залоствам

barbecue ['bɑːbɪkjuː] n барбекю

barber ['bɑːbə] n бръснар

bargain ['bɑːgɪn] n сделка; v пазаря се

bark [bɑːk] n лай; v лая

barn [bɑːn] n плевня; хамбар

base [beɪs] v основавам, базирам

baseball ['beɪsbɔːl] n бейзбол

basement ['beɪsmənt] n сутерен; ам. мазе

basin ['beɪsn] n леген

basket ['bɑːskɪt] n кошница

basketball ['bɑːskɪtbɔːl] n баскетбол

bat [bæt] n прилеп; бухалка

bath [bɑːθ] n вана; къпане, баня

bathroom ['bɑːθrʊm] n баня

battery ['bætərɪ] n батерия

battle ['bætl] n битка

bauxite ['bɔːksaɪt] n боксит, алуминиева руда

bay [beɪ] *n* залив

be [biː, bɪ] *v* бъда; съм; съществувам

beach [biːtʃ] *n* бряг, плаж

bead [biːd] *n* мънисто

beak [biːk] *n* клюн, човка

beam [biːm] *n* лъч; сноп

beans [biːnz] *n* боб, фасул

bear [beə] *n* мечка; **teddy ~** плюшено мече; *v* нося; понасям; раждам

beard [bɪəd] *n* брада

beast [biːst] *n* звяр

beat [biːt] *v* бия; побеждавам; туптитя

beaten ['biːtn] *pp* → **beat**

beautiful ['bjuːtɪfʊl] *a* красив

beauty ['bjuːtɪ] *n* красота; красавица

beaver ['biːvə] *n* бобър

became [bɪ'keɪm] *pt* → **become**

because [bɪ'kɒz] *conj* защото, понеже

become [bɪ'kʌm] *v* ставам

bed [bed] *n* легло

bedroom ['bedrʊm] *n* спалня

bedtime ['bedtaɪm] *n* време за лягане

bee [biː] *n* пчела

beech [biːtʃ] *n* бук

beef [biːf] *n* говеждо месо

been [biːn] *pp* → **be**

beer [bɪə] *n* бира

beetle ['biːtl] *n* бръмбар

beetroot ['biːtruːt] *n* цвекло

before [bɪ'fɔː] *prep* пред; *adv* преди

beg [beg] *v* прося, моля

began [bɪ'gæn] *pt* → **begin**

beggar ['begə] *n* просяк**

begin [bɪ'gɪn] *v* започвам

begun [bɪ'gʌn] *pp* → **begin**

behave [bɪ'heɪv] *v* държа се, постъпвам

behaviour [bɪ'heɪvɪə] *n* държане, поведение

behind [bɪ'haɪnd] *prep* зад

beige [beɪʒ] *a* бежов

belief [bɪ'liːf] *n* вярване; вяра

believe [bɪ'liːv] *v* вярвам

bell [bel] *n* звънец; камбана

belly ['belɪ] *n* корем, търбух

belong [bɪ'lɒŋ] *v* принадлежа

below [bɪ'ləʊ] *prep* под; *adv* по-долу

bench [bentʃ] *n* пейка, скамейка

bend [bend] *n* завой; *v* навеждам се; огъвам

benefit ['benɪfɪt] *n* изгода, полза

bent [bent] *pt, pp* → **bend**

beside [bɪ'saɪd] *prep* край, близо до

besides [bɪ'saɪdz] *adv* освен това; *prep* освен

best¹ [best] *a прев. ст.* → **good**

best² [best] *adv прев. ст.* → **well**

best man [best 'mæn] *n* шафер; кум

bet [bet] *n* облог, бас; *v* (*pt, pp* **bet** или **betted**) обзалагам се

betray [bɪ'treɪ] *v* предавам, издавам

better¹ ['betə] *a сравн. ст.* → **good**

better² ['betə] *adv сравн. ст.* → **well**

between [bɪ'twiːn] *prep* между

beyond [bɪ'jɒnd] *adv* отвъд, оттатък

bib [bɪb] *n* лигавник

bicycle ['baɪsɪkl] *n* велосипед, колело

big [bɪg] *a* голям

bike [baɪk] *n* колело

bikini [bɪ'ki:nɪ] *n* бикини

bilby ['bɪlbaɪ] *n* опосум

bilingual [baɪ'lɪŋgwəl] *a* двуезичен

bill [bɪl] *n* сметка; банкнота

billion ['bɪljən] *n* билион; *ам.* милиард

bingo ['bɪŋgəʊ] *n* бинго

binoculars [bɪ'nɒkjʊləz] *npl* бинокъл

bio-gas ['baɪəʊ 'gæs] *n* биологичен газ

biography [baɪ'ɒgrəfɪ] *n* биография

biology [baɪ'ɒlədʒɪ] *n* биология

birch [bɜ:tʃ] *n* бреза

bird [bɜ:d] *n* птица

bird-watching ['bɜ:d͵wɒtʃɪŋ] *n* наблюдение на птици

birdwing butterfly ['bɜ:dwɪŋ 'bʌtəflaɪ] *n* птицекрила пеперуда

birth [bɜ:θ] *n* раждане, рождение

birth place ['bɜ:θ pleɪs] *n* месторождение

birth rate ['bɜ:θ reɪt] *n* раждаемост

birthday ['bɜ:θdeɪ] *n* рожден ден

biscuit ['bɪskɪt] *n* бисквита

bit¹ [bɪt] *pt* → **bite**

bit² [bɪt] *n* частица, късче, парче

bite [baɪt] *v* хапя, захапвам

bitten [bɪtn] *pp* → **bite**

bitter ['bɪtə] *a* горчив

black [blæk] *a* черен

blackberry ['blækbərɪ] *n* къпина

blackboard ['blækbɔ:d] *n* черна дъска

blackmail ['blækmeɪl] *v* изнудвам

blackout ['blækaʊt] *n* затъмнение; безсъзнание

blame [bleɪm] *n* отговорност, вина; *v* обвинявам

blank [blæŋk] *a* празен; неизписан; пуст

blanket ['blæŋkɪt] *n* одеяло

bleach [bli:tʃ] *v* избелвам

bled [bled] *pt, pp* → **bleed**

bleed [bli:d] *v* кървя

blew [blu:] *pt* → **blow**

blind [blaɪnd] *a* сляп

blink [blɪŋk] *v* мигам, премигвам

blister ['blɪstə] *n* пришка, мехур; *v* изприщвам се

block [blɒk] *v* блокирам; *n* блок; ~ **of flats** жилищен блок

blond [blɒnd] *a* рус; *n* блондин

blonde [blɒnd] *n* блондинка

blood [blʌd] *n* кръв; *a* кръвен

bloom [blu:m] *n* разцвет; цвят; *v* цъфтя, процъфтявам

blouse [blaʊz] *n* блуза

blow [bləʊ] *v* вея, духам; *n* удар

blown [bləʊn] *pp* → **blow**

blue [blu:] *a* син

blueberry ['blu:bərɪ] *n* боровинка

bluff [blʌf] *n* блъф, измама; *v* блъфирам

blush [blʌʃ] *v* изчервявам се

boa ['bəʊə] *n* боа

boast [bəʊst] *v* хваля се

boat [bəʊt] *n* лодка; кораб

boatswain ['bəʊsn] *n* боцман

body ['bɒdɪ] *n* тяло

boil [bɔɪl] *v* варя; вря, кипя

bolt [bəʊlt] *n* гръм, мълния; болт

bomb [bɒm] *n* бомба; *v* бомбардирам

bone [bəʊn] *n* кост, кокал

bonnet ['bɒnɪt] *n* боне; капак (*на двигател*)

book [bʊk] *n* книга

bookcase ['bʊkkeɪs] *n* библиотечка

bookshelf ['bʊkʃelf] *n* рафт/лавица за книги

boomerang ['bu:məræŋ] *n* бумеранг

boot [bu:t] *n* ботуш, бота; багажник (*на кола*)

booth [bu:θ] *n* сергия, будка

border ['bɔ:də] *n* граница; ръб, ивица

bore [bɔ:] *pt* → **bear**

bored [bɔ:d] *a* отегчен

boring ['bɔ:rɪŋ] *a* скучен, отегчителен

born [bɔ:n] *a* роден

borne [bɔ:n] *pp* → **bear**

borrow ['bɒrəʊ] *v* вземам назаем

bosom ['bʊzəm] *n* гръд

boss [bɒs] *n* шеф, началник

botany ['bɒtənɪ] *n* ботаника

both [bəʊθ] *a, pron* и двамата, и двете; *adv* както, така и; ...и ...и

bottle ['bɒtl] *n* бутилка

bottom ['bɒtəm] *n* дъно

bought [bɔ:t] *pt, pp* → **buy**

bounce [baʊns] *v* подскачам, отскачам

bouncer ['baʊnsə] *n* самохвалко; охрана в нощен клуб

bow [bəʊ] *n* лък

bow tie ['bəʊ taɪ] *n* папийонка

bowl [bəʊl] *n* купа, паница

bowling ['bəʊlɪŋ] *n* боулинг

box [bɒks] *n* кутия

boxer ['bɒksə] *n* боксьор

boxing ['bɒksɪŋ] *n сп.* бокс

boycott ['bɔɪkɒt] *n* бойкот

boyfriend ['bɔɪfrend] *n* приятел, гадже

bracelet ['breɪslɪt] *n* гривна

braille [breɪl] *n* брайлово писмо

brain [breɪn] *n* мозък

brainstorm ['breɪnstɔ:m] *n* мозъчна атака

brake [breɪk] *n* спирачка; *v* удрям спирачка

branch [brɑ:ntʃ] *n* клон; отрасъл; *v* разклонявам се

brand [brænd] *n* търговска марка

brave [breɪv] *a* смел, дързък

bread [bred] *n* хляб

break [breɪk] *n* междучасие, почивка; *v* чупя; нарушавам; прекъсвам

breakdown ['breɪkdaʊn] *n* авария; провал

breakfast ['brekfəst] *n* закуска

breast [brest] *n* гръд, гърда

breath [breθ] *n* дъх, дишане

breathe [bri:ð] *v* дишам

breathing ['bri:ðɪŋ] *n* дишане

bred [bred] *pt, pp* → **breed**

breed [bri:d] *n* порода; *v* въдя; размножавам се

bribe [braɪb] *v* подкупвам

brick [brɪk] *n* тухла; *a* керемиденочервен цвят

bricklayer ['brɪkˌleɪə] *n* зидар

bride [braɪd] *n* невеста, булка

bridesmaid ['braɪdzmeɪd] *n* шаферка

bridge [brɪdʒ] *n* мост

brief [bri:f] *a* кратък; къс

briefcase ['bri:fkeɪs] *n* дипломатическо куфарче

bright [braɪt] *a* ярък, светъл

brilliant ['brɪljənt] *a* великолепен; много умен, блестящ

bring [brɪŋ] *v* нося, донасям

bristle ['brɪsl] *n* четина; *v* щръквам (*за коса*)

broad [brɔːd] *a* широк, обширен

broadcast ['brɔːdkɑːst] *v* (*pt, pp* **broadcast** *или* **broadcasted**) излъчвам, предавам (*за радио, телевизия*)

brochure ['brəʊʃə] *n* брошура

broke [brəʊk] *pt* → **break**

broken¹ ['brəʊkən] *pp* → **break**

broken² ['brəʊkən] *a* счупен

bronze [brɒnz] *n* бронз; *a* бронзов

brooch [brəʊtʃ] *n* брошка

broom [bruːm] *n* метла (*с дълга дръжка*)

brother ['brʌðə] *n* брат

brought [brɔːt] *pt, pp* → **bring**

brow [braʊ] *n* вежда

brown [braʊn] *a* кафяв

bruise [bruːz] *n* натъртено място; *v* натъртвам (се), контузвам (се)

brush [brʌʃ] *n* четка; *v* четкам

bubble ['bʌbl] *n* мехурче; *v* пеня се

bucket ['bʌkɪt] *n* кофа

buckle ['bʌkl] *n* тока, катарама

Buddhist ['bʊdɪst] *n* будист; *a* будистки

budget ['bʌdʒɪt] *n* бюджет

buffalo ['bʌfələʊ] *n* бивол; бизон

build [bɪld] *v* строя

builder ['bɪldə] *n* строител

building ['bɪldɪŋ] *n* здание, сграда

built [bɪlt] *pt, pp* → **build**

bulb [bʌlb] *n* електрическа крушка; луковица

bull [bʊl] *n* бик

bullet ['bʊlɪt] *n* куршум

bulletin ['bʊlətɪn] *n* бюлетин

bully ['bʊlɪ] *v* тормозя, тероризирам

bump [bʌmp] *v* сблъсквам се, удрям се

bumper ['bʌmpə] *n* броня на кола; амортисьор

bunch [bʌntʃ] *n* китка, връзка

burglar ['bɜːglə] *n* крадец (*с взлом*)

burial ['berɪəl] *n* погребение

burn [bɜːn] *v* (*pt, pp* **burnt** *или* **burned**) горя, изгарям

burnt [bɜːnt] *pt, pp* → **burn**

burst [bɜːst] *v* (*pt, pp* **burst**) избухвам, пръскам се

bury ['berɪ] *v* заравям, погребвам

bus [bʌs] *n* автобус, рейс

bush [bʊʃ] *n* храст

business ['bɪznɪs] *n* работа, бизнес

businessman ['bɪznɪsˌmæn] *n* бизнесмен

busy ['bɪzɪ] *a* зает; оживен

but [bʌt, bət] *conj* но, обаче

butcher ['bʊtʃə] *n* месар

butter ['bʌtə] *n* масло

butterfly ['bʌtəflaɪ] *n* пеперуда

button ['bʌtn] *n* копче; бутон

buy [baɪ] *v* купувам

buzz [bʌz] *n* бръмчене; *v* бръмча

by [baɪ] *prep* до, край; от; с, чрез; на

bye [baɪ] *int* довиждане

C

cab [kæb] *n* такси; файтон

cabbage ['kæbɪdʒ] *n* зеле

cable ['keɪbl] *n* кабел; *a* кабелен

cable car ['keɪbl kɑː] *n* кабинка на лифт

cacao [kæ'kaʊ] *n* какаово зърно; какаово дърво

café ['kæfeɪ] *n* кафене

cage [keɪdʒ] *n* кафез, клетка

cake [keɪk] *n* кейк, торта, кекс

calculate ['kælkjʊleɪt] *v* изчислявам, калкулирам

calculator ['kælkjʊleɪtə] *n* калкулатор

calendar ['kælɪndə] *n* календар

calf [kɑːf] *n* (*pl* calves [kɑːvz]) теле; прасец

call [kɔːl] *n* обаждане; посещение; зов; *v* наричам; викам

calm [kɑːm] *v* успокоявам; *a* спокоен, тих; хладнокръвен

calmly ['kɑːmlɪ] *adv* спокойно, тихо

came [keɪm] *pt* ➜ come

camel ['kæml] *n* камила

camera ['kæmərə] *n* фотоапарат

camp [kæmp] *n* лагер

campaign [kæm'peɪn] *n* военен поход; кампания

campsite ['kæmpsaɪt] *n* къмпинг

can [kæn, kən] *v* мога; *n* консервена кутия

canary [kə'neərɪ] *n* канарче

cancel ['kænsl] *v* отменям, анулирам

cancer ['kænsə] *n* мед. рак

candle ['kændl] *n* свещ

candy ['kændɪ] *n* бонбон(и)

cane [keɪn] *n* тръстика; бастун

canoe [kə'nuː] *n* кану

canteen [kæn'tiːn] *n* столова

canvas ['kænvəs] *n* брезент; платно

canvass ['kænvəs] *v* преброявам гласове

canyon ['kænjən] *n* каньон

cap [kæp] *n* кепе, шапка, каскет

capital ['kæpɪtl] *n* столица

captain ['kæptɪn] *n* капитан

caption ['kæpʃn] *n* надпис (*към илюстрация*)

capture ['kæptʃə] *v* пленявам

car [kɑː] *n* кола, автомобил; ~ horn [hɔːn] клаксон; ~ park [pɑːk] паркинг

carbohydrate [ˌkɑːbəʊ'haɪdreɪt] *n* въглехидрат

carbon dioxide ['kɑːbən daɪ'ɒksaɪd] *n* въглероден диоксид

card [kɑːd] *n* карта (*за игра*); картичка; визитка

cardboard ['kɑːdbɔːd] *n* картон

cardigan ['kɑːdɪgən] *n* жилетка

cardinal ['kɑːdɪnl] *n* кардинал; *a* главен, основен

career [kə'rɪə] *n* кариера, поприще

careful ['keəfʊl] *a* внимателен

carefully ['keəfʊlɪ] *adv* внимателно

caricature ['kærɪkətʃʊə] *n* карикатура

carnival ['kɑ:nɪvl] *n* карнавал

carpenter ['kɑ:pɪntə] *n* дърводелец

carpet ['kɑ:pɪt] *n* килим

carriage ['kærɪdʒ] *n* каросерия; вагон; купе

carrot ['kærət] *n* морков

carry ['kærɪ] *v* нося

cartoon [kɑ:'tu:n] *n* анимационен филм; карикатура

case [keɪs] *n* сандък, ракла

cash [kæʃ] *n* пари (в брой)

cashew ['kæʃu:] *n* кашу

cashier [kæ'ʃɪə] *n* касиер

cassette [kə'set] *n* касета; ~ **player** ['pleɪə] касетофон

cast [kɑ:st] *n* актьорски състав

castaway ['kɑ:stəweɪ] *n* корабокрушенец; изгнаник

castle ['kɑ:sl] *n* замък

casual ['kæʒʊəl] *a* небрежен; случаен

casually ['kæʒʊəlɪ] *adv* небрежно; неофициално

casualty ['kæʒʊəltɪ] *n* произшествие, нещастен случай

cat [kæt] *n* котка

catalogue ['kætəlɒg] *n* каталог

catch [kætʃ] *n* улов; *v* хващам

caterpillar ['kætəpɪlə] *n* гъсеница

cathedral [kə'θi:drəl] *n* катедрала

catholic ['kæθəlɪk] *n* католик; *a* католически

cattle ['kætl] *npl* добитък, говеда

caught [kɔ:t] *pt, pp* → **catch**

cauliflower ['kɒlɪ,flaʊə] *n* карфиол, цветно зеле

cause [kɔ:z] *n* причина; *v* причинявам

causeway ['kɔ:zweɪ] *n* тротоар; издигнат път

cave [keɪv] *n* пещера

ceiling ['si:lɪŋ] *n* таван

celebrate ['seləbreɪt] *v* празнувам

celebration [,selə'breɪʃn] *n* празнуване, честване

cell [sel] *n* биол. клетка; килия

cellar ['selə] *n* мазе, изба

celluloid ['seljʊlɔɪd] *n* хим. целулоид

census ['sensəs] *n* преброяване на населението

cent [sent] *n* цент

center ['sentə] *n* ам. център

centimetre ['sentɪ,mi:tə] *n* сантиметър

central ['sentrəl] *a* централен

centre ['sentə] *n* център

century ['sentʃərɪ] *n* век, столетие

cereal ['sɪərɪəl] *a* зърнен, житен; *pl* тестена закуска

ceremony ['serɪmənɪ] *n* церемония, обред

certain ['sɜ:tn] *a* сигурен, положителен

certainly ['sɜ:tnlɪ] *adv* разбира се, несъмнено

certainty ['sɜ:tntɪ] *n* сигурност

certificate [sə'tɪfɪkət] *n* удостоверение, сертификат

chain [tʃeɪn] *n* верига; *v* оковавам

chair [tʃeə] *n* стол

chalk [tʃɔ:k] *n* тебешир

challenge ['tʃælɪndʒ] *v* предизвиквам; *n* предизвикателство

champion ['tʃæmpɪən] *n* шампион

championship ['tʃæmpɪənʃɪp] *n* шампионат

chance [tʃɑ:ns] *n* случай; случайност; късмет

change [tʃeɪndʒ] *n* смяна, промяна; ресто; *v* сменям, променям

channel ['tʃænl] *n* канал

character ['kærəktə] *n* характер; образ

charge [tʃɑːdʒ] *n* такса; *v* таксувам

charm [tʃɑːm] *n* чар, очарование; *v* очаровам, омайвам

charming ['tʃɑːmɪŋ] *a* очарователен

chart [tʃɑːt] *n* диаграма, таблица

chase [tʃeɪs] *n* преследване, гонитба; *v* преследвам, гоня

chat [tʃæt] *n* непринуден разговор, бъбрене; *v* разговарям, бъбря

chat show ['tʃæt ʃəu] *n* телевизионно шоу с интервюиран гост

cheap [tʃiːp] *a* евтин

cheat [tʃiːt] *v* мамя, изигравам

check [tʃek] *n* проверка, контрол; *v* проверявам; ~ **in** регистрирам се (*в хотел, за самолетен полет и пр.*)

cheer [tʃɪə] *v* насърчавам с викове, ободрявам

cheerful ['tʃɪəful] *a* весел, радостен

cheerleader ['tʃɪəˌliːdə] *n* водач на агитка

cheese [tʃiːz] *n* сирене

cheetah ['tʃiːtə] *n* гепард

chef [ʃef] *n* главен готвач

chemical ['kemɪkl] *n* химикал; *a* химически

chemistry ['kemɪstrɪ] *n* химия

cheque [tʃek] *n* чек; ~ **book** [buk] чекова книжка

cherry ['tʃerɪ] *n* череша

chess [tʃes] *n* шах

chest [tʃest] *n* гръден кош; ракла; сандък

chestnut ['tʃesnʌt] *n* кестен; *a* кестеняв

chew [tʃuː] *v* дъвча

chewing gum ['tʃuːɪŋ gʌm] *n* дъвка

chicken ['tʃɪkən] *n* пиле

chickenpox ['tʃɪkənpɒks] *n* варицела

chief [tʃiːf] *n* ръководител, началник; вожд; *a* главен

child [tʃaɪld] *n* (*pl* **children** ['tʃɪldrən]) дете

children ['tʃɪldrən] *npl* → **child**

chill [tʃɪl] *n* хлад; студ

chilli pepper ['tʃɪlɪˌpepə] *n* люта чушка

chilly ['tʃɪlɪ] *a* хладен; мразовит

chimney ['tʃɪmnɪ] *n* комин

chimpanzee [ˌtʃɪmpən'ziː] *n* шимпанзе

chin [tʃɪn] *n* брада, брадичка

china ['tʃaɪnə] *n* порцелан

chips [tʃɪps] *npl* пържени картофи

chocolate ['tʃɒkəlɪt] *n* шоколад; *a* шоколадов

choice [tʃɔɪs] *n* избор

choose [tʃuːz] *v* избирам

chop [tʃɒp] *n* пържола; *v* цепя; сека (*дърва и пр.*)

chore [tʃɔː] *n* домакинска работа

chorus ['kɔːrəs] *n* хор

chose [tʃəuz] *pt* → **choose**

chosen [tʃəuzn] *pp* → **choose**

Christmas ['krɪsməs] *n* Коледа

church [tʃɜːtʃ] *n* църква

cigar [sɪ'gɑː] *n* пура

cinema ['sɪnəmə] *n* кино

circle ['sɜːkl] *n* кръг

circulation [ˌsɜ:kjʊ'leɪʃn] *n* обращение; тираж; циркулиране

circumstance ['sɜ:kəmstəns] *n* обстоятелство

circus ['sɜ:kəs] *n* цирк

citizen ['sɪtɪzən] *n* гражданин

city ['sɪtɪ] *n* град

civil ['sɪvɪl] *a* цивилен, граждански

civility [sɪ'vɪlɪtɪ] *n* вежливост; *pl* добри обноски

civilization [ˌsɪvɪlaɪ'zeɪʃn] *n* цивилизация

civilize ['sɪvɪlaɪz] *v* цивилизовам

claim [kləɪm] *v* твърдя

clap [klæp] *v* пляскам с ръце, ръкопляскам

clasp [klɑ:sp] *v* стискам, притискам

class [klɑ:s] *n* клас

classical ['klæsɪkl] *a* класически

classmate ['klɑ:smeɪt] *n* съученик

classroom ['klɑ:srʊm] *n* класна стая

claw [klɔ:] *n* нокът (*на животно*)

clay [kleɪ] *n* глина

clean [kli:n] *a* чист; *v* чистя, почиствам

cleaner ['kli:nə] *n* чистач

clear [klɪə] *a* ясен; светъл; чист

clerk [klɑ:k] *n* чиновник, служител

clever ['klevə] *a* умен

click [klɪk] *v* щраквам; *n* щракване

client ['klaɪənt] *n* клиент

cliff [klɪf] *n* канара; урва

climb [klaɪm] *v* катеря се, изкачвам се

cloak [kləʊk] *n* наметало, пелерина

clock [klɒk] *n* часовник, будилник

closely ['kləʊslɪ] *adv* близо

closet ['klɒzɪt] *n* килер; стенен шкаф

clothes [kləʊðz] *npl* дрехи

cloud [klaʊd] *n* облак

cloudy ['klaʊdɪ] *a* облачен

clown [klaʊn] *n* клоун

club [klʌb] *n* клуб; *ам.* палка

clue [klu:] *n* ключ; диря; улика

clumsy ['klʌmzɪ] *a* тромав

coach [kəʊtʃ] *n* автобус; вагон; карета; треньор; *v* тренирам

coal [kəʊl] *n* въглища

coast [kəʊst] *n* бряг

coat [kəʊt] *n* палто; сако

cobra ['kɒbrə] *n* кобра

cock [kɒk] *n* петел

coco(a)nut ['kəʊkənʌt] *n* кокосов орех

cocoon [kə'ku:n] *n* какавида; пашкул

code [kəʊd] *n* код; кодекс; **Morse** ~ [mɔ:s] морзова азбука

coffee ['kɒfɪ] *n* кафе

coffin ['kɒfɪn] *n* ковчег

coin [kɔɪn] *n* монета

coincide [ˌkəʊɪn'saɪd] *v* съвпадам

coincidence [kəʊ'ɪnsɪdəns] *n* съвпадение

cold [kəʊld] *n* студ; простуда; *a* студен

collapse [kə'læps] *n* срутване; *v* рухвам, сгромолясвам се

collar ['kɒlə] *n* яка

colleague ['kɒli:g] *n* колега

collect [kə'lekt] *v* събирам, колекционирам

collection [kə'lekʃn] *n* колекция, сбирка

collector [kə'lektə] *n* колекционер

college ['kɒlɪdʒ] *n* колеж

collide [kə'laɪd] *v* сблъсквам се

colonel ['kɜːnl] *n* полковник

colour ['kʌlə] *n* цвят

colourful ['kʌləfʊl] *a* колоритен, живописен

column ['kɒləm] *n* колона

comb [kəʊm] *n* гребен; *v* реша

combination [ˌkɒmbɪ'neɪʃn] *n* комбинация, съчетание

combine [kəm'baɪn] *v* комбинирам, съчетавам

come [kʌm] *v* идвам; ~ **in** влизам

comedian [kə'miːdjən] *n* комедиант

comedy ['kɒmɪdɪ] *n* комедия

comfort ['kʌmfət] *n* удобство, комфорт

comfortable ['kʌmftəbl] *a* удобен, комфортен

comfortably ['kʌmftəblɪ] *adv* удобно, комфортно

comic ['kɒmɪk] *a* комичен; забавен

comma ['kɒmə] *n* запетая

command [kə'mɑːnd] *n* команда; *v* командвам, нареждам

commence [kə'mens] *v* започвам

commerce ['kɒmɜːs] *n* търговия

commercial [kə'mɜːʃl] *a* търговски

communicate [kə'mjuːnɪkeɪt] *v* общувам

communication [kəˌmjuːnɪ'keɪʃn] *n* общуване, връзка, комуникация

community [kə'mjuːnɪtɪ] *n* общност

compact disc [ˌkɒm'pækt 'dɪsk] *n* компактдиск

company ['kʌmpənɪ] *n* фирма, компания; гост(и)

compare [kəm'peə] *v* сравнявам

comparison [kəm'pærɪsn] *n* сравнение

compartment [kəm'pɑːtmənt] *n* купе; отделение

compass ['kʌmpəs] *n* компас

compasses ['kʌmpəsɪz] *npl* пергел

compete [kəm'piːt] *v* състезавам се; конкурирам се

competent ['kɒmpɪtənt] *a* компетентен

competition [ˌkɒmpə'tɪʃn] *n* състезание; конкуренция

competitive [kəm'petətɪv] *a* конкурентен, конкурентоспособен

competitiveness [kəm'petətɪvnɪs] *n* конкурентоспособност

complain [kəm'pleɪn] *v* оплаквам се, жалвам се

complaint [kəm'pleɪnt] *n* оплакване, жалба

complete [kəm'pliːt] *a* цял, завършен, пълен

complex ['kɒmpleks] *a* комплексен; сложен

complicate ['kɒmplɪkeɪt] *v* усложнявам

complicated ['kɒmplɪkeɪtɪd] *a* сложен; забъркан

compose [kəm'pəʊz] *v* съчинявам, съставям; композирам

composer [kəm'pəʊzə] *n* композитор

compound ['kɒmpaʊnd] *n* съединение; смес

comprehensive [ˌkɒmprɪ'hensɪv] *a* изчерпателен

computer [kəm'pju:tə] *n* компютър

concentrate ['kɒnsəntreɪt] *v* съсредоточавам (се), концентрирам (се)

concentration [ˌkɒnsən'treɪʃn] *n* съсредоточаване, концентрация

concert ['kɒnsət] *n* концерт

conclusion [kən'klu:ʒn] *n* заключение

concrete ['kɒŋkri:t] *n* бетон; *a* конкретен

condition [kən'dɪʃn] *n* условие

conductor [kən'dʌktə] *n* кондуктор; диригент

conference ['kɒnfərəns] *n* конференция; съвещание

confess [kən'fes] *v* признавам

confidence ['kɒnfɪdəns] *n* доверие

confident ['kɒnfɪdənt] *a* уверен, самоуверен

confuse [kən'fju:z] *v* смущавам; обърквам

confusing [kən'fju:zɪŋ] *a* смущаващ; неловък, притеснителен

congratulate [kən'grætʃʊleɪt] *v* поздравявам

congratulation [kənˌgrætʃʊ'leɪʃn] *n* поздравление

conker ['kɒŋkə] *n* див кестен

connect [kə'nekt] *v* свързвам

connection [kə'nekʃn] *n* връзка

conquer ['kɒŋkə] *v* завладявам

consider [kən'sɪdə] *v* считам; обмислям

considerable [kən'sɪdərəbl] *a* значителен

consideration [kənˌsɪdə'reɪʃn] *n* внимание; съображение

console¹ ['kɒnsəʊl] *n* конзола

console² [kən'səʊl] *v* утешавам

consolidate [kən'sɒlɪdeɪt] *v* затвърждавам

consolidation [kənˌsɒlɪ'deɪʃn] *n* затвърждаване

constant ['kɒnstənt] *a* постоянен

constantly ['kɒnstəntlɪ] *adv* постоянно

constellation [ˌkɒnstə'leɪʃn] *n* съзвездие

construct [kən'strʌkt] *v* строя, построявам

construction [kən'strʌkʃn] *n* конструкция; градеж; постройка

consult [kən'sʌlt] *v* консултирам (се), съветвам се (с)

consume [kən'sju:m] *v* консумирам, ям/пия

consumption [kən'sʌmpʃn] *n* консумиране, консумация

contact ['kɒntækt] *n* контакт, връзка; *v* свързвам се (с)

contain [kən'teɪn] *v* съдържам

container [kən'teɪnə] *n* съд; контейнер

contents ['kɒntents] *n* съдържание

contest ['kɒntest] *n* състезание, конкурс

contestant [kən'testənt] *n* състезател, участник в конкурс

continent ['kɒntɪnənt] *n* континент

continue [kən'tɪnju:] *v* продължавам, трая

contrast¹ ['kɒntrɑ:st] *n* контраст, противоположност

contrast² [kən'trɑ:st] *v* противопоставям; контрастирам

control [kən'trəʊl] *n* контрол, надзор; *v* контролирам, регулирам

conventional [kən'venʃənl] *a* традиционен, общоприет

conversation [ˌkɒnvəˈseɪʃn] *n* разговор

convince [kənˈvɪns] *v* убеждавам

cook [kʊk] *n* готвач; *v* готвя, сготвям

cooker [ˈkʊkə] *n* готварска печка

cooking [ˈkʊkɪŋ] *n* готвене

cool [kuːl] *a* хладен, прохладен, свеж; ~ -**headed** [ˈhedɪd] хладнокръвен

cop [kɒp] *n* полицай, ченге

copper [ˈkɒpə] *n* мед; котел, казан

copy [ˈkɒpɪ] *n* копие; *v* копирам; преписвам

coral [ˈkɒrəl] *n* корал; *a* коралов

cord [kɔːd] *n* връв, шнур

core [kɔː] *n* сърцевина; среда

cork [kɔːk] *n* тапа; корк

corn [kɔːn] *n* зърно, жито

corner [ˈkɔːnə] *n* ъгъл

corpse [kɔːps] *n* труп

correct [kəˈrekt] *a* верен, правилен; *v* поправям

correctly [kəˈrektlɪ] *adv* правилно, вярно

correspond [ˌkɒrɪˈspɒnd] *v* кореспондирам (си)

correspondent [ˌkɒrɪˈspɒndənt] *n* кореспондент

corridor [ˈkɒrɪdɔː] *n* коридор

corrupt [kəˈrʌpt] *v* покварявам; корумпирам; *a* покварен; продажен

corruption [kəˈrʌpʃn] *n* поквара, корупция

cost [kɒst] *n* стойност, цена; *v* (*pt, pp* **cost**) струвам

costume [ˈkɒstjuːm] *n* костюм, носия

cot [kɒt] *n* детско креватче, кошара

cottage [ˈkɒtɪdʒ] *n* вила; къщурка

cotton [ˈkɒtn] *n* памук; *a* памучен

cough [kɒf] *n* кашлица; *v* кашлям

could [kʊd] *pt* → **can**

count [kaʊnt] *v* броя, смятам; ~ **on** разчитам на

countable [ˈkaʊntəbl] *a* броим

country [ˈkʌntrɪ] *n* страна; отечество; село; провинция

countryside [ˈkʌntrɪsaɪd] *n* селска област; природа

couple [ˈkʌpl] *n* двойка

courage [ˈkʌrɪdʒ] *n* смелост, храброст, кураж

course [kɔːs] *n* курс, посока; **of** ~ разбира се

court [kɔːt] *n* двор; съд, съдилище

cousin [ˈkʌzn] *n* братовчед

cover [ˈkʌvə] *n* покривало; *v* покривам

cow [kaʊ] *n* крава

cowboy [ˈkaʊbɔɪ] *n* кравар, каубой

crab [kræb] *n зоол.* рак

crack [kræk] *v* пуквам, спуквам се

cradle [ˈkreɪdl] *n* люлка

craft [krɑːft] *n* занаят, умение

craftsman [ˈkrɑːftsmən] *n* занаятчия, майстор

crash [kræʃ] *n* трясък; сблъскване; *v* катастрофирам; разбивам се

crazy [ˈkreɪzɪ] *a* луд; вманиачен

cream [kriːm] *n* сметана, каймак; крем

create [krɪˈeɪt] *v* създавам, творя

creation [krɪˈeɪʃn] *n* създание, творение

creator [krɪˈeɪtə] *n* създател, творец

credit card ['kredɪt kɑ:d] *n* кредитна карта

creep [kri:p] *v* пълзя, лазя

crept [krept] *pt, pp* → **creep**

crew [kru:] *n* екипаж; екип

cricket ['krɪkɪt] *n* щурец; крикет

criminal ['krɪmɪnl] *n* престъпник; *a* криминален

crimson ['krɪmzn] *a* тъмночервен, пурпурен

crisps [krɪsps] *npl* пържени картофки, чипс

critic ['krɪtɪk] *n* критик

criticise ['krɪtɪsaɪz] *v* критикувам

croak [krəʊk] *n* грачене, крякане; *v* грача, крякам

crocodile ['krɒkədaɪl] *n* крокодил

crocus ['krəʊkəs] *n* минзухар

croissant ['kwæsɑ:ŋ] *n* кроасан

crops [krɒps] *npl* посеви; реколта

cross [krɒs] *n* кръст; *v* пресичам; кръстосвам

crossword ['krɒswɜ:d] *n* кръстословица

crow [krəʊ] *n* врана, гарга, гарван

crowd [kraʊd] *n* тълпа

cruel ['kru:əl] *a* жесток

cruelty ['kru:əltɪ] *n* жестокост

cruise ['kru:z] *n* пътуване, пътешествие по море

crumb [krʌm] *n* троха, трошица

crust [krʌst] *n* кора; коричка

cry [kraɪ] *n* вик; плач; *v* викам; плача

crystal ['krɪstl] *n* кристал; *a* кристален

cubic ['kju:bɪk] *a* кубически

cucumber ['kju:kʌmbə] *n* краставица

cuff [kʌf] *n* маншет; *pl* белезници

cultivate ['kʌltɪveɪt] *v* отглеждам, култивирам

cultural ['kʌltʃərəl] *a* културен

culture ['kʌltʃə] *n* култура

cunning ['kʌnɪŋ] *a* лукав, хитър

cup [kʌp] *n* чаша; купа

cupboard ['kʌbəd] *n* шкаф, долап

curb [kɜ:b] *n* бордюр (*на тротоар*)

cure [kjʊə] *n* лек, цяр; *v* лекувам, изцерявам

curiosity [ˌkjʊərɪ'ɒsətɪ] *n* любопитство; любознателност

curious ['kjʊərɪəs] *a* любопитен; любознателен

curly ['kɜ:lɪ] *a* къдрав

curry ['kʌrɪ] *n* къри; ястие с къри

curse [kɜ:s] *n* клетва, проклятие; *v* кълна, проклинам

curtain ['kɜ:tn] *n* завеса; перде

curve [kɜ:v] *n* крива, извивка; *v* извивявам (се)

custom ['kʌstəm] *n* обичай

customer ['kʌstəmə] *n* клиент, купувач

customs ['kʌstəmz] *n* митница; ~ **officer** ['ɒfɪsə] митничар

cut [kʌt] *v* (*pt, pp* **cut**) режа; отрязвам; порязвам; ~ **down** отсичам; ~ **off** прекъсвам; ~ **out** изрязвам, махам

cutlery ['kʌtlərɪ] *n* прибори за хранене

cycle ['saɪkl] *n* кръг, цикъл; *v* карам колело

cycling ['saɪklɪŋ] *n* колоездене

cyclist ['saɪklɪst] *n* колоездач

cylinder ['sɪlɪndə] *n* цилиндър

D

dad [dæd] *n разг.* татко, тате
daffodil ['dæfədɪl] *n* жълт нарцис
daily ['deɪlɪ] *adv* всеки ден, ежедневно
dairy ['deərɪ] *n* мандра; *a* млечен
daisy ['deɪzɪ] *n* маргаритка
damage ['dæmɪdʒ] *n* (по)вреда, щета; *v* повреждам, развалям
damp [dæmp] *a* влажен
dance [dɑ:ns] *n* танц; *v* танцувам
dancer ['dɑ:nsə] *n* танцьор
danger ['deɪndʒə] *n* опасност
dangerous ['deɪndʒərəs] *a* опасен
dark [dɑ:k] *a* тъмен; мургав; чернокос
darkness ['dɑ:knɪs] *n* тъмнина, мрак
darling ['dɑ:lɪŋ] *n, a* любим, скъп
dash [dæʃ] *v* хвърлям, запокитвам; втурвам се
data ['deɪtə] *npl* (*sg* **datum** ['deɪtəm]) данни, факти
date [deɪt] *n* дата; *v* датирам
daughter ['dɔ:tə] *n* дъщеря; **~in-law** [lɔ:] снаха
dawn [dɔ:n] *n* зора, разсъмване
day [deɪ] *n* ден; денонощие
daydream ['deɪdri:m] *n* блян, фантазия
daytime ['deɪtaɪm] *adv* денем, през деня
dead [ded] *a* мъртъв, умрял
deaf [def] *a* глух
deafness ['defnɪs] *n* глухота
dear [dɪə] *a* драг, скъп, мил
death [deθ] *n* смърт

decathlon [dɪ'kæθlɒn] *n* десетобой
deceit [dɪ'si:t] *n* измама; лукавство
deceitful [dɪ'si:tful] *a* измамнически, лъжлив
deceive [dɪ'si:v] *v* мамя, заблуждавам
December [dɪ'sembə] *n* декември; *a* декемврийски
decide [dɪ'saɪd] *v* решавам
decision [dɪ'sɪʒn] *n* решение
declare [dɪ'kleə] *v* заявявам, декларирам
decline [dɪ'klaɪn] *n* спадане; упадък; *v* намалявам; спадам; отказвам
decorate ['dekəreɪt] *v* украсявам, декорирам
decoration [,dekə'reɪʃn] *n* украса, декорация
decorator ['dekəreɪtə] *n* декоратор, бояджия
decrease [dɪ'kri:s] *v* намалявам, снижавам
deduce [dɪ'dju:s] *v* правя извод, заключавам
deduction [dɪ'dʌkʃn] *n* извод, умозаключение
deep [di:p] *a* дълбок
deer [dɪə] *n* (*pl без изменение*) елен
defeat [dɪ'fi:t] *n* поражение, разгром; *v* сразявам, побеждавам
defect ['di:fekt] *n* недостатък, дефект

define [dɪ'faɪn] v определям, дефинирам

definite ['defɪnɪt] a определен; категоричен

definitely ['defɪnɪtlɪ] adv определено, ясно, категорично

deforestation [diːˌfɒrɪ'steɪʃn] n обезлесяване

degree [dɪ'griː] n градус; степен

delay [dɪ'leɪ] n забавяне, закъснение; v бавя, забавям

delicate ['delɪkət] a фин, деликатен

delicious [dɪ'lɪʃəs] a много вкусен; възхитителен

delight [dɪ'laɪt] n удоволствие, наслада

delighted [dɪ'laɪtɪd] a очарован, възхитен

delightful [dɪ'laɪtfʊl] a прекрасен, възхитителен

deliver [dɪ'lɪvə] v доставям, разнасям

delivery [dɪ'lɪvərɪ] n доставка, разнасяне (на писма и пр.)

demand [dɪ'maɪnd] n искане; v изисквам, нуждая се от

democracy [dɪ'mɒkrəsɪ] n демокрация

demonstrate ['demənstreɪt] v демонстрирам, показвам

demonstration [ˌdemən'streɪʃn] n демонстрация, показване

denim ['denɪm] n док; дънков плат; pl дънки

dense [dens] a гъст, плътен

dentist ['dentɪst] n зъболекар

depart [dɪ'paːt] v отпътувам; отивам си; напускам

departure [dɪ'paːtʃə] n заминаване, отпътуване

depend [dɪ'pend] v зависа; ~ **on** зависа от; разчитам на

dependence [dɪ'pendəns] n зависимост

dependent [dɪ'pendənt] a зависим, подчинен

deposit [dɪ'pɒzɪt] n депозит, влог; v влагам

depress [dɪ'pres] v потискам, гнетя

depressed [dɪ'prest] a унил, потиснат

depressing [dɪ'presɪŋ] a тягостен, мрачен, потискащ

depth [depθ] n дълбочина

descendant [dɪ'sendənt] n потомък

describe [dɪ'skraɪb] v описвам, изобразявам

description [dɪ'skrɪpʃn] n описание, изображение

desert[1] [dɪ'zɜːt] v изоставям, напускам; дезертирам

desert[2] ['dezət] n пустиня

deserve [dɪ'zɜːv] v заслужавам

design [dɪ'zaɪn] v скицирам, съставям, проектирам; измислям

designer [dɪ'zaɪnə] n проектант; сценограф; дизайнер

desire [dɪ'zaɪə] n желание; искане; v желая

desk [desk] n чин; писалище

despise [dɪ'spaɪz] v презирам

destination [ˌdestɪ'neɪʃn] n местоназначение

destroy [dɪ'strɔɪ] v разрушавам, унищожавам

detail ['di:teɪl] *n* подробност, детайл

detective [dɪ'tektɪv] *n* детектив; *a* детективски

detonate ['detəneɪt] *v* експлодирам, избухвам

develop [dɪ'veləp] *v* развивам

development [dɪ'veləpmənt] *n* развитие

device [dɪ'vaɪs] *n* приспособление, механизъм

devil ['devl] *n* дявол, сатана

devote [dɪ'vəut] *v* посвещавам

diagonal [daɪ'ægənəl] *n* диагонал; *a* диагонален

diagonally [daɪ'ægənəlɪ] *adv* диагонално

diagram ['daɪəgræm] *n* диаграма; чертеж

dial ['daɪəl] *n* циферблат; *v* избирам, набирам

dialogue ['daɪəlɒg] *n* диалог

diamond ['daɪəmənd] *n* диамант; *a* диамантен

diary ['daɪərɪ] *n* дневник

dice [daɪs] *npl* (*sg* **die** [daɪ]) зарове

dictate [dɪk'teɪt] *v* диктувам; нареждам

dictation [dɪk'teɪʃn] *n* диктовка

dictionary ['dɪkʃənərɪ] *n* речник

did [dɪd] *pt* → **do**

die [daɪ] *v* умирам

difference ['dɪfrəns] *n* разлика, различие

different ['dɪfrənt] *a* различен, друг

difficult ['dɪfɪkəlt] *a* труден

difficulty ['dɪfɪkəltɪ] *n* трудност

dig [dɪg] *v* копая, изкопавам

dim [dɪm] *a* неясен, мътен; блед

dimension [daɪ'menʃn] *n* измерение

dining room ['daɪnɪŋ ˌrum] *n* трапезария

dinner ['dɪnə] *n* обед; вечеря

dinosaur ['daɪnəsɔ:] *n* динозавър

direct [dɪ'rekt] *v* упътвам, насочвам; *a* пряк; откровен, прям

director [dɪ'rektə] *n* директор; ръководител

directory [dɪ'rektərɪ] *n* (телефонен) указател, справочник

dirty ['dɜ:tɪ] *a* мръсен

disabled [dɪs'eɪbld] *a* неспособен, негоден; *n* инвалид

disadvantage [ˌdɪsəd'vɑ:ntɪdʒ] *n* недостатък; ущърб

disappear [ˌdɪsə'pɪə] *v* изчезвам

disappoint [ˌdɪsə'pɔɪnt] *v* разочаровам

disappointment [ˌdɪsə'pɔɪntmənt] *n* разочарование

disaster [dɪ'zɑ:stə] *n* бедствие; злополука

disco ['dɪskəu] *n* дискотека; дискомузика

discover [dɪ'skʌvə] *v* откривам, разкривам, намирам

discovery [dɪ'skʌvərɪ] *n* откритие

discus ['dɪskəs] *n сп.* диск

discuss [dɪ'skʌs] *v* обсъждам, дискутирам

discussion [dɪ'skʌʃn] *n* дискусия, обсъждане, разискване

disease [dɪ'zi:z] *n* болест, заболяване

disguise [dɪs'gaɪz] *n* маскиране; *v* маскирам (ce), преобличам (ce), предрешавам (ce) (**as** като)

disgust [dɪs'gʌst] *n* погнуса, отвращение; *v* отвращавам

disgusting [dɪs'gʌstɪŋ] *a* отвратителен, гаден, гнусен

dish [dɪʃ] *n* блюдо, чиния; ястие

dishonest [dɪs'ɒnɪst] *a* нечестен, непочтен

dishwasher ['dɪʃ͵wɒʃə] *n* съдомиялна машина

diskette [dɪ'sket] *n* дискета

dislike [dɪs'laɪk] *v* не харесвам, не обичам

dismount [dɪs'maʊnt] *v* слизам (*от кон*)

disorder [dɪs'ɔːdə] *n* безредие, безпорядък

display [dɪ'spleɪ] *v* показвам, излагам на показ

dispute [dɪ'spjuːt] *n* диспут, дебати; *v* споря; оспорвам

distance ['dɪstəns] *n* разстояние, далечина

distant ['dɪstənt] *a* далечен, отдалечен

distribute [dɪ'strɪbjuːt] *v* разпределям; разпръсквам

distributor [dɪ'strɪbjʊtə] *n* дистрибутор, пласьор

district ['dɪstrɪkt] *n* област, район, околия; *a* окръжен

disturb [dɪ'stɜːb] *v* безпокоя, смущавам

dive [daɪv] *v* гмуркам се

divide [dɪ'vaɪd] *v* деля, разделям

diving ['daɪvɪŋ] *n* гмуркане

divorce [dɪ'vɔːs] *n* развод

divorced [dɪ'vɔːst] *a* разведен

Diwali [dɪ'waːlɪ] Дивали (*индийски празник, отбелязващ края на мусонния период през есента*)

do [duː] *v* правя, върша

doctor ['dɒktə] *n* лекар, доктор

document ['dɒkjʊmənt] *n* документ; *v* документирам

documentary [͵dɒkjʊ'mentərɪ] *n* документален филм

dodo ['dəʊdəʊ] *n* додо (*вид изчезнала птица*)

does [dʌz] *3 л. ед.ч. сег.вр.* → **do**

dog [dɒg] *n* куче

doll [dɒl] *n* кукла

dolphin ['dɒlfɪn] *n* делфин

dome [dəʊm] *n* кубе, купол

dominate ['dɒmɪneɪt] *v* господствам, властвам, доминирам

domination [͵dɒmɪ'neɪʃn] *n* власт, господство

dominoes ['dɒmɪnəʊz] *npl* домино (*игра*)

done [dʌn] *pp* → **do**

donkey ['dɒŋkɪ] *n* магаре

doodle ['duːdl] *v* шаря, правя драскулки

door [dɔː] *n* врата

dot [dɒt] *n* точка

double ['dʌbl] *a* двоен; ~ -**decker** ['dekə] двуетажен автобус

doubt [daʊt] *n* съмнение; *v* съмнявам се (в)

dough [dəʊ] *n* тесто

down [daʊn] *adv* долу, надолу

downstairs [͵daʊn'steəz] *adv* долу, на долния етаж

dozen ['dʌzn] *n* дузина

drag [dræg] *v* влача, тегля

dragon ['drægən] *n* дракон

dragonfly ['drægənflaɪ] *n* водно конче

drain [dreɪn] *n* тръба, канал; *v* отводнявам, пресушавам

drama ['drɑːmə] *n* драма

dramatic [drə'mætɪk] *a* драматичен, театрален

drank [dræŋk] *pt* → **drink**

draught [drɑːft] *n* течение (въздушно); теглене

draw [drɔː] *n* лотария, теглене; *v* рисувам, чертая; дърпам

drawer [drɔː(r)] *n* чекмедже

drawing ['drɔːɪŋ] *n* рисунка; рисуване, чертане

drawn [drɔːn] *pp* → **draw**

dread [dred] *n* уплаха, ужас; *v* страхувам се, боя се от

dreadful ['dredfʊl] *a* ужàсен, страховит

dreadfully ['dredfʊlɪ] *adv* ужасно

dream [driːm] *n* сън; мечта; *v* (*pt, pp* **dreamt** *или* **dreamed**) сънувам; мечтая

dreamt [dremt] *pt, pp* → **dream**

dress [dres] *n* рокля; *v* обличам (се)

dressing-gown ['dresɪŋˌɡaʊn] *n* пеньоар, халат

dressmaker ['dresmeɪkə] *n* шивачка

drew [druː] *pt* → **draw**

dribble ['drɪbl] *v* дриблирам

drink [drɪŋk] *v* пия, изпивам

drip [drɪp] *v* капя

dripping ['drɪpɪŋ] *a* мокър, вирвода

drive [draɪv] *v* шофирам, карам (кола)

driven ['drɪvn] *pp* → **drive**

driver ['draɪvə] *n* шофьор

drizzle ['drɪzl] *v* ръмя, рося (за дъжд)

drop [drɒp] *n* капка; *v* капя; изпускам; ~ **off** падам, окапвам

drought [draʊt] *n* суша, засушаване

drove [drəʊv] *pt* → **drive**

drown [draʊn] *v* давя (се), удавям (се)

drowsy ['draʊzɪ] *a* сънлив, дремлив

drug [drʌɡ] *n* лекарство; наркотик

drugged [drʌɡd] *a* упоен, дрогиран

drugstore ['drʌɡstɔː] *n* ам. дрогерия, смесен магазин

drum [drʌm] *n* барабан, тъпан

drunk¹ [drʌŋk] *pp* → **drink**

drunk² [drʌŋk] *a* пиян

dry [draɪ] *a* сух; изсъхнал

duck [dʌk] *n* патица

dug [dʌɡ] *pt, pp* → **dig**

dull [dʌl] *a* тъп, скучен, вял

dumb [dʌm] *a* ням; безмълвен

dungeon ['dʌndʒən] *n* тъмница, затвор

during ['djʊərɪŋ] *prep* през, по време на

dusk [dʌsk] *n* здрач, сумрак

dust [dʌst] *n* прах

dustbin ['dʌstbɪn] *n* кофа за смет

dusty ['dʌstɪ] *a* прашен

duty ['djuːtɪ] *n* задължение, дълг

duty-free [ˌdjuːtɪ'friː] *a* безмитен

dwarf [dwɔːf] *n* джудже

dye [daɪ] *n* боя; *v* боядисвам

E

each [iːtʃ] *pron* всеки (един)

eager ['iːgə] *a* нетърпелив; ревностен, страстен

eagle ['iːgl] *n* орел

ear [ɪə] *n* ухо; *a* ушен

earache ['ɪəreɪk] *n* ухобол

early ['ɜːlɪ] *adv* рано; *a* ранен

earmuffs ['ɪəmʌfs] *npl* наушници

earn [ɜːn] *v* печеля, припечелвам

earring ['ɪərɪŋ] *n* обеца

earth [ɜːθ] *n* земя; суша

earthquake ['ɜːθkweɪk] *n* земетресение

east [iːst] *n* изток; *a* източен

easy ['iːzɪ] *a* лесен

easy-going ['iːzɪ'gəʊɪŋ] *a* добродушен, сговорчив; безгрижен

eat [iːt] *v* ям

eaten ['iːtn] *pp* → eat

echo ['ekəʊ] *n* ехо, отглас, ек

eclipse [ɪ'klɪps] *n* слънчево затъмнение

ecology [ɪ'kɒlədʒɪ] *n* екология

economic [ˌiːkə'nɒmɪk] *a* икономически

economics [ˌiːkə'nɒmɪks] *n* икономика

edge [edʒ] *n* край, ръб

edit ['edɪt] *v* редактирам

edition [ɪ'dɪʃn] *n* издание

editor ['edɪtə] *n* редактор

educate ['edjʊkeɪt] *v* образовам, просвещавам

education [ˌedjʊ'keɪʃn] *n* образование, обучение, просвета

effect [ɪ'fekt] *n* въздействие; последица, ефект

effective [ɪ'fektɪv] *a* резултатен, ефективен

egg [eg] *n* яйце

eight [eɪt] *n* осем

eighteen [ˌeɪ'tiːn] *n* осемнайсет

eighty ['eɪtɪ] *n* осемдесет

either ['aɪðə] *a, pron* един (от двама)

elastic [ɪ'læstɪk] *n* ластик; *a* еластичен

elbow ['elbəʊ] *n* лакът

elect [ɪ'lekt] *v* избирам

election [ɪ'lekʃn] *n* избор; избори

electrician [ˌɪlek'trɪʃn] *n* електротехник

electricity [ˌɪlek'trɪsətɪ] *n* електричество, ток

elegant ['elɪgənt] *a* изискан, елегантен

element ['elɪmənt] *n* елемент, част; природна стихия

elephant ['elɪfənt] *n* слон

elevator ['elɪveɪtə] *n ам.* асансьор

eleven [ɪ'levn] *n* единадесет

elk [elk] *n* лос

elm [elm] *n* бряст

else [els] *adv* друг; още

embarrass [ɪm'bærəs] *v* смущавам, обърквам

emblem ['embləm] *n* емблема, символ

embodiment [ɪm'bɒdɪmənt] *n* въплъщение

embrace [ɪm'breɪs] *n* прегръдка; *v* прегръщам

embroidery [ɪm'brɔɪdərɪ] *n* везба, бродерия

emerge [ɪ'mɜːdʒ] *v* появявам се, изниквам

emotion [ɪ'məʊʃn] *n* чувство, емоция

emotional [ɪ'məʊʃənl] *a* емоционален, темпераментен

emperor ['empərə] *n* император

empire ['empaɪə] *n* империя

employ [ɪm'plɔɪ] *v* назначавам на работа, наемам

employment [ɪm'plɔɪmənt] *n* наемане на работа

empty ['emptɪ] *a* празен, пуст

emu ['iːmjuː] *n зоол.* ему

encounter [ɪn'kaʊntə] *n* (неочаквана) среща; *v* срещам неочаквано

encourage [ɪn'kʌrɪdʒ] *v* насърчавам, окуражавам

encouragement [ɪn'kʌrɪdʒmənt] *n* насърчение, поощрение

encyclopedia [ɪnˌsaɪklə'piːdɪə] *n* енциклопедия

end [end] *n* край, завършек

endangered [ɪn'deɪndʒəd] *a* застрашен, заплашен

endless ['endlɪs] *a* безкраен

endorphin [en'dɔːfɪn] *n биохим.* ендорфин

enemy ['enɪmɪ] *n* враг, неприятел

energy ['enədʒɪ] *n* енергия, сила

engage [ɪn'geɪdʒ] *v* поемам задължение; ~ **in** включвам се в

engagement [ɪn'geɪdʒmənt] *n* задължение, ангажимент

engine ['endʒɪn] *n* машина; двигател, мотор

engineer [ˌendʒɪ'nɪə] *n* инженер

enjoy [ɪn'dʒɔɪ] *v* радвам се, наслаждавам се на

enjoyable [ɪn'dʒɔɪəbl] *a* приятен

enjoyment [ɪn'dʒɔɪmənt] *n* удоволствие, наслада

enormous [ɪ'nɔːməs] *a* огромен

enough [ɪ'nʌf] *adv* достатъчно

enquiry [ɪn'kwaɪərɪ] = **inquiry**

enter ['entə] *v* влизам (в)

entertain [ˌentə'teɪn] *v* забавлявам, развличам

entertainment [ˌentə'teɪnmənt] *n* забавление, развлечение

enthusiasm [ɪn'θjuːzɪæzm] *n* ентусиазъм, възторг

enthusiastic [ɪnˌθjuːzɪ'æstɪk] *a* ентусиазиран, възторжен

entry ['entrɪ] *n* влизане, вход; устие (*на река*)

envelope ['envələʊp] *n* плик за писмо

envious ['envɪəs] *a* завистлив

environment [ɪn'vaɪərənmənt] *n* околна среда; обкръжение

environmental [ɪnˌvaɪərən'mentl] *a* свързан с околната среда

envy ['envɪ] *n* завист

epilepsy ['epɪlepsɪ] *n* епилепсия

equal ['iːkwəl] *a* равен

equator [ɪ'kweɪtə] *n* екватор

equip [ɪ'kwɪp] *v* екипирам, оборудвам

equipment [ɪ'kwɪpmənt] *n* екипировка; снаряжение

error ['erə] *n* грешка

erupt [ɪ'rʌpt] *v* изригвам

escape [ɪ'skeɪp] *v* избягвам

Eskimo ['eskɪ,məʊ] *n* ескимос; *a* ескимоски

establish [ɪ'stæblɪʃ] *v* установявам, създавам, основавам

estimate ['estɪmeɪt] *v* оценявам, преценявам

even ['iːvn] *adv* дори, даже

evening ['iːvnɪŋ] *n* вечер; *a* вечерен

event [ɪ'vent] *n* събитие, случка

eventually [ɪ'ventʃʊəlɪ] *adv* накрая; рано или късно

ever ['evə] *adv* непрекъснато, винаги; някога

every ['evrɪ] *a* всеки

everybody ['evrɪ,bɒdɪ] *pron* всеки (човек), всички

everything ['evrɪθɪŋ] *pron* всичко

everywhere ['evrɪweə] *adv* навсякъде

evil ['iːvl] *a* зъл, лош

exact [ɪg'zækt] *a* точен; методичен

exactly [ɪg'zæktlɪ] *adv* точно; именно

exaggerate [ɪg'zædʒəreɪt] *v* преувеличавам

exaggeration [ɪg,zædʒə'reɪʃn] *n* преувеличение

exam [ɪg'zæm] *n разг.* изпит

examination [ɪg'zæmɪ'neɪʃn] *n* изпит; преглед

examine [ɪg'zæmɪn] *v* преглеждам; изпитвам, проверявам

example [ɪg'zɑːmpl] *n* пример

excel [ɪk'sel] *v* превъзхождам; изпъквам

excellent ['eksələnt] *a* отличен, превъзходен

except [ɪk'sept] *prep* освен, с изключение на

exception [ɪk'sepʃn] *n* изключение

excite [ɪk'saɪt] *v* вълнувам, възбуждам

excitement [ɪk'saɪtmənt] *n* вълнение, възбуда

exciting [ɪk'saɪtɪŋ] *a* вълнуващ

exclaim [ɪk'skleɪm] *v* възкликвам

exclamation [,eksklə'meɪʃn] *n* възклицание

excuse[1] [ɪk'skjuːz] *v* извинявам

excuse[2] [ɪk'skjuːs] *n* извинение

execute ['eksɪkjuːt] *v* екзекутирам; изпълнявам

exercise ['eksəsaɪz] *n* упражнение

exhaust [ɪg'zɔːst] *v* изтощавам; ~ -pipe [paɪp] ауспух

exhibit [ɪg'zɪbɪt] *v* излагам, показвам

exhibition [,eksɪ'bɪʃn] *n* изложба, експозиция

exist [ɪg'zɪst] *v* съществувам

existence [ɪg'zɪstəns] *n* съществуване

exit ['egzɪt] *n* изход; *v* излизам

exotic [ɪg'zɒtɪk] *a* екзотичен

expand [ɪk'spænd] *v* разширявам (се), уголемявам (се)

expect [ɪk'spekt] *v* очаквам; надявам се

expedition [ˌekspɪ'dɪʃn] *n* експедиция

expensive [ɪk'spensɪv] *a* скъп

experience [ɪk'spɪərɪəns] *n* преживяване; (жизнен) опит

experiment [ɪk'sperɪmənt] *n* опит, експеримент

expert ['ekspɜːt] *n* специалист, експерт; *a* вещ, опитен

explain [ɪk'spleɪn] *v* обяснявам

explanation [ˌeksplə'neɪʃn] *n* обяснение

explode [ɪk'spləʊd] *v* избухвам, експлодирам

exploration [ˌeksplə'reɪʃn] *n* изследване

explore [ɪk'splɔː] *v* изследвам, проучвам

explorer [ɪk'splɔːrə] *n* изследовател

explosion [ɪk'spləʊʒn] *n* експлозия, избухване

export ['ekspɔːt] *n търг.* износ

express [ɪk'spres] *v* изразявам

expression [ɪk'spreʃn] *n* израз, изражение

external [ɪk'stɜːnl] *a* външен

extinct [ɪk'stɪŋkt] *a* изчезнал (*за животински вид, раса*)

extra ['ekstrə] *a* допълнителен

extract[1] [ɪk'strækt] *v* извличам

extract[2] ['ekstrækt] *n* екстракт, извлек

extraordinary [ɪk'strɔːdnərɪ] *a* необикновен, изключителен

extreme [ɪk'striːm] *a* краен; извънреден

extremely [ɪk'striːmlɪ] *adv* изключително, извънредно

extrovert ['ekstrəvɜːt] *n* екстроверт, отворен/общителен човек

eye [aɪ] *n* око

eyebrow ['aɪbraʊ] *n* вежда

eyelash ['aɪlæʃ] *n* мигла

eyelid ['aɪlɪd] *n* клепач

F

face [feɪs] *n* лице

fact [fækt] *n* факт; **in ~** всъщност; фактически

factfile ['fæktfaɪl] *n* биографична справка

factory ['fæktərɪ] *n* фабрика

fade [feɪd] *v* избелявам; заглъхвам

fail [feɪl] *v* пропадам, не успявам

faint [feɪnt] *v* припадам

fair [feə] *a* рус; хубав; честен, справедлив; *n* панаир

fairy ['feərɪ] *n* фея; *a* вълшебен

faith [feɪθ] *n* вяра

faithful ['feɪθful] *a* верен, предан

faithfulness ['feɪθfulnɪs] *n* вярност, преданост

falcon ['fɔːlkən] *n* сокол

fall [fɔːl] *v* падам; стихвам; **~ in love** [lʌv] влюбвам се

fallen ['fɔːlən] *pp* → **fall**

false [fɔːls] *a* фалшив, неверен, лъжлив

fame [feɪm] *n* слава

familiar [fə'mɪlɪə] *a* познат; интимен

family ['fæmɪlɪ] *n* семейство

famine ['fæmɪn] *n* глад (*масов*); *v* гладувам

famous ['feɪməs] *a* известен, прочут

fan [fæn] *n* привърженик, запалянко; ветрило

fancy ['fænsɪ] *n* въображение; *a* въображаем; луксозен; *v* въобразявам си

fantastic [fæn'tæstɪk] *a* фантастичен, чудесен

far [fɑː] *adv* (на)далеч; *a* далечен

fare [feə] *n* такса при пътуване

farewell [ˌfeə'wel] *int* сбогом; *n* сбогуване

farm [fɑːm] *n* стопанство, ферма

farmer ['fɑːmə] *n* фермер, земеделец

fascinate ['fæsɪneɪt] *v* привличам, очаровам

fascinating ['fæsɪneɪtɪŋ] *a* очарователен, обаятелен

fascination [ˌfæsɪ'neɪʃn] *n* очарование, чар

fashion ['fæʃn] *n* мода

fashionable ['fæʃənəbl] *a* моден, модерен

fast [fɑːst] *a* бърз; *adv* бързо

fat [fæt] *n* мазнина; *a* дебел, тлъст

fate [feɪt] *n* съдба

father ['fɑːðə] *n* баща

fatigue [fə'tiːg] *n* умора

fault [fɔːlt] *n* вина, грешка; дефект

favour ['feɪvə] *n* услуга; полза

favourable ['feɪvərəbl] *a* благоприятен; благосклонен

favourite ['feɪvərɪt] *n* любимец, фаворит; *a* любим, обичан

fear [fɪə] *n* страх; *v* боя се, страхувам се (от)

fearful ['fɪəful] *a* страшен

feast [fiːst] *n* пиршество, празненство

feather ['feðə] *n* перо

feature ['fiːtʃə] *n* черта, характеристика

February ['februərɪ] *n* февруари; *a* февруарски

fed [fed] *pt, pp* → **feed**

fee [fiː] *n* хонорар, такса

feed [fiːd] *v* храня; паса; **to be fed up** втръсва ми (**with** от)

feedback ['fiːdbæk] *n* обратна информация

feel [fiːl] *v* чувствам, изпитвам

feet [fiːt] *npl* → **foot**

fell [fel] *pt* → **fall**

fellow ['feləu] *n* другар, приятел; момче; човек

felt [felt] *pt, pp* → **feel**

female ['fiːmeɪl] *a* женски

fence [fens] *n* ограда; фехтовка

fertile ['fɜːtaɪl] *a* плодороден

fertilizer ['fɜːtɪlaɪzə] *n* изкуствен тор

festive ['festɪv] *a* тържествен, празничен

fetch [fetʃ] *v* докарвам, донасям

few [fjuː] *a* малко; *n* малцина

fewer ['fjuːə] *a* по-малко

fiance [fɪ'ɒnseɪ] *n* годеник

fiancée [fɪ'ɒnseɪ] *n* годеница

fibre ['faɪbə] *n* нишка, влакно

fiction ['fɪkʃn] *n* белетристика

fictional ['fɪkʃənəl] *a* литературен, измислен; белетристичен

fiddle ['fɪdl] *n* цигулка

field [fiːld] *n* поле, нива

fierce [fɪəs] *a* свиреп, жесток

fiercely ['fɪəslɪ] *adv* свирепо, настървено

fifteen [fɪf'tiːn] *n* петнадесет

fifty ['fɪftɪ] *n* петдесет

fig [fɪg] *n* смокиня

fight [faɪt] *n* борба, бой; *v* бия се, боря се

figure ['fɪgə] *n* фигура; цифра; *v* представям си

file [faɪl] *n* папка; картотека

fill [fɪl] *v* пълня, изпълвам; **~ in** попълвам

film [fɪlm] *n* филм

filmstar ['fɪlmstɑː] *n* филмова звезда

fin [fɪn] *n* перка (*на риба*)

final ['faɪnl] *a* краен, финален, заключителен; *n* финал

finally ['faɪnəlɪ] *adv* накрая

find [faɪnd] *v* намирам; **~ out** откривам, разбирам

fine [faɪn] *a* фин; хубав; *adv* чудесно

finger ['fɪŋgə] *n* пръст (*на ръката*)

fingerprint ['fɪŋgəprɪnt] *n* отпечатък от пръст

finish ['fɪnɪʃ] *v* свършвам, финиширам

fire ['faɪə] *n* огън; **on ~** в пламъци

firecracker ['faɪəˌkrækə] *n* бомбичка, фишек

fire-engine ['faɪəˌendʒɪn] *n* пожарна кола

fireman ['faɪəmən] *n* пожарникар

firework ['faɪəwɜːk] *n* фойерверк

first [fɜːst] *a* пръв; **~ aid kit** ['eɪdˌkɪt] аптечка

fish [fɪʃ] *n* риба; *a* рибен

fisherman ['fɪʃəmən] *n* рибар

fist [fɪst] *n* юмрук

fit [fɪt] *a* подходящ, годен; *v* прилягам

five [faɪv] *n* пет

fix [fɪks] *v* поправям; прикрепвам

fizzy ['fɪzɪ] *a* газиран

flag [flæg] *n* флаг, знаме

flame [fleɪm] *n* пламък

flat [flæt] *n* апартамент; *a* плосък, равен

flavour ['fleɪvə] *n* вкус; *v* подправям

fleet [fliːt] *n* флота

flew [fluː] *pt* ➔ **fly**

flexible ['fleksɪbl] *a* гъвкав

flight [flaɪt] *n* полет, летене

flip-flop ['flɪpflɒp] *n* джапанка

float [fləʊt] *v* плавам, нося се

flock [flɒk] *n* стадо; ято

flood [flʌd] *n* наводнение

floor [flɔː] *n* под

floppy disk [ˌflɒpɪ'dɪsk] *n комп.* флопи диск

flour ['flaʊə] *n* брашно

flourish ['flʌrɪʃ] *v* цъфтя, процъфтявам

flow [fləʊ] *v* тека, лея се

flower ['flaʊə] *n* цвете

flower-bed ['flaʊəbed] *n* цветна леха

flown [fləʊn] *pp* ➔ **fly**

flu [fluː] *n* инфлуенца, грип

fluency ['fluːənsɪ] *n* плавност, гладкост; дар слово

fluent ['fluːənt] *a* гладък, свободен (*за изказ и пр.*)

fluffy ['flʌfɪ] *a* пухкав

flute [fluːt] *n* флейта

fly [flaɪ] *v* летя, хвърча; *n* муха

flying saucer [ˌflaɪŋ'sɔːsə] *n* летяща чиния

fog [fɒg] *n* (гъста) мъгла

foggy ['fɒgɪ] *a* мъглив

fold [fəʊld] *v* сгъвам, прегъвам; *n* гънка

folk [fəʊk] *n* народ; *a* народен

follow ['fɒləʊ] *v* следвам; разбирам

follower ['fɒləʊə] *n* последовател

following ['fɒləʊɪŋ] *a* следващ, последващ

fond [fɒnd] *a* обичлив, привързан, нежен

food [fuːd] *n* храна; ~ **chain** [tʃeɪn] хранителна верига

fool [fuːl] *n* глупак; шут; *v* правя се на глупак

foolish ['fuːlɪʃ] *a* глупав

foot [fʊt] *n* (*pl* **feet** [fiːt]) крак, ходило

football ['fʊtbɔːl] *n* футбол

footballer ['fʊtbɔːlə] *n* футболист

for [fɔː] *prep* за; през (*период от време*); поради

force [fɔːs] *n* сила; *v* принуждавам

forecast ['fɔːkɑːst] *n* прогноза; *v* предсказвам

forehead ['fɒrɪd] *n* чело

foreign ['fɒrɪn] *a* чуждестранен, чужд

foreigner ['fɒrɪnə] *n* чужденец

forest ['fɒrɪst] *n* гора

forever [fə'revə] *adv* завинаги

forgave [fə'geɪv] *pt* ➔ **forgive**

forget [fə'get] *v* забравям

forgive [fə'gɪv] *v* прощавам

forgiven [fə'gɪvn] *pp* ➔ **forgive**

forgot [fə'gɒt] *pt* ➔ **forget**

forgotten [fə'gɒtn] *pp* ➔ **forget**

fork [fɔːk] *n* вилица; вила за сено

form [fɔːm] *n* форма, вид; формуляр; *v* формирам, образувам

formal ['fɔːml] *a* външен; формален; официален

fort [fɔːt] *n* форт, укрепление

fortnight ['fɔːtnaɪt] *n* две седмици

fortress ['fɔːtrɪs] *n* крепост

fortunate ['fɔːtʃənət] *a* щастлив, късметлия

fortunately ['fɔːtʃənətlɪ] *adv* за щастие; сполучливо

fortune ['fɔ:tʃən] *n* щастие, сполука, късмет; съдба; **~-teller** ['telə] гадател

forty ['fɔ:tɪ] *n* четиридесет

forward ['fɔ:wəd] *adv* напред; *a* напредничав; преден

fought [fɔ:t] *pt, pp* ➜ **fight**

found¹ [faʊnd] *v* основавам

found² [faʊnd] *pt, pp* ➜ **find**

foundation [faʊn'deɪʃn] *n* фондация; основаване; основа

fountain ['faʊntɪn] *n* фонтан, шадраван; извор

fountain pen ['faʊntɪnˌpen] *n* автоматична писалка

four [fɔ:] *n* четири

fourteen [ˌfɔ:'ti:n] *n* четиринадесет

fox [fɒks] *n* лисица

fragile ['frædʒaɪl] *a* чуплив, трошлив

fragment ['frægmənt] *n* къс, парче; отломка

frame [freɪm] *n* рамка; рама

free [fri:] *a* свободен, волен

freedom ['fri:dəm] *n* свобода, независимост

freely ['fri:lɪ] *adv* свободно, волно

freeze [fri:z] *v* замръзвам; замразявам

frequency ['fri:kwənsɪ] *n* честота, повторяемост

frequent ['fri:kwənt] *a* чест, повтарящ се; многократен

fresh [freʃ] *a* пресен; свеж

freshness ['freʃnɪs] *n* свежест

Friday ['fraɪdeɪ, fraɪdɪ] *n* петък

fridge [frɪdʒ] *n* хладилник

friend [frend] *n* приятел

friendly ['frendlɪ] *a* приятелски, дружелюбен

friendship ['frendʃɪp] *n* дружба, приятелство

frighten ['fraɪtn] *v* плаша, стресвам

frightened ['fraɪtnd] *a* изплашен; стреснат

frog [frɒg] *n* жаба

from [frɒm] *prep* от; по

front [frʌnt] *n* фронт; предна част; *a* преден; **in ~ of** пред

frontier [frʌn'tɪə] *n* граница; *a* граничен

frost [frɒst] *n* мраз; скреж

frown [fraʊn] *v* мръщя се, намръщвам се

froze [frəʊz] *pt* ➜ **freeze**

frozen¹ ['frəʊzn] *pp* ➜ **freeze**

frozen² ['frəʊzn] *a* замръзнал, вледенен

fruit [fru:t] *n* плод; плодове

fry [fraɪ] *v* пържа; **~ing pan** ['fraɪŋ ˌpæn] тиган

fuel ['fju:əl] *n* гориво; топливо

full [fʊl] *a* пълен, напълнен; цял

fun [fʌn] *n* забавление; приятно прекарано време

function ['fʌŋkʃn] *n* функция; *v* действам, работя

fund [fʌnd] *n* фонд; запас

funny ['fʌnɪ] *a* смешен, забавен

fur [fɜ:] *n* кожа (*с козината*); **~ hat** [hæt] кожена шапка

furious ['fjʊərɪəs] *a* бесен, яростен

furnace ['fɜ:nɪs] *n* пещ; фурна

furnish ['fɜ:nɪʃ] *v* обзавеждам, мебелирам

furniture ['fɜ:nɪtʃə] *n* мебели

fury ['fjʊərɪ] *n* ярост, бяс

fussy ['fʌsɪ] *a* суетлив; придирчив

future ['fju:tʃə] *n* бъдеще; *a* бъдещ

futurology [ˌfju:tʃə'rɒlədʒɪ] *n* футурология

G

Gaelic ['geɪlɪk] *a* келтски

gallery ['gælərɪ] *n* художествена галерия

gallon ['gælən] *n* галон

gamble ['gæmbl] *v* играя комар

gambler ['gæmblə] *n* комарджия

game [geɪm] *n* игра; дивеч

gang [gæŋ] *n* банда, шайка

gangster ['gæŋstə] *n* гангстер

gap [gæp] *n* празнина, празно място

garage ['gærɪdʒ] *n* гараж

garbage ['gɑːbɪdʒ] *n* боклук, отпадъци, смет

garden ['gɑːdn] *n* градина

gardener ['gɑːdnə] *n* градинар

gardening ['gɑːdnɪŋ] *n* градинарство

garlic ['gɑːlɪk] *n* чесън

gas [gæs] *n* газ; *ам.* бензин; ~ station ['steɪʃən] бензиностанция

gate [geɪt] *n* врата, порта

gather ['gæðə] *v* събирам (се), струпвам (се)

gave [geɪv] *pt* → give

gear [gɪə] *n* предавателен механизъм; in ~ на скорост

geese [giːs] *npl* → goose

gene [dʒiːn] *n* ген

general ['dʒenərəl] *n* генерал; *a* общ, всеобщ; in ~ по принцип

generate ['dʒenəreɪt] *v* произвеждам; създавам

generation [ˌdʒenə'reɪʃn] *n* поколение; потомство

generator ['dʒenəreɪtə] *n* създател; генератор

generous ['dʒenərəs] *a* щедър; благороден

genetic [dʒɪ'netɪk] *a* генетичен

genius ['dʒiːnjəs] *n* гений

gentle ['dʒentl] *a* тих, кротък; любезен; благовъзпитан

gentleman ['dʒentlmən] *n* джентълмен; кавалер

gently ['dʒentlɪ] *adv* тихо, кротко; спокойно, леко

geography [dʒɪ'ɒgrəfɪ] *n* география

geologist [dʒɪ'ɒlədʒɪst] *n* геолог

gesture ['dʒestʃə] *n* жест, жестикулация; *v* жестикулирам

get [get] *v* вземам; получавам; придобивам; отивам; хващам; ~ back връщам се; ~ in влизам; ~ off слизам; ~ on качвам се; ~ out излизам; ~ up ставам (*от сън*)

gherkin ['gɜːkɪn] *n* (кисела) краставичка, корнишон

ghost ['gəʊst] *n* призрак, дух, привидение

giant ['dʒaɪənt] *n* великан, гигант; *a* гигантски

gift [gɪft] *n* дар, подарък; дарба, талант

ginger ['dʒɪndʒə] *n* джинджифил; *a* червенокос, риж

gipsy ['dʒɪpsɪ] *n* циганин; *a* цигански

giraffe [dʒɪ'rɑːf] *n* жираф

girl [gɜːl] *n* момиче; девойче

girlfriend ['gɜːlfrend] *n* приятелка; гадже

give [gɪv] *v* давам; ~ **away** раздавам; ~ **up** предавам се

given [gɪvn] *pp* → **give**

glacier ['glæsɪə] *n* ледник, глетчер; *a* ледников

glad [glæd] *a* радостен, доволен, щастлив

glass [glɑːs] *n* стъкло; чаша; *a* стъклен

glasses ['glɑːsɪz] *npl* очила

glider ['glaɪdə] *n* безмоторен самолет

global ['gləʊbl] *a* глобален; световен; сферичен

globe [gləʊb] *n* глобус; земно кълбо; сфера

glorious ['glɔːrɪəs] *a* славен, знаменит; прославен

glory ['glɔːrɪ] *n* слава; величие

glove [glʌv] *n* ръкавица

glow [gləʊ] *v* светя; блестя

glue [gluː] *n* лепило; туткал

go [gəʊ] *v* отивам; ходя; вървя; движа се; ~ **back** връщам се; ~ **on** продължавам; ~ **shopping** ['ʃɒpɪŋ] пазарувам; ~ **to bed** лягам си; ~ **wrong** [rɒŋ] развалям се; повреждам се; провалям се; **to be ~ing to** ще (*за изразяване на бъдещо действие, намерение*)

goal [gəʊl] *n* цел; гол

goalkeeper ['gəʊlˌkiːpə] *n* вратар

goat [gəʊt] *n* коза, козел

goblin ['gɒblɪn] *n* таласъм

god [gɒd] *n* бог, господ

gold [gəʊld] *n* злато

golden ['gəʊldən] *a* златен; златист

golf [gɒlf] *n* голф

gone [gɒn] *pp* → **go**

good [gʊd] *a* (**better** ['betə]; **best** [best]) добър; хубав; правилен

goodbye [ˌgʊd'baɪ] *int* довиждане

good-looking [ˌgʊd'lʊkɪŋ] *a* привлекателен; хубав, красив

goods [gʊdz] *npl* стока, стоки

goose [guːs] *n* (*pl* **geese** [giːs]) гъска

gorgeous ['gɔːdʒəs] *a* разкошен; чудесен, прекрасен

gorilla [gə'rɪlə] *n* горила

gospel ['gɒspl] *n* евангелие

gossip ['gɒsɪp] *n* клюка, клюки; *v* клюкарствам

got [gɒt] *pt* → **get**

gotten [gɒtn] *pp* → **get**

govern ['gʌvən] *v* управлявам, ръководя

government ['gʌvənmənt] *n* правителство; управление (*на държава*)

grab [græb] *v* сграбчвам; хващам

graceful ['greɪsfʊl] *a* изящен, грациозен

grade [greɪd] *n* бележка, оценка; клас; степен, класа

gradual ['grædʒʊəl] *a* постепенен

gradually ['grædʒʊəlɪ] *adv* постепенно

graduate ['grædʒʊeɪt] *v* завършвам образование

graffiti [grə'fiːtɪ] *n* графити, рисунки на стена

grain [greɪn] *n* зърно̀

grammar ['græmə] *n* граматика; *a* граматически

grandad ['grændæd] *n* дядо

grandchild ['græntʃaɪld] *n* внук, внучка

grandchildren ['grænˌtʃɪldrən] *npl* внуци

grandfather ['grænfɑːðə] *n* дядо

grandma ['grænmɑː] *n* баба

grandmother ['grænmʌðə] *n* баба

grandpa ['grænpɑ:] *n* дядо

grandparents ['grænˌpeərənts] *npl* дядо и баба

granny ['grænɪ] *n* баба

grapefruit ['greɪpfruːt] *n* грейп-фрут

grapes [greɪps] *npl* грозде

graph [grɑːf] *n* графика, диаграма

grass [grɑːs] *n* трева

grasshopper ['grɑːsˌhɒpə] *n* скакалец

grateful ['greɪtfʊl] *a* благодарен

grater ['greɪtə] *n* ренде

gratitude ['grætɪtjuːd] *n* благодарност, признателност

grave [greɪv] *n* гроб

gravel ['grævl] *n* чакъл

graveyard ['greɪvjɑːd] *n* гробище, гробища

gravity ['grævɪtɪ] *n* земно притегляне

great ['greɪt] *a* голям, велик

greedy ['griːdɪ] *a* лаком; алчен

green [griːn] *a* зелен

greengrocer ['griːnˌgrəʊsə] *n* продавач на зеленчуци, зарзаватчия

greenhouse ['griːnˌhaʊs] *n* парник, оранжерия

greet [griːt] *v* поздравявам; приветствам

greeting ['griːtɪŋ] *n* поздрав, приветствие

grew [gruː] *pt* ➔ **grow**

grey [greɪ] *a* сив; прошарен; мрачен

grief [griːf] *n* печал, скръб

grill [grɪl] *n* скара; *v* пека на скара

grind [graɪnd] *v* меля, смилам

grip [grɪp] *v* стискам, държа здраво

grocer ['grəʊsə] *n* бакалин

groom [gruːm] *n* младоженец; коняр

gross [grəʊs] *a* едър, груб; общ, брутен

ground[1] [graʊnd] *pt, pp* ➔ **grind**

ground[2] [graʊnd] *n* земя, почва

group [gruːp] *n* група; *v* групирам

grow [grəʊ] *v* раста, пораствам; нараствам, увеличавам се

growl [graʊl] *v* ръмжа; мърморя

grown [grəʊn] *pp* ➔ **grow**

growth [grəʊθ] *n* растеж; развитие

guarantee [ˌgærən'tiː] *n* гаранция, поръчителство; *v* гарантирам

guard [gɑːd] *n* пазач, охрана; *v* пазя, охранявам

guess [ges] *n* предположение, догадка; *v* отгатвам, досещам се

guest [gest] *n* гост

guidance ['gaɪdəns] *n* ръководство, напътствие

guide [gaɪd] *n* екскурзовод; водач

guilt [gɪlt] *n* вина

guilty ['gɪltɪ] *a* виновен, провинен

guinea pig ['gɪnɪˌpɪg] *n* морско свинче

guitar [gɪ'tɑː] *n* китара

gull [gʌl] *n* чайка

gun [gʌn] *n* оръдие; пушка; *ам.* револвер, пистолет

gunfire ['gʌnfaɪə] *n* стрелба

gunpowder ['gʌnˌpaʊdə] *n* барут

gut [gʌt] *n* черво; *pl* смелост, кураж

guy [gaɪ] *n ам.* човек, момче

gym [dʒɪm] *n* = **gymnasium**

gymnasium [dʒɪm'neɪzɪəm] *n* гимнастически салон

gymnastics [dʒɪm'næstɪks] *n* гимнастика

H

habit ['hæbɪt] *n* навик, привичка

habitual [hə'bɪtʃuəl] *a* обичаен, привичен

had [hæd, həd] *pt, pp* → **have**

hair [heə] *n* коса, коси; косъм

hairdresser ['heə͵dresə] *n* фризьор

half [hɑ:f] *n* (*pl* **halves** [hɑ:vz]) половина, половинка

hall [hɔ:l] *n* антре; зала; салон

ham [hæm] *n* шунка

hamburger ['hæmbɜ:gə] *n* хамбургер

hammer ['hæmə] *n* чук; *v* зачуквам, заковавам

hammock ['hæmək] *n* хамак

hamster ['hæmstə] *n* хамстер

hand [hænd] *n* ръка; стрелка (*на часовник*); *v* подавам; връчвам

handbag ['hændbæg] *n* ръчна чанта

handkerchief ['hæŋkətʃɪf] *n* носна кърпа

handle ['hændl] *n* дръжка; ръчка

handlebar ['hændlbɑ:] *n* кормило на велосипед

handsome ['hænsəm] *a* красив (*за мъж*)

handwriting ['hænd͵raɪtɪŋ] *n* почерк

hang [hæŋ] *v* (*pt, pp* **hung** *или* **hanged**) закачам, окачам; овесвам; обесвам; ~ **on** не затварям (*телефона*); държа се здраво, не пускам; ~ **up** слагам край на телефонен разговор, затварям

hanger ['hæŋə] *n* закачалка

hang-gliding ['hæŋ͵glaɪdɪŋ] *n* делтапланеризъм

happen ['hæpən] *v* ставам, случвам се

happily ['hæpɪlɪ] *adv* щастливо

happiness ['hæpɪnɪs] *n* щастие

happy ['hæpɪ] *a* щастлив

harbour ['hɑ:bə] *n* пристанище

hard [hɑ:d] *a* твърд; тежък, труден; усилен; *adv* упорито, усилено

hardly ['hɑ:dlɪ] *adv* едва; едва ли

hardship ['hɑ:dʃɪp] *n* трудност, премеждие

hard-working [͵hɑ:d'wɜ:kɪŋ] *a* трудолюбив

hare [heə] *n* див заек

harm [hɑ:m] *n* вреда, пакост; *v* вредя, навреждам

harmful ['hɑ:mful] *a* вреден

harmony ['hɑ:mənɪ] *n* хармония, съзвучие

harp [hɑ:p] *n* арфа

harvest ['hɑ:vɪst] *n* жътва; реколта

has [hæz, həz] *3 л. ед.ч. сег.вр.* → **have**

hastily ['heɪstɪlɪ] *adv* бързо; прибързано

hasty ['heɪstɪ] *a* бърз, забързан

hat [hæt] *n* шапка

hate [heɪt] *v* мразя, ненавиждам

hatred ['heɪtrɪd] *n* омраза

have [hæv, həv] v имам, притежавам; ~ **breakfast** ['brekfəst] закусвам; ~ **dinner** ['dɪnə] обядвам; вечерям; ~ **got** имам; ~ **lunch** ['lʌntʃ] обядвам; ~ **to** трябва, нужно е да

hawk [hɔːk] n ястреб

hazel ['heɪzl] n лешник; a лешников; светлокафяв (за очи)

he [hiː] pron той

head [hed] n глава; a главен; v ръководя, оглавявам

headache ['hedeɪk] n главоболие

headdress ['hed,dres] n прическа, фризура; шапка или украшение за глава

headless ['hedlɪs] a без глава

headline ['hedlaɪn] n заглавие

headquarters [,hed'kwɔːtəz] n щабквартира; седалище

heal [hiːl] v лекувам, изцерявам

health [helθ] n здраве

healthy ['helθɪ] a здрав; здравословен

hear [hɪə] v чувам

heard [hɜːd] pt, pp → hear

hearing ['hɪərɪŋ] n слух

heart [haːt] n сърце; a сърдечен

heartbeat ['haːtbiːt] n сърдечен пулс

heat [hiːt] n горещина, жега

heating ['hiːtɪŋ] n отопление

heaven ['hevn] n небе, небеса

heavily ['hevɪlɪ] adv тежко; мъчително

heavy ['hevɪ] a тежък

hectare ['hektaː] n хектар

hedge [hedʒ] n жив плет

heel [hiːl] n пета

height [haɪt] n височина

held [held] pt, pp → hold

helicopter ['helɪkɒptə] n хеликоптер, вертолет

hell [hel] n ад, пъкъл

hello [he'ləʊ] int здравей; ало (по телефона)

helmet ['helmɪt] n каска, шлем

help [help] n помощ; v помагам (на)

helpful ['helpfʊl] a отзивчив, услужлив

helpless ['helplɪs] a безпомощен

hemisphere ['hemɪ,sfɪə] n полукълбо

hen [hen] n кокошка

her [hɜː] pron неин; нея, на нея, ѝ

herb [hɜːb] n билка, трева

here [hɪə] adv тук

hereditary [hɪ'redɪtərɪ] a наследствен

heritage ['herɪtɪdʒ] n наследство

hero ['hɪərəʊ] n герой

heroine ['herəʊɪn] n героиня

herself [hɜː'self] pron тя сама, тя лично

hesitate ['hezɪteɪt] v колебая се

hesitation [,hezɪ'teɪʃn] n колебание

hi [haɪ] int здрасти

hibernate ['haɪbəneɪt] v зимувам; спя зимен сън

hiccup ['hɪkʌp] n хълцане; v хълцам

hid [hɪd] pt → hide

hidden [hɪdn] pp → hide

hide [haɪd] v крия, скривам, прикривам

high [haɪ] *a* висок

highway ['haɪweɪ] *n* главен път; шосе

hijack ['haɪdʒæk] *v* отвличам самолет

hill [hɪl] *n* хълм

hilly ['hɪlɪ] *a* хълмист

him [hɪm] *pron* него, на него, му

himself [hɪm'self] *pron* той самият

hippo ['hɪpəʊ] *n разг.* хипопотам

hippopotamus [ˌhɪpə'pɒtəməs] *n* хипопотам

hire [haɪə] *v* наемам

his [hɪz] *a* негов

hiss [hɪs] *n* съскане; *v* съскам

historic [hɪs'tɒrɪk] *a* исторически, паметен

history ['hɪstərɪ] *n* история

hit [hɪt] *n* удар; отгатване; успех; *v* (*pt, pp* **hit**) удрям; отгатвам

hitchhike ['hɪtʃhaɪk] *v* пътувам на автостоп

hoarse [hɔːs] *a* пресипнал, груб

hobby ['hɒbɪ] *n* хоби

hockey ['hɒkɪ] *n* хокей

hold [həʊld] *v* държа (се); задържам (се)

holdall ['həʊldɔːl] *n* сак, пътна чанта

hole [həʊl] *n* дупка

holiday ['hɒlɪdeɪ] *n* празник, почивен ден; *pl* ваканция, почивка

holidaymaker ['hɒlɪdeɪˌmeɪkə] *n* летовник

hollow ['hɒləʊ] *n* хралупа; *a* кух; хлътнал

hologram ['hɒləgræm] *n* холограма

holographic [ˌhɒlə'græfɪk] *a* холографски

holy ['həʊlɪ] *a* свещен, свят

home [həʊm] *n* дом, жилище; *a* домашен, роден

homework ['həʊmwɜːk] *n* домашна работа

honest ['ɒnɪst] *a* честен, почтен

honey ['hʌnɪ] *n* (пчелен) мед; *разг.* миличък, скъпи

honeymoon ['hʌnɪmuːn] *n* меден месец

hood [hʊd] *n* качулка; *ам.* капак на мотор

hoof [huːf] *n* копито

hook [hʊk] *n* кука, кукичка; *v* закачам; хващам риба

hop [hɒp] *n* подскок; *v* подскачам, скачам на един крак

hope [həʊp] *n* надежда; *v* надявам се

hopeful ['həʊpfʊl] *a* надяващ се; надежден, обещаващ

hopeless ['həʊplɪs] *a* безнадежден

hopscotch ['hɒpskɒtʃ] *n* дама (*детска игра*)

horizon [hə'raɪzən] *n* хоризонт; кръгозор

horizontal [ˌhɒrɪ'zɒntl] *a* хоризонтален

horizontally [ˌhɒrɪ'zɒntəlɪ] *adv* хоризонтално

horn [hɔːn] *n* рог; клаксон

horoscope ['hɒrəskəʊp] *n* хороскоп

horrible ['hɒrɪbl] *a* ужасен, страховит

horror ['hɒrə] *n* ужас; страх

horse [hɔːs] *n* кон

hospitable ['hɒspɪtəbl] *a* гостоприемен

hospital ['hɒspɪtl] *n* болница

hospitality [ˌhɒspɪ'tælɪtɪ] *n* гостоприемство

host [həʊst] *n* домакин

hostage ['hɒstɪdʒ] *n* заложник

hostel ['hɒstl] *n* общежитие

hostess ['həʊstɪs] *n* домакиня

hot [hɒt] *a* горещ, топъл; ~ **dog** ['dɒg] хотдог

hotel [həʊ'tel] *n* хотел

hour ['aʊə] *n* час; **per** ~ в час, на час (*за скорост*)

house [haʊs] *n* къща; жилище

household ['haʊshəʊld] *n* домакинство; *a* домакински

housewife ['haʊswaɪf] *n* домакиня

housework ['haʊswɜːk] *n* домакинска/къщна работа

how [haʊ] *adv* как; *pron* колко; ~ **many** ['menɪ] колко (*за брой*); ~ **much** ['mʌtʃ] колко (*за количество*)

however [haʊ'evə] *conj* както и да е; обаче

huge [hjuːdʒ] *a* огромен

human ['hjuːmən] *a* човешки; ~ **being** ['biːɪŋ] човек, човешко същество

humanity [hjuː'mænɪtɪ] *n* човечество; човечност, хуманност

humid ['hjuːmɪd] *a* влажен

humour ['hjuːmə] *n* настроение; хумор

hump [hʌmp] *n* гърбица; издатина

hundred ['hʌndrəd] *n* сто; стотица

hung [hʌŋ] *pt, pp* ➜ **hang**

hunger ['hʌŋgə] *n* глад

hungry ['hʌŋgrɪ] *a* гладен

hunt [hʌnt] *v* ловя, ловувам; гоня, преследвам

hunter ['hʌntə] *n* ловец

hurdle ['hɜːdl] *v* прескачам препятствие

hurricane ['hʌrɪkeɪn] *n* ураган

hurry ['hʌrɪ] *n* бързане; *v* бързам, избързвам; ~ **up** побързай!

hurt [hɜːt] *v* (*pt, pp* **hurt**) наранявам; убивам, натъртвам

husband ['hʌzbənd] *n* съпруг

hush [hʌʃ] *v* притихвам; *int* шт, тихо!

hut [hʌt] *n* хижа; колиба

hyacinth ['haɪəsɪnθ] *n* зюмбюл

hydrogen ['haɪdrədʒən] *n* водород

hyena [haɪ'iːnə] *n* хиена

hymn [hɪm] *n* химн

I

I [aɪ] *pron* аз

ice [aɪs] *n* лед

ice cream [ˌaɪs'kri:m] *n* сладолед

iceberg ['aɪsbɜ:g] *n* айсберг

idea [aɪ'dɪə] *n* идея, представа, понятие

ideal [aɪ'dɪəl] *n* идеал; *a* идеален

idealism [aɪ'dɪəlɪzm] *n* идеализъм

identical [aɪ'dentɪkl] *a* еднакъв, един и същ, идентичен

identity [aɪ'dentɪtɪ] *n* самоличност, идентичност

idiot ['ɪdɪət] *n* идиот

idle ['aɪdl] *a* бездеен; ленив, мързелив

if [ɪf] *conj* ако; дали

ignition [ɪg'nɪʃn] *n* запалване (*на мотор*)

ignorance ['ɪgnərəns] *n* невежество, незнание

ignore [ɪg'nɔ:] *v* пренебрегвам, не обръщам внимание на

ill [ɪl] *a* болен

illness ['ɪlnɪs] *n* болест

illusion [ɪ'lu:ʒn] *n* илюзия

illustrate ['ɪləstreɪt] *v* илюстрирам

illustration [ˌɪlə'streɪʃn] *n* илюстрация

image ['ɪmɪdʒ] *n* образ; изображение

imagination [ɪˌmædʒɪ'neɪʃn] *n* въображение, фантазия

imaginative [ɪ'mædʒɪnətɪv] *a* твор-чески; с богато въображение

imagine [ɪ'mædʒɪn] *v* представям си, въобразявам си

imitate ['ɪmɪteɪt] *v* имитирам, подражавам (на)

immediate [ɪ'mi:dɪət] *a* незабавен, бърз

immediately [ɪ'mi:dɪətlɪ] *adv* незабавно, веднага

immigrant ['ɪmɪgrənt] *n* имигрант

immortal [ɪ'mɔ:tl] *a* безсмъртен

imperative [ɪm'perətɪv] *a* заповеднически, повелителен

impolite [ˌɪmpə'laɪt] *a* неучтив, невежлив

import ['ɪmpɔ:t] *n търг.* внос

important [ɪm'pɔ:tnt] *a* важен, съществен

impossible [ɪm'pɒsəbl] *a* невъзможен

impress [ɪm'pres] *v* впечатлявам, поразявам; втълпявам

impression [ɪm'preʃn] *n* впечатление

impressive [ɪm'presɪv] *a* впечатляващ; внушителен

improve [ɪm'pru:v] *v* подобрявам, усъвършенствам

improvement [ɪm'pru:vmənt] *n* подобрение, усъвършенстване

in [ɪn] *prep* в(ъв), вътре в(ъв); на; през; за, след; с(ъс)

inch [ɪntʃ] *n* инч (*2,54 см*)

incident ['insidənt] *n* случка; произшествие

include [in'klu:d] *v* включвам

income ['inkʌm] *n* доход, приход

increase [in'kri:s] *v* увеличавам, повишавам

incredible [in'kredibl] *a* невероятен, неправдоподобен

indeed [in'di:d] *adv* наистина

independence [,indi'pendəns] *n* независимост

independent [,indi'pendənt] *a* независим

index ['indeks] *n* индекс, показалец; показател

indicate ['indikeit] *v* показвам, соча; означавам

indicator ['indikeitə] *n* индикатор, показател; брояч

indifferent [in'difrənt] *a* равнодушен, безразличен

individual [,indi'vidʒuəl] *n* индивид, същество; *a* индивидуален, личен

industrial [in'dʌstriəl] *a* промишлен

industrialization [in,dʌstriəlai'zeiʃn] *n* индустриализация

industry ['indəstri] *n* промишленост, индустрия

inflation [in'fleiʃn] *n* инфлация

inflexible [in'fleksəbl] *a* непреклонен, твърд; несломим

influence ['influəns] *n* влияние, въздействие

info ['infəu] *n разг.* информация

inform [in'fɔ:m] *v* информирам, осведомявам

informal [in'fɔ:ml] *a* неофициален; всекидневен, обикновен; разговорен (*за реч*)

information [,infə'meiʃn] *n* информация

inhabit [in'hæbit] *v* населявам, обитавам

inhabitant [in'hæbitənt] *n* жител, обитател

inherit [in'herit] *v* наследявам

injure ['indʒə] *v* наранявам; повреждам

injustice [in'dʒʌstis] *n* несправедливост, неправда

ink [iŋk] *n* мастило

inn [in] *n* хан, странноприемница

inquiry [in'kwaiəri] *n* разпитване; разследване

insect ['insekt] *n* насекомо

insert [in'sɜ:t] *v* вмъквам; включвам

inside [in'said] *adv* вътре, отвътре; *n* вътрешност; *a* вътрешен

insist [in'sist] *v* настоявам; твърдя настойчиво

inspiration [,inspə'reiʃn] *n* вдъхновение

inspire [in'spaiə] *v* вдъхновявам

install [in'stɔ:l] *v* инсталирам, монтирам

installation [,instə'leiʃn] *n* инсталиране, монтиране; инсталация, съоръжение

instant ['instənt] *n* миг, момент; *a* мигновен, незабавен

instead [in'sted] *adv* вместо

instruction [in'strʌkʃn] *n* инструкция, наставление, указание

instrument ['ɪnstrʊmənt] *n* инструмент; средство

insult [ɪn'sʌlt] *n* обида, оскърбление; *v* обиждам, оскърбявам

insurance [ɪn'ʃʊərəns] *n* застраховка

intellect ['ɪntəlekt] *n* ум, умствени способности, интелект

intelligence [ɪn'telɪdʒəns] *n* интелигентност, схватливост; ум; разузнаване; *a* разузнавателен

intelligent [ɪn'telɪdʒənt] *a* интелигентен, умен, схватлив

intend [ɪn'tend] *v* възнамерявам, планирам

intention [ɪn'tenʃn] *n* намерение

interest ['ɪntrəst] *n* интерес, заинтересованост; лихва; *v* интересувам, интригувам

interested ['ɪntrəstɪd] *a* заинтересован; **to be ~ in** интересувам се от

internal [ɪn'tɜːnl] *a* вътрешен

international [ˌɪntə'næʃnəl] *a* международен

Internet ['ɪntənet] *n* Интернет

interrupt [ˌɪntə'rʌpt] *v* прекъсвам, пресичам, намесвам се в

interval ['ɪntəvl] *n* интервал, антракт, пауза, почивка

interview ['ɪntəvjuː] *n* интервю

into ['ɪntʊ] *prep* в, във

intonation [ˌɪntə'neɪʃn] *n* интонация

introduce [ˌɪntrə'djuːs] *v* представям, запознавам; въвеждам

introduction [ˌɪntrə'dʌkʃn] *n* увод, въведение; запознаване

introvert ['ɪntrəʊvɜːt] *n* интроверт; затворен човек

Inuit ['ɪnʊɪt] *n* инуит (*северноамерикански ескимос*)

invade [ɪn'veɪd] *v* нахълтвам, нахлувам в

invader [ɪn'veɪdə] *n* нашественик; окупатор

invasion [ɪn'veɪʒn] *n* нашествие; агресия

invent [ɪn'vent] *v* изобретявам, създавам, измислям

invention [ɪn'venʃn] *n* изобретение, откритие

inventive [ɪn'ventɪv] *a* изобретателен, находчив

invest [ɪn'vest] *v* влагам, инвестирам

investigate [ɪn'vestɪgeɪt] *v* изследвам, проучвам; разследвам

investigation [ɪnˌvestɪ'geɪʃn] *n* изследване, проучване; разследване

investment [ɪn'vestmənt] *n* вложение, инвестиция

invisible [ɪn'vɪzɪbl] *a* невидим

invitation [ˌɪnvɪ'teɪʃn] *n* покана

invite [ɪn'vaɪt] *v* каня, поканвам

involve [ɪn'vɒlv] *v* замесвам; увличам; включвам

iron ['aɪən] *v* гладя; *n* желязо; ютия; *a* железен; **~ age** [eɪdʒ] желязната епоха

ironmonger ['aɪənˌmʌŋgə] *n* железар

irregular [ɪ'regjʊlə] *a* неправилен; непостоянен

irrigate ['ɪrɪgeɪt] *v* напоявам

irrigation [ˌɪrɪ'geɪʃn] *n* напояване

irritate ['ɪrɪteɪt] *v* дразня, ядосвам, нервирам

irritation [ˌɪrɪ'teɪʃn] *n* раздразнение, яд

is [ɪz] *v 3 л. ед.ч. сег.вр.* ➔ **be**

island ['aɪlənd] *n* остров

isle [aɪl] *n* остров

isolate ['aɪsəleɪt] *v* изолирам; усамотявам

isolated ['aɪsəleɪtɪd] *a* изолиран; (у)самотен

isolation [ˌaɪsə'leɪʃn] *n* изолация; усамотение

issue ['ɪʃu:] *n* резултат, изход; издание, тираж; *v* издавам

it [ɪt] *pron* той, тя, то (*за предмети*); това

item ['aɪtəm] *n* точка (*в списък*), пункт; артикул

its [ɪts] *a* негов, неин, негово ➔ **it**

itself [ɪt'self] *pron* се, себе си, си

ivory ['aɪvərɪ] *n* слонова кост

ivy ['aɪvɪ] *n* бръшлян

J

jack [dʒæk] *n* флаг (*на кораб*); крик

jacket ['dʒækɪt] *n* яке; жакет, сако

jaguar ['dʒægjʊə] *n* ягуар

jail [dʒeɪl] *n* затвор

jam [dʒæm] *n* конфитюр, мармалад; *v* натъпквам; задръствам

January ['dʒænjʊərɪ] *n* януари; *a* януарски

jar [dʒɑ:] *n* буркан

javelin ['dʒævlɪn] *n* копие

jaw [dʒɔ:] *n* челюст

jazz [dʒæz] *n* джаз; *a* джазов

jealous ['dʒeləs] *a* ревнив; завистлив

jealousy ['dʒeləsɪ] *n* ревност; завист

jeans [dʒi:nz] *npl* джинси, дънкови панталони

jelly ['dʒelɪ] *n* желе; пихтия

jellyfish ['dʒelɪfɪʃ] *n* медуза

jet [dʒet] *n* реактивен самолет; ~ lag [læg] умора след продължителен полет вследствие на часовата разлика

jewel ['dʒu:əl] *n* скъпоценен камък; бижу, скъпоценност

jeweller ['dʒu:ələ] *n* бижутер, ювелир

jewellery ['dʒu:əlrɪ] *n* бижута, скъпоценности

jigsaw puzzle ['dʒɪgsɔ:ˌpʌzl] *n* картинна мозайка, пъзел

job [dʒɒb] *n* работа; длъжност

jog [dʒɒg] *v* тичам бавно; друсам се

join [dʒɔɪn] *v* свързвам, съединявам; присъединявам се към

joke [dʒəʊk] *n* шега, смешка, анекдот; *v* шегувам се

jolly ['dʒɒlɪ] *a* весел; приятен, хубав; *adv* здравата

journal ['dʒɜ:nl] *n* дневник; (научно) списание

journalist ['dʒɜ:nəlɪst] *n* журналист

journey ['dʒɜ:nɪ] *n* пътуване, пътешествие

joy [dʒɔɪ] *n* радост, веселие

judge [dʒʌdʒ] *n* съдия; *v* съдя, отсъждам

jug [dʒʌg] *n* кана

juggler ['dʒʌglə] *n* жонгльор

juice ['dʒu:s] *n* сок

juicy ['dʒu:sɪ] *a* сочен; пикантен

July [dʒʊ'laɪ] *n* юли; *a* юлски

jumbled ['dʒʌmbld] *a* разбъркан, размесен

jump [dʒʌmp] *v* скачам; прескачам

jumper ['dʒʌmpə] *n* скачач; (дамски) плетен пуловер

June ['dʒu:n] *n* юни; *a* юнски

jungle ['dʒʌŋgl] *n* джунгла

junior ['dʒu:njə] *a* младши; помлад

junk [dʒʌŋk] *n* отпадъци, боклуци

jury ['dʒʊərɪ] *n* жури; съдебни заседатели

just [dʒʌst] *a* точен; справедлив; *adv* точно; само; едва

justice ['dʒʌstɪs] *n* справедливост, правда

K

kangaroo [ˌkæŋɡə'ruː] *n* кенгуру

keen [kiːn] *a* енергичен, страстен; ~ **on** запален по

keep [kiːp] *v* съхранявам, пазя; държа, задържам; ~ **on** продължавам, не спирам

kennel ['kenl] *n* кучешка колиба

kept [kept] *pt, pp* ➔ **keep**

kettle ['ketl] *n* метален чайник

key [kiː] *n* ключ; легенда; клавиш; тоналност

keyboard ['kiːbɔːd] *n* клавиатура

khaki ['kɑːkɪ] *a* жълто-кафяв, каки

kick [kɪk] *v* ритам; ~ **out** изритвам

kid [kɪd] *n* яре, козле; детенце, хлапе

kidnap ['kɪdnæp] *v* отвличам, похищавам

kidnapper ['kɪdnæpə] *n* похитител

kidney ['kɪdnɪ] *n* бъбрек; *a* бъбрековиден

kill [kɪl] *v* убивам, погубвам

killer ['kɪlə] *n* убиец; ~ **whale** [weɪl] хищен делфин

kilo ['kiːləʊ] *n* килограм; километър

kilometre [kɪ'lɒmɪtə] *n* километър

kilt [kɪlt] *n* шотландска поличка

kind [kaɪnd] *n* вид, род, сорт; *a* приветлив, мил, добродушен

kindergarten ['kɪndəˌɡɑːtn] *n* детска градина

kindness ['kaɪndnɪs] *n* доброта, добрина

king [kɪŋ] *n* крал, цар

kingdom ['kɪŋdəm] *n* кралство, царство

kiosk ['kiːɒsk] *n* будка за вестници

kitchen ['kɪtʃɪn] *n* кухня; *a* кухненски

kite [kaɪt] *n* хвърчило

kitten ['kɪtn] *n* коте, котенце

kiwi ['kiːwiː] *n* киви

knee [niː] *n* коляно

kneel [niːl] *v* коленича, падам на колене

knelt [nelt] *pt, pp* ➔ **kneel**

knew [njuː] *pt* ➔ **know**

knife [naɪf] *n* (*pl* **knives** [naɪvz]) нож; *v* режа с нож; кастря

knight [naɪt] *n* рицар; *a* рицарски

knit [nɪt] *v* (*pt, pp* **knit** *или* **knitted**) плета

knitting ['nɪtɪŋ] *n* плетене

knock [nɒk] *v* чукам, почуквам; хлопам; ~ **down** повалям, събарям; ~ **out** изхвърлям, нокаутирам

knot [nɒt] *n* възел; чеп, чвор

know [nəʊ] *v* знам, познавам; умея, мога

knowledge ['nɒlɪdʒ] *n* знание, знания

known¹ [nəʊn] *pp* ➔ **know**

known² [nəʊn] *a* познат, известен

koala [kəʊ'ɑːlə] *n* коала

krait [kraɪt] *n* отровна змия в Азия

L

label ['leɪbl] *n* етикет, надпис; *v* определям, назовавам

laboratory [lə'bɒrətrɪ] *n* лаборатория

labour ['leɪbə] *n* труд, работа; *a* работнически; ~ **force** [fɔːs] работна сила

lace [leɪs] *n* връзка за обувки; дантела

ladder ['lædə] *n* стълба

lady ['leɪdɪ] *n* дама, жена; стопанка

ladybird ['leɪdɪbɜːd] *n зоол.* калинка

laid ['leɪd] *pt, pp* → **lay**¹

lain ['leɪn] *pp* → **lie**¹

lake [leɪk] *n* езеро

lamb [læm] *n* агне; агнешко месо

lamp [læmp] *n* лампа; фенер

lampshade ['læmpʃeɪd] *n* абажур

land [lænd] *n* земя, суша; терен; *v* приземявам се

landmark ['lændmɑːk] *n* забележителност; ориентир

landscape ['lændskeɪp] *n* пейзаж

landslide ['lændslaɪd] *n* срутване, свличане

lane [leɪn] *n* уличка; пътека; коридор

language ['læŋgwɪdʒ] *n* език, реч

lantern ['læntən] *n* фенер

lap [læp] *n* скут; лоно; *v* плискам се (*за вълни*)

large [lɑːdʒ] *a* голям, обширен, широк

lark [lɑːk] *n* чучулига

laser ['leɪzə] *n* лазер; *a* лазерен

last [lɑːst] *a* последен; минал; *adv* накрая; **at** ~ най-накрая; *v* продължавам, трая

late [leɪt] *a* късен; закъснял

later ['leɪtə] *a* по-късен; *adv* по-късно

latitude ['lætɪtjuːd] *n* географска ширина

laugh [lɑːf] *v* смея се; присмивам се; ~ **at** подигравам се на

laughter ['lɑːftə] *n* смях

lava ['lɑːvə] *n* лава

law [lɔː] *n* закон; право; правило

lawn [lɔːn] *n* поляна, тревна площ

lawyer ['lɔɪə] *n* адвокат; юрист

lay¹ [leɪ] *v* поставям, слагам; редя

lay² [leɪ] *pt* → **lie**¹

layer ['leɪə] *n* пласт, слой

lazy ['leɪzɪ] *a* мързелив, ленив

lead [liːd] *v* водя, ръководя; повеждам

leader ['liːdə] *n* водач, предводител

leaf [liːf] *n* (*pl* **leaves** [liːvz]) лист, листо

leaflet ['liːflɪt] *n* брошура, листовка

leak [liːk] *v* тека, капя

learn [lɜːn] *v* (*pt, pp* **learnt** *или* **learned**) уча, научавам; узнавам

learnt [lɜːnt] *pt, pp* → **learn**

leash [liːʃ] *n* каишка (*за куче*)

leather ['leðə] *n* кожа; *a* кожен

leave [liːv] *n* позволение; *v* излизам; напускам, оставям

lecture ['lektʃə] *n* лекция; *v* чета лекция; смъмрям

led [led] *pt, pp* → **lead**

left[1] [left] *a* ляв; *adv* наляво; **on the** ~ отляво, наляво

left[2] [left] *pt, pp* → **leave**

leg [leg] *n* крак

legend ['ledʒənd] *n* легенда

leisure ['leʒə] *n* свободно време

lemon ['lemən] *n* лимон; лимоново дърво; *a* лимонен

lemonade [ˌleməˈneɪd] *n* лимонада

lemur ['liːmə] *n* лемур

lend [lend] *v* давам назаем

length [leŋθ] *n* дължина

lent [lent] *pt, pp* → **lend**

leopard ['lepəd] *n* леопард; *a* леопардов

less [les] *a* по-малък; *adv* по-малко

lesson ['lesn] *n* урок

let [let] *v* (*pt, pp* **let**) оставям, разрешавам

let's [lets] *int* нека/хайде да

letter ['letə] *n* писмо; буква

lettuce ['letɪs] *n* маруля

level ['levl] *n* ниво, равнище; *a* равен; *v* изравнявам

librarian [laɪˈbreərɪən] *n* библиотекар

library ['laɪbrərɪ] *n* библиотека

licence ['laɪsəns] *n* разрешително, лиценз; **driving** ~ ['draɪvɪŋ] шофьорска книжка

lick [lɪk] *v* ближа, облизвам

lid [lɪd] *n* капак, похлупак

lie[1] [laɪ] *v* лежа, простирам се, намирам се

lie[2] [laɪ] *n* лъжа; *v* лъжа, излъгвам

lieutenant [lefˈtenənt] *n* лейтенант

life [laɪf] *n* (*pl* **lives** [laɪvz]) живот

lifeboat ['laɪfbəʊt] *n* спасителна лодка

lifeguard ['laɪfgɑːd] *n* спасител

lift [lɪft] *n* асансьор; лифт; *v* повдигам, издигам

light [laɪt] *v* (*pt, pp* **lit** или **lighted**) запалвам; *n* светлина; *a* светъл; лек

lighthouse ['laɪthaʊs] *n* фар, маяк

lightning ['laɪtnɪŋ] *n* мълния, светкавица

like [laɪk] *v* харесвам, обичам; *a* подобен, сходен; *conj* като

likely ['laɪklɪ] *a* вероятен, възможен; *adv* **most/very** ~ вероятно

lilac ['laɪlək] *n* люляк; *a* люляков

lime [laɪm] *n* липа; вар

limit ['lɪmɪt] *n* предел, граница; лимит; *v* ограничавам

limp [lɪmp] *n* накуцване; *v* куцам, накуцвам

line [laɪn] *n* линия, черта; *v* разчертавам; нареждам в редица

linen ['lɪnɪn] *n* лен; спално бельо; *a* ленен

lining ['laɪnɪŋ] *n* хастар, подплата; обшивка; облицовка

link [lɪŋk] *n* връзка, свръзка; *v* свързвам

lion ['laɪən] *n* лъв; *a* лъвски

lip [lɪp] *n* устна

lipstick ['lɪpstɪk] *n* червило**

liquid ['lɪkwɪd] *n* течност; *a* течен

list [lɪst] *n* списък; опис; *v* опис-
вам; вписвам

lit [lɪt] *pt, pp* → light

literary ['lɪtrərɪ] *a* литературен

literature ['lɪtrətʃə] *n* литература

litre ['liːtə] *n* литър

litter ['lɪtə] *n* боклук, отпадъци

little [lɪtl] *a* малък, дребен; *adv*
малко

live[1] [lɪv] *v* живея, съществувам

live[2] [laɪv] *a* жив; *adv* на живо

lively ['laɪvlɪ] *a* жив, оживен; *adv*
оживено; бързо

living room ['lɪvɪŋ͵rum] *n* всекид-
невна

lizard ['lɪzəd] *n* гущер; *n* товар

load [ləud] *v* товаря, натоварвам;
n товар

loaf [ləuf] *n* (*pl* loaves [ləuvz]) хляб,
самун

lobster ['lɒbstə] *n* омар

local ['ləukl] *a* местен, локален

locate [ləu'keɪt] *v* установявам
местоположението на; устано-
вявам се

location [ləu'keɪʃn] *n* място, мес-
тонахождение, заселване

lock [lɒk] *n* ключалка; брава; *v*
заключвам, затварям

log [lɒg] *n* пън, дънер

logical ['lɒdʒɪkl] *a* логичен, логи-
чески

lollipop ['lɒlɪpɒp] *n* близалка

lonely ['ləunlɪ] *a* сам, самотен

long [lɒŋ] *a* дълъг, продълговат;
продължителен

loo [luː] *n разг.* тоалетна

look [luk] *v* гледам; поглеждам; из-
глеждам; ~ at гледам към; ~ for
търся; ~ forward to очаквам с
нетърпение; ~ like приличам на,
изглеждам като

loose [luːs] *a* свободен; хлабав; от-
пуснат; широк (*за дреха*)

lorry ['lɒrɪ] *n* камион

lose [luːz] *v* губя, изгубвам, загуб-
вам

loss [lɒs] *n* загуба

lost[1] [lɒst] *pt, pp* → lose

lost[2] [lɒst] *a* загубен, изгубен

lotion ['ləuʃn] *n.* лосион; sun-tan
~ лосион за слънчев загар

lottery ['lɒtərɪ] *n* лотария

loud [laud] *a* висок (*за звук, глас*);
гръмогласен

love [lʌv] *n* любов, обич; *v* любя,
обичам

lovely ['lʌvlɪ] *a* прелестен, възхи-
тителен, чудесен

low [ləu] *a* нисък, тих; слаб; *adv*
ниско, тихо

loyal ['lɔɪəl] *a* верен, предан, лоя-
лен

loyalty ['lɔɪəltɪ] *n* преданост, ло-
ялност

luck [lʌk] *n* късмет, шанс, щастие

luggage ['lʌgɪdʒ] *n* багаж

lump [lʌmp] *n* буца, бучка

lunch [lʌntʃ] *n* обед

lung [lʌŋ] *n* бял дроб

luxury ['lʌkʃərɪ] *n* лукс, разкош

lynx [lɪŋks] *n* рис

lyrics ['lɪrɪks] *n* текст на песен

M

machine [mə'ʃiːn] *n* машина; двигател; кола

mad [mæd] *a* луд, побъркан; запален (**about** по)

made [meɪd] *pt, pp* → **make**

magazine [ˌmægə'ziːn] *n* списание

magic ['mædʒɪk] *n* магия, вълшебство; *a* магически, вълшебен

magnet ['mægnɪt] *n* магнит

magnificent [mæg'nɪfɪsənt] *a* великолепен; разкошен

magnifying glass ['mægnɪfaɪŋˌglɑːs] *n* лупа

mail [meɪl] *n* поща; *ам. v* изпращам по пощата

mailbox ['meɪlbɒks] *n ам.* пощенска кутия

main [meɪn] *a* главен, най-важен

mainly ['meɪnlɪ] *adv* главно, основно, предимно

maintain [meɪn'teɪn] *v* поддържам, обслужвам

maize [meɪz] *n* царевица

major ['meɪdʒə] *n* майор; *a* важен, главен; старши

majority [mə'dʒɒrɪtɪ] *n* мнозинство, болшинство

make [meɪk] *v* правя; изработвам; произвеждам; създавам; *n* модел, направа; марка; **~-up** грим

male [meɪl] *a* мъжки

mammal ['mæml] *n* млекопитаещо, бозайник

mammoth ['mæməθ] *n* мамут

man [mæn] *n* (*pl* **men** [men]) мъж; човек

manage ['mænɪdʒ] *v* управлявам; успявам; справям се с

manhole ['mænhəʊl] *n* капак, люк

mankind [mæn'kaɪnd] *n* човечество

man-made [ˌmæn'meɪd] *a* изкуствен

manner ['mænə] *n* начин; държание, поведение; *pl* обноски

mantis ['mæntɪs] *n зоол.* богомолка

manual ['mænjʊəl] *a* ръчен

manufacture [ˌmænjʊ'fæktʃə] *n* производство; *v* произвеждам

manufacturer [ˌmænjʊ'fæktʃərə] *n* производител

manure [mə'njʊə] *n* тор; *v* наторявам

many ['menɪ] *a* много (*при броими съществителни имена*)

Maori ['maʊərɪ] *n* маори (*коренното население на Нова Зеландия*)

map [mæp] *n* карта (*географска*)

marathon ['mærəθən] *n* маратон

March [mɑːtʃ] *n* март; *a* мартенски

march [mɑːtʃ] *n* марш; поход; *v* маршрирувам

mare [meə] *n* кобила

margarine [ˌmɑːdʒə'riːn] *n* маргарин

marigold ['mærɪɡəʊld] *n* невен

mark [mɑːk] *n* белег, знак; оценка; *v* бележа, отбелязвам, маркирам

market ['mɑːkɪt] *n* пазар

marriage ['mærɪdʒ] *n* брак, женитба

married ['mærɪd] *a* женен; омъжена

marry ['mærɪ] *v* женя (се), омъжвам (се), венчавам (се) за

marsh [mɑːʃ] *n* блато, тресавище

marvellous ['mɑːvləs] *a* чуден, изумителен, удивителен

mascot ['mæskɒt] *n* талисман; (човек/животно/предмет)-талисман

mask [mɑːsk] *n* маска; *v* маскирам

mass [mæs] *n* маса, грамада; множество

massacre ['mæsəkə] *n* клане, сеч; *v* избивам, коля

massage ['mæsɑːʒ] *n* масаж; *v* масажирам

mast [mɑːst] *n* мачта

match [mætʃ] *n* *сп.* мач; (клечка) кибрит; *v* съчетавам; подхождам

material [mə'tɪərɪəl] *n* материал; плат; *a* материален

maths [mæθs] *n* *разг.* математика

matter ['mætə] *n* материя, вещество; *v* имам значение

mattress ['mætrɪs] *n* матрак, дюшек

mature [mə'tjʊə] *a* зрял, узрял

maximum ['mæksɪməm] *n* максимум; *a* максимален

May [meɪ] *n* май; *a* майски

may [meɪ] *v* мога, позволено ми е да

maybe ['meɪbɪ] *adv* може би

maze [meɪz] *n* лабиринт

me [miː] *pron* мен, на мен, ме, ми

meal [miːl] *n* ядене, хранене; храна

mean [miːn] *v* знача, означавам; имам предвид; *npl* средство, средства

meaning ['miːnɪŋ] *n* значение (*на дума*)

meant [ment] *pt, pp* → **mean**

meanwhile ['miːnwaɪl] *adv* междувременно, през това време

measles ['miːzlz] *n* дребна шарка, морбили

measure ['meʒə] *n* мярка, размер; *v* меря, измервам

meat [miːt] *n* месо; *a* месен

mechanic [mɪ'kænɪk] *n* механик, техник

medal ['medl] *n* медал, орден

medical kit ['medɪkl ˌkɪt] *n* аптечка за първа помощ

medication [ˌmedɪ'keɪʃn] *n* лекуване, лечение

medicine ['medsɪn] *n* лекарство; медицина

medieval [ˌmedɪ'iːvl] *a* средновековен

medium ['miːdɪəm] *n* (*pl* **media** ['miːdɪə]) среда; *a* среден, междинен; умерен

meet [miːt] *v* срещам (се с); посрещам

meeting ['miːtɪŋ] *n* събрание; събиране, среща

melody ['melədɪ] *n* мелодия

melon ['melən] *n* пъпеш

melt [melt] *v* топя, разтопявам, разтапям (се); **~ing point** ['meltɪŋ͵pɔɪnt] *n* точка на топене

member ['membə] *n* член

memorize ['meməraɪz] *v* запаметявам, уча наизуст

memory ['memərɪ] *n* памет; спомен

men [men] *npl* ➔ **man**

mend [mend] *v* поправям, възстановявам; кърпя

ment [ment] *pt, pp* ➔ **mend**

mental ['mentl] *a* мисловен, умствен; душевен

mention ['menʃn] *v* споменавам, загатвам

menu ['menjuː] *n* меню

mercy ['mɜːsɪ] *n* милост; милосърдие

merrily ['merɪlɪ] *adv* весело, радостно

merry ['merɪ] *a* весел, радостен, засмян

mess [mes] *n* бъркотия, неразбория; каша

message ['mesɪdʒ] *n* съобщение, послание, известие

messenger ['mesɪndʒə] *n* куриер, вестител; пратеник

messy ['mesɪ] *a* разхвърлян; мръсен

met [met] *pt, pp* ➔ **meet**

metal ['metl] *n* метал; *a* метален

methane ['miːθeɪn] *n хим.* метан

method ['meθəd] *n* метод, способ; начин

metre ['miːtə] *n* метър

miaow [mɪ'aʊ] *v* мяуча

mice [maɪs] *npl* ➔ **mouse**

microphone ['maɪkrəfəʊn] *n* микрофон

microscope ['maɪkrəskəʊp] *n* микроскоп

mid [mɪd] *a* среден

midday [͵mɪd'deɪ] *n* пладне, обед

middle ['mɪdl] *n* среда; *a* среден; **in the ~** в средата; **~-aged** ['eɪdʒd] на средна възраст

midnight ['mɪdnaɪt] *n* полунощ

might [maɪt] *pt* ➔ **may**

mild [maɪld] *a* мек, благ; умерен (*климат*)

mile [maɪl] *n* миля

milk [mɪlk] *n* (прясно) мляко; *a* млечен

milkman ['mɪlkmən] *n* млекар

milkshake ['mɪlkʃeɪk] *n* млечен шейк

mill [mɪl] *n* мелница, воденица

million ['mɪljən] *n* милион

mime [maɪm] *v* имитирам; изразявам чрез мимика

mince [mɪns] *n* кайма; *v* меля, кълцам (*месо*)

mind [maɪnd] *n* ум, разсъдък; *v* имам против; обръщам внимание на

mine [maɪn] *a* мой; *n* мина

miner ['maɪnə] *n* миньор

mineral ['mɪnərəl] *n* минерал; *a* минерален

minimal ['mɪnɪml] *a* минимален, най-малък

minister ['mɪnɪstə] *n* министър; свещеник

minor ['maɪnə] *a* маловажен, второстепенен; по-малък

mint [mɪnt] *n бот.* мента; джоджен; *v* сека пари

minus ['maɪnəs] *n* минус; *prep* без

minute ['mɪnɪt] *n* минута

mirage ['mɪrɑːʒ] *n* мираж; измама

mirror ['mɪrə] *n* огледало

mischievous ['mɪstʃɪvəs] *a* пакостлив, палав, немирен

miserable ['mɪzərəbl] *a* нещастен, злочест, окаян

misery ['mɪzərɪ] *n* мъка; мизерия, нищета

miss [mɪs] *v* пропускам, изпускам; липсвам; *n* госпожица

missing ['mɪsɪŋ] *a* липсващ

misspell [ˌmɪs'spel] *v* изписвам грешно

mist [mɪst] *n* мъгла; замъгленост

mistake [mɪ'steɪk] *n* грешка; *v* бъркам, греша

mistaken [mɪ'steɪkn] *pp* → **mistake**

mistook [mɪ'stʊk] *pt* → **mistake**

mistreat [ˌmɪs'triːt] *v* държа се зле с

misunderstand [ˌmɪsʌndə'stænd] *v* разбирам погрешно, не разбирам

mix [mɪks] *v* смесвам, разбърквам

mixture ['mɪkstʃə] *n* смес, смесица

moan [məʊn] *v* охкам

mobile ['məʊbaɪl] *a* подвижен, мобилен

mocking ['mɒkɪŋ] *a* подигравателен, присмехулен

model ['mɒdl] *n* модел, образец; манекен

modem ['məʊdem] *n комп.* модем

modern ['mɒdən] *a* съвременен, модерен

moist [mɔɪst] *a* влажен

moisture ['mɔɪstʃə] *n* влага, влажност

molten ['məʊltən] *pp* → **melt**

moment ['məʊmənt] *n* момент, миг

monastery ['mɒnəstrɪ] *n* манастир

Monday ['mʌndeɪ, 'mʌndɪ] *n* понеделник

money ['mʌnɪ] *n* пари; *a* паричен

monitor ['mɒnɪtə] *n* монитор; *v* наставлявам; наглеждам, контролирам

monk [mʌŋk] *n* монах

monkey ['mʌŋkɪ] *n* маймуна

monsoon [ˌmɒn'suːn] *n* мусон

monster ['mɒnstə] *n* чудовище; изчадие

month [mʌnθ] *n* месец

monument ['mɒnjʊmənt] *n* паметник, монумент

moon [muːn] *n* луна; *a* лунен

moose [muːs] *n* американски лос

mop [mɒp] *n* бърсалка; *v* бърша, изтривам; ~ **up** избърсвам, попивам

more [mɔː] *adv* повече

moreover [mɔːr'əʊvə] *adv* освен това; още повече, че

morning ['mɔːnɪŋ] *n* сутрин, утро; *a* сутрешен

mortal ['mɔːtl] *a* смъртен

mosque [mɒsk] *n* джамия

mosquito [mə'skiːtəʊ] *n* комар

moss [mɒs] *n бот.* мъх

most [məʊst] *adv* най-много; най-вече

motel [məʊ'tel] *n* мотел

mother ['mʌðə] *n* майка

motor ['məʊtə] *n* мотор; двигател

motorbike ['məʊtəbaɪk] *n* мотопед

motorcycle ['məʊtə͵saɪkl] *n* мото-циклет

motto ['mɒtəʊ] *n* мото, девиз

mould [məʊld] *n* плесен

mount [maʊnt] *v* катеря (се), из-качвам (се); възсядам

mountain ['maʊntɪn] *n* планина

mountainous ['maʊntɪnəs] *a* пла-нински

mouse [maʊs] *n* (*pl* mice [maɪs]) мишка

moustache [mə'stɑːʃ] *n* мустак, му-стаци

mouth [maʊθ] *n* уста

move [muːv] *v* движа (се); местя (се), премествам (се)

movement ['muːvmənt] *n* движе-ние; придвижване; ход

movie ['muːvɪ] *n ам.* филм; *pl* ки-но

Mr ['mɪstə] *n* господин

Mrs ['mɪsɪz] *n* госпожа

much [mʌtʃ] *a* много (*за неброи-ми съществителни*); *adv* много

mud [mʌd] *n* кал

mug [mʌg] *n* голяма чаша, канче; халба

mule [mjuːl] *n* муле, катър

multiply ['mʌltɪplaɪ] *v* умножавам

multi-storey [͵mʌltɪ'stɔːrɪ] *a* мно-гоетажен

mum [mʌm] *n разг.* мама, мамо

mumble ['mʌmbl] *v* мърморя, смънквам

mumps [mʌmps] *n мед.* заушка

murder ['mɜːdə] *n* убийство; *v* убивам

murderer ['mɜːdərə] *n* убиец

murmur ['mɜːmə] *n* мърморене; шепот; *v* мърморя; мрънкам

muscle ['mʌsl] *n* мускул

museum [mjuː'zɪəm] *n* музей

mushroom ['mʌʃrʊm] *n бот.* гъ-ба

music ['mjuːzɪk] *n* музика

musical ['mjuːzɪkl] *a* музикален

musician [mjʊ'zɪʃn] *n* музикант

Muslim ['mʊzlɪm] *n* мюсюлма-нин; *a* мюсюлмански

mussel ['mʌsl] *n* мида

must [mʌst, məst] *v* трябва; дъл-жен съм да

mustard ['mʌstəd] *n* горчица

my [maɪ] *a* мой

myself [maɪ'self] *pron* себе си; аз самият

mysterious [mɪ'stɪərɪəs] *a* тайнс-твен, мистериозен

mysteriously [mɪ'stɪərɪəslɪ] *adv* тайнствено, мистериозно

mystery ['mɪstərɪ] *n* загадка; тайн-ственост, мистерия

myth [mɪθ] *n* мит

mythology [mɪ'θɒlədʒɪ] *n* митоло-гия

N

nail [neɪl] *n* пирон; нокът; *v* заковавам

naked ['neɪkɪd] *a* гол

name [neɪm] *n* име; наименование; *v* именувам; **~-day** [deɪ] имен ден

napkin ['næpkɪn] *n* салфетка, кърпа

narrate [nə'reɪt] *v* разказвам, описвам

narrator [nə'reɪtə] *n* разказвач

narrow ['nærəʊ] *a* тесен

nasty ['nɑːstɪ] *a* противен, неприятен

nation ['neɪʃn] *n* нация, народ

national ['næʃənəl] *a* национален, народен

nationality [ˌnæʃə'nælɪtɪ] *n* националност, народност

native ['neɪtɪv] *n* местен жител; *a* ро̀ден, местен

natural ['nætʃrəl] *a* естествен, природен, натурален

nature ['neɪtʃə] *n* природа; естество

naughty ['nɔːtɪ] *a* непослушен, палав

navigate ['nævɪgeɪt] *v* управлявам (*кораб, самолет*)

navigator ['nævɪgeɪtə] *n* навигатор, щурман

navy ['neɪvɪ] *n* военноморска флота

near [nɪə] *a* близък; *adv* близо, наблизо; *prep* до, близо до

nearby [ˌnɪə'baɪ] *adv* наблизо

nearly ['nɪəlɪ] *adv* почти

neat [niːt] *a* спретнат, стегнат; гиздав

neatness ['niːtnɪs] *n* спретнатост, прегледност

necessarily [ˌnesə'serɪlɪ] *adv* необходимо, нужно

necessary ['nesəsərɪ] *a* необходим, нужен

neck [nek] *n* врат, шия

necklace ['neklɪs] *n* огърлица, гердан, колие

nectar ['nektə] *n* нектар

need [niːd] *n* нужда; *v* нуждая се от, трябва ми

needle ['niːdl] *n* игла; кука за плетене

negative ['negətɪv] *a* отрицателен

negotiate [nɪ'gəʊʃɪeɪt] *v* преговарям, водя преговори

negotiation [nɪˌgəʊʃɪ'eɪʃn] *n* преговаряне, водене на преговори

negro ['niːgrəʊ] *n* негър

neigh [neɪ] *v* цвиля

neighbour ['neɪbə] *n* съсед, комшия

neighbourhood ['neɪbəhʊd] *n* съседство, околност, махала

neither ['naɪðə] *adv, conj* нито

nephew ['nefjuː, 'nevjuː] *n* племенник

nerve [nɜːv] *n* нерв; самообладание; *pl* нерви, нервна система

nervous ['nɜːvəs] *a* нервен, раздразнителен

nest [nest] *n* гнездо

net [net] *n* мрежа

network ['netwɜːk] *n* мрежа, система

neutral ['njuːtrəl] *a* неутрален

never ['nevə] *adv* никога

new [njuː] *a* нов

news [njuːz] *n* вест, новина, новини

newspaper ['njuːspeɪpə] *n* вестник

next [nekst] *a* следващ; *prep* ~ **to** до; *adv* после, след това

nice [naɪs] *a* хубав; приятен

nicely ['naɪslɪ] *adv* хубаво, добре

nickname ['nɪkneɪm] *n* прякор

niece [niːs] *n* племенница

night [naɪt] *n* нощ; *a* нощен

nightgown ['naɪtgaʊn] *n* нощница

nightmare ['naɪtmeə] *n* кошмар

night-time ['naɪttaɪm] *n* нощно време, нощ

nil [nɪl] *n* нула, нищо

nine [naɪn] *n* девет

nineteen [ˌnaɪn'tiːn] *n* деветнадесет

ninety ['naɪntɪ] *n* деветдесет

nitrogen ['naɪtrədʒən] *n* азот; *a* азотен

no [nəʊ] *n, adv* не; *a* никой, никакъв

noble ['nəʊbl] *a* благороден; знатен

nobleman ['nəʊblmən] *n* благородник, аристократ

nobody ['nəʊbədɪ] *pron* никой; *n* нищожество

nod [nɒd] *v* кимам

noise [nɔɪz] *n* шум, глъч

noiseless ['nɔɪzlɪs] *a* безшумен

noisy ['nɔɪzɪ] *a* шумен

non-alcoholic [ˌnɒnælkə'hɒlɪk] *a* безалкохолен

none [nʌn] *pron* нито един, никой; нищо

nonsense ['nɒnsəns] *n* глупости; безсмислица, абсурд

non-smoker [ˌnɒn'sməʊkə] *n* непушач

noodles ['nuːdlz] *npl* юфка, фиде

noon [nuːn] *n* пладне, обед

nor [nɔː] *conj* нито; също така не

normal ['nɔːml] *a* нормален, обикновен

normally ['nɔːməlɪ] *adv* обикновено, нормално

north [nɔːθ] *n* север

northeast [ˌnɔːθ'iːst] *n* североизток; *a* североизточен

northwest [ˌnɔːθ'west] *n* северозапад; *a* северозападен

nose [nəʊz] *n* нос; *прен.* нюх, усет

nostril ['nɒstrɪl] *n* ноздра

not [nɒt] *adv* не (*отрицателна частица*)

note [nəʊt] *n* бележка; *v* отбелязвам

notebook ['nəʊtbʊk] *n* тетрадка, бележник, тефтер

nothing ['nʌθɪŋ] *n* нищо

notice ['nəʊtɪs] *n* обявление, обява; *v* забелязвам; отбелязвам

noun [naʊn] *n* съществително име

novel ['nɒvl] *n* роман

November [nəʊ'vembə] *n* ноември; *a* ноемврийски

now [naʊ] *adv* сега; *n* настояще

nowadays ['naʊədeɪz] *adv* понастоящем, сега, в наше време

nowhere ['nəʊweə] *adv* никъде

nozzle ['nɒzl] *n* дюза; *разг.* муцуна

number ['nʌmbə] *v* наброявам; *n* число, брой; номер; ~ **plate** [pleɪt] регистрационен номер на кола

numerous ['njuːmərəs] *a* многоброен, многочислен

nun [nʌn] *n* монахиня

nurse [nɜːs] *n* медицинска сестра

nut [nʌt] *n* ядка, орех

nylon ['naɪlɒn] *n* найлон; *a* найлонов

O

oak [əʊk] *n* дъб

oar [ɔː] *n* весло, гребло

oasis [əʊ'eɪsɪs] *n* оазис

obey [ə'beɪ] *v* подчинявам се, покорявам се (на)

object ['ɒbdʒɪkt] *n* предмет, обект

obligatory [ə'blɪgətrɪ] *a* задължителен

oblong ['ɒblɒŋ] *a* продълговат, удължен

obscure [əb'skjʊə] *a* мрачен; неясен

observe [əb'zɜːv] *v* наблюдавам; спазвам

obstruct [əb'strʌkt] *v* преча на, препречвам

obvious ['ɒbvɪəs] *a* очевиден, явен

occasion [ə'keɪʒn] *n* случай; обстоятелство

occasionally [ə'keɪʒənəlɪ] *adv* от време на време

occupation [ˌɒkjʊ'peɪʃn] *n* занятие, професия

ocean ['əʊʃn] *n* океан; *a* океански

o'clock [ə'klɒk]: **at six** ~ в шест часà

October [ɒk'təʊbə] *n* октомври; *a* октомврийски

octopus ['ɒktəpəs] *n* октопод

odd [ɒd] *a* нечетен; странен

of [ɒv, əv] *prep* на; от

off [ɒf] *prep* от; извън

offer ['ɒfə] *n* предложение, оферта; *v* предлагам

office ['ɒfɪs] *n* канцелария, служба, офис

officer ['ɒfɪsə] *n* офицер

official [ə'fɪʃl] *n* служител; *a* официален; служебен

often ['ɒfn, 'ɒftn] *adv* често

oil [ɔɪl] *n* олио; течно масло; петрол; *v* смазвам

OK [əʊ'keɪ] *int* добре, правилно

okapi [əʊ'kɑːpɪ] *n* зоол. окапи

old [əʊld] *a* стар; похабен, вехт; отдавнашен; ~-**fashioned** ['fæʃnd] старомоден, демоде

olive ['ɒlɪv] *n* маслина; ~ **oil** ['ɔɪl] зехтин

omelette ['ɒmlɪt] *n* омлет

on [ɒn] *prep* на, върху; по; за; в; от

once [wʌns] *adv* веднъж, един път; някога

one [wʌn] *n* едно; *a* един; ~-**way** ['weɪ] еднопосочен

onion ['ʌnjən] *n* лук

only ['əʊnlɪ] *a* единствен; *adv* само

onto ['ɒntu] *prep* на, върху

onward ['ɒnwəd] *adv* напред, нататък

open ['əʊpən] *v* отварям; *a* отворен; ~**ing hours** ['əʊpənɪŋ,aʊəz] работно време

opera ['ɒprə] *n* опера

operate ['ɒpəreɪt] *v* оперирам; действам, функционирам

operation [ˌɒpəˈreɪʃn] *n* операция; действие

operator [ˈɒpəreɪtə] *n* оператор; телефонист

opinion [əˈpɪnjən] *n* мнение, схващане

opponent [əˈpəʊnənt] *n* противник, опонент

opportunity [ˌɒpəˈtjuːnɪtɪ] *n* възможност

oppose [əˈpəʊz] *v* противопоставям (се) на

opposite [ˈɒpəzɪt] *a* срещуположен, противоположен; *adv* отсреща

opposition [ˌɒpəˈzɪʃn] *n* противопоставяне, съпротива; опозиция

oppress [əˈpres] *v* потискам

optical [ˈɒptɪkl] *a* оптически, зрителен

optician [ɒpˈtɪʃn] *n* оптик

optimism [ˈɒptɪmɪzm] *n* оптимизъм

optimistic [ˌɒptɪˈmɪstɪk] *a* оптимистичен

or [ɔː] *conj* или

oral [ˈɔːrəl] *a* устен, словесен

orally [ˈɔːrəlɪ] *adv* устно

orange [ˈɒrɪndʒ] *n* портокал; *a* оранжев

orangutan [ɔːˌræŋuːˈtæn] *n* орангутан

orbit [ˈɔːbɪt] *n* орбита; *v* обикалям в орбита

orchard [ˈɔːtʃəd] *n* овощна градина

order [ˈɔːdə] *n* ред, порядък; заповед; *v* поръчвам; заповядвам

ordinal [ˈɔːdɪnl] *a* реден; *n* редно числително

ordinary [ˈɔːdɪnərɪ] *a* обикновен

organ [ˈɔːgən] *n* орган

organization [ˌɔːgənaɪˈzeɪʃn] *n* организация

organize [ˈɔːgənaɪz] *v* организирам

organizer [ˈɔːgənaɪzə] *n* организатор

origin [ˈɒrɪdʒɪn] *n* произход; потекло

original [əˈrɪdʒənl] *a* оригинален, истински; първичен

originality [əˌrɪdʒəˈnælɪtɪ] *n* оригиналност, самобитност

ornament [ˈɔːnəmənt] *n* орнамент, украшение, украса

orphan [ˈɔːfn] *n* сирак

ostrich [ˈɒstrɪtʃ] *n* щраус

other [ˈʌðə] *a* друг; *adv* иначе

ought [ɔːt] *v* трябва; длъжен съм

our [ˈaʊə] *a* наш

out [aʊt] *adv* вън, навън

outcome [ˈaʊtkʌm] *n* изход, резултат

outfit [ˈaʊtfɪt] *n* екип, екипировка; принадлежности

outgoing [ˌaʊtˈgəʊɪŋ] *a* изходящ (*за писмо*)

outside [ˌaʊtˈsaɪd] *a* външен; *adv* отвън, навън

outskirts [ˈaʊtskɜːts] *npl* покрайнини, предградия

outward [ˈaʊtwəd] *n* окръжаваща среда

oval [ˈəʊvl] *n* овал; *a* овален

oven [ˈʌvn] *n* фурна, пещ

over [ˈəʊvə] *prep* над; през; повече от; *pref* свръх-, над-

overcame [ˌəʊvəˈkeɪm] *pt* → **overcome**

overcome [ˌəʊvəˈkʌm] *v* превъзмогвам

overcrowded [ˌəʊvəˈkraʊdɪd] *a* претъпкан

overcrowding [ˌəʊvəˈkraʊdɪŋ] *n* навалица, блъсканица

overflow [ˌəʊvəˈfləʊ] *v* преливам

overgrown [ˌəʊvəˈgrəʊn] *a* обрасъл; буренясал

overturn [ˌəʊvəˈtɜːn] *v* преобръщам

owe [əʊ] *v* дължа

owl [aʊl] *n* бухал; кукумявка; сова

own [əʊn] *a* собствен, свой; *v* притежавам

owner [ˈəʊnə] *n* собственик

ownership [ˈəʊnəʃɪp] *n* собственост, притежание

ox [ɒks] *n* (*pl* **oxen** [ˈɒksn]) вол

oxen [ˈɒksn] *npl* → **ox**

oxygen [ˈɒksɪdʒən] *n* кислород

oyster [ˈɔɪstə] *n* стрида

ozone [ˈəʊzəʊn] *n* озон; *a* озонов

P

pack [pæk] *n* пакет; вързоп; *v* опаковам, пакетирам

package ['pækɪdʒ] *n* опаковка; *v* опаковам, пакетирам

packet ['pækɪt] *n* пакет; пратка

pad [pæd] *n* блок хартия, бележник

page [peɪdʒ] *n* страница

paid [peɪd] *pt, pp* → **pay**

pail [peɪl] *n* кофа, ведро

pain [peɪn] *n* болка

painful ['peɪnfʊl] *a* болезнен, мъчителен

paint [peɪnt] *n* боя; *v* боядисвам; рисувам

painter ['peɪntə] *n* художник; бояджия

painting ['peɪntɪŋ] *n* рисуване; живопис; картина, рисунка

pair [peə] *n* чифт, двойка

pale [peɪl] *a* бледен; неясен, слаб

palm [pɑːm] *n* длан; палма

pan [pæn] *n* тиган

pancake ['pænkeɪk] *n* палачинка

panda ['pændə] *n зоол.* панда

pansy ['pænzɪ] *n* (градинска) теменужка

pants [pænts] *npl* мъжки гащи; *ам. разг.* панталони

paper ['peɪpə] *n* хартия

parachute ['pærəʃuːt] *n* парашут

parade [pə'reɪd] *n* парад, шествие

paradise ['pærədaɪs] *n* рай

parallel ['pærəlel] *a* успореден, паралелен

parcel ['pɑːsl] *n* колет, пратка

pardon ['pɑːdn] *n* извинение, прошка; *v* извинявам

parent ['peərənt] *n* родител

parental [pə'rentl] *a* родителски

park [pɑːk] *n* парк; резерват; **~ing lot** ['pɑːkɪŋ͵lɒt] паркинг

parliament ['pɑːləmənt] *n* парламент

parrot ['pærət] *n* папагал

parsley ['pɑːslɪ] *n* магданоз

part [pɑːt] *n* част, дял; роля; *v* разделям

participate [pɑː'tɪsɪpeɪt] *v* участвам, вземам участие

particle ['pɑːtɪkl] *n* частица

particular [pə'tɪkjʊlə] *a* особен, специален

particularly [pə'tɪkjʊləlɪ] *adv* особено, специално

partner ['pɑːtnə] *n* партньор; съдружник; участник; съучастник

party ['pɑːtɪ] *n* събиране, забава, купон; прием

pass [pɑːs] *v* минавам; подавам

passage ['pæsɪdʒ] *n* преминаване; коридор; пасаж, откъс

passenger ['pæsɪndʒə] *n* пътник; *a* пътнически

passion ['pæʃn] *n* страст, силно увлечение

passionate ['pæʃənət] *a* страстен

passive ['pæsɪv] *a* безучастен, пасивен; *n грам.* ~ **voice** [vɔɪs] страдателен залог

password ['pɑːswɜːd] *n* парола

past [pɑːst] *n* минало; *a* минал, изминал; *prep* покрай

pasta ['pæstə] *n* макаронени изделия

paste [peɪst] *n* тесто; лепило; *v* залепям

pastry ['peɪstrɪ] *n* пасти, сладкиши

pasture ['pɑːstʃə] *n* пасище, пàша

patch [pætʃ] *n* кръпка

path [pɑːθ] *n* пътека, път

patience ['peɪʃəns] *n* търпение, търпеливост

patient ['peɪʃənt] *n* пациент; *a* търпелив

patrol [pə'trəʊl] *n* патрул; *v* патрулирам

pattern ['pætən] *n* пример, модел; мостра

pause [pɔːz] *n* прекъсване, спиране, пауза; *v* правя пауза

pavement ['peɪvmənt] *n* пътна настилка, паваж; тротоар

paw [pɔː] *n* лапа (*животинска*)

pay [peɪ] *v* плащам; ~ **attention to** обръщам внимание на

payment ['peɪmənt] *n* плащане

pea [piː] *n* грахово зърно; *pl* грах

peace [piːs] *n* мир

peaceful ['piːsfʊl] *a* мирен, спокоен

peach [piːtʃ] *n* праскова

peacock ['piːkɒk] *n* паун

peak [piːk] *n* връх

peanut ['piːnʌt] *n* фъстък

pear [peə] *n* круша

pearl [pɜːl] *n* бисер, перла

peculiar [pɪ'kjuːlɪə] *a* особен; чудат

pedal ['pedl] *n* педал; *v* карам велосипед

pedestrian [pɪ'destrɪən] *n* пешеходец; ~ **crossing** ['krɒsɪŋ] пешеходна пътека

peel [piːl] *v* беля, обелвам; лющя

peg [peg] *n* закачалка; щипка за пране

pen [pen] *n* писалка; химикалка; ~ **friend** [frend] непознат приятел „по писма"

pence [pens] *npl* → **penny**

pencil ['pensl] *n* молив

penguin ['peŋgwɪn] *n* пингвин

penicillin [,penɪ'sɪlɪn] *n* пеницилин

peninsula [pɪ'nɪnsjʊlə] *n* полуостров

penknife ['pennaɪf] *n* джобно ножче

penny ['penɪ] *n* (*pl* **pence** ['pens]) пени

people ['piːpl] *n* хора; народ

pepper ['pepə] *n* чушка; черен пипер

per cent [pə'sent] *n* процент, на сто

perception [pə'sepʃn] *n* усещане, възприятие; схващане

perch [pɜːtʃ] *v* кацвам

perfect ['pɜːfɪkt] *a* съвършен, безукорен

perform [pə'fɔːm] *v* представям, играя; изпълнявам

performance [pə'fɔːməns] *n* представление

perfume ['pɜːfjuːm] *n* парфюм; благоухание

perhaps [pə'hæps] *adv* може би

period ['pɪərɪəd] *n* период

permission [pə'mɪʃn] *n* разрешение

permit [pə'mɪt] *v* позволявам, разрешавам

persecute ['pɜːsɪkjuːt] *v* преследвам, гоня

persistence [pə'sɪstəns] *n* настойчивост, упорство

persistent [pə'sɪstənt] *a* упорит, настойчив

person ['pɜːsn] *n* човек, лице

personal ['pɜːsənəl] *a* личен

personality [ˌpɜːsə'nælɪtɪ] *n* личност, индивидуалност

personally ['pɜːsənəlɪ] *adv* лично; аз лично

persuade [pə'sweɪd] *v* убеждавам, склонявам

pessimism ['pesɪmɪzm] *n* песимизъм

pessimistic [ˌpesɪ'mɪstɪk] *a* песимистичен

pet [pet] *n* домашен любимец

petition [pɪ'tɪʃn] *n* прошение, петиция

petticoat ['petɪkəʊt] *n* фуста

phenomenon [fɪ'nɒmɪnən] *n* (*pl* **phenomena** [fɪ'nɒmɪnə]) явление

philosopher [fɪ'lɒsəfə] *n* философ

phone [fəʊn] *n* телефон; *v* телефонирам (на)

photo ['fəʊtəʊ] *n разг.* снимка

photograph ['fəʊtəgrɑːf] *n* снимка, фотография

photographer [fə'tɒgrəfə] *n* фотограф

phrase [freɪz] *n* израз, фраза

physical ['fɪzɪkl] *a* физически; телесен; ~ **education** [edjʊ'keɪʃn] физическо възпитание

physically ['fɪzɪkəlɪ] *adv* физически, материално

physics ['fɪzɪks] *n* физика

pianist ['piːənɪst] *n* пианист

piano [pɪ'ænəʊ] *n* пиано

pick [pɪk] *v* бера; подбирам, избирам

picnic ['pɪknɪk] *n* пикник

picture ['pɪktʃə] *n* картина; ~ **dictionary** ['dɪkʃənərɪ] картинен речник

picturesque [ˌpɪktʃə'resk] *a* живописен; образен, картинен

pie [paɪ] *n* пай

piece [piːs] *n* парче; част

pierce [pɪəs] *v* пронизвам, пробождам

pig [pɪg] *n* прасе

pigeon ['pɪdʒən] *n* гълъб

pigtail ['pɪgteɪl] *n* плитка (*прическа*)

pill [pɪl] *n* хапче

pillar-box ['pɪləbɒks] *n* пощенска кутия

pillow ['pɪləʊ] *n* възглавница

pillowcase ['pɪləʊkeɪs] *n* калъфка за възглавница

pilot ['paɪlət] *n* летец, пилот

pin [pɪn] *n* карфица; *v* забождам

pinch [pɪntʃ] *v* щипя

pine [paɪn] *n* бор

pineapple ['paɪnæpl] *n* ананас

pink [pɪŋk] *a* розов

pipe [paɪp] *n* тръба; кавал, свирка

pipeline ['paɪplaɪn] *n* тръбопровод

pitiful ['pɪtɪful] *a* жалостив, състрадателен

pity ['pɪtɪ] *n* жал, състрадание, милост

pizza ['piːtsə] *n* пица

place [pleɪs] *n* място; *v* поставям, слагам

plague [pleɪg] *n* чума; мор

plain [pleɪn] *a* обикновен; ясен, разбираем; едноцветен; *n* равнина

plan [plæn] *n* план; *v* планирам

planet ['plænɪt] *n* планета

plant [plɑːnt] *n* растение; *v* засаждам

plaster ['plɑːstə] *n* мазилка

plastic ['plæstɪk] *a* пластмасов; пластичен

plate [pleɪt] *n* чиния

plateau ['plætəʊ] *n* плато

platform ['plætfɔːm] *n* перон; платформа

play [pleɪ] *n* игра; пиеса; *v* играя

playground ['pleɪgraʊnd] *n* игрище

playwright ['pleɪraɪt] *n* драматург

pleasant ['plezənt] *a* приятен

please [pliːz] *v* удовлетворявам; *imper* моля!

pleasure ['pleʒə] *n* удоволствие

plenty ['plentɪ] *n* изобилие; *adv* много

plot [plɒt] *n* сюжет; заговор

plug [plʌg] *n* щепсел; контакт; ~ **in** включвам

plum [plʌm] *n* слива

plumber ['plʌmə] *n* водопроводчик

plume [pluːm] *n* перо

plump [plʌmp] *a* закръглен, пълничък

plunge [plʌndʒ] *v* гмуркам се, хвърлям се

plural ['plʊərəl] *n грам.* множествено число

plus [plʌs] *prep* плюс; и

pocket ['pɒkɪt] *n* джоб

poem ['pəʊɪm] *n* стихотворение; поема

poet ['pəʊɪt] *n* поет

poetry ['pəʊɪtrɪ] *n* поезия

point [pɔɪnt] *n* точка; пункт; *v* посочвам

poison ['pɔɪzn] *n* отрова

poisonous ['pɔɪzənəs] *a* отровен

polar ['pəʊlə] *a* полярен; полюсен

pole [pəʊl] *n* полюс

pole-vault ['pəʊlˌvɔːlt] *n* овчарски скок

police [pə'liːs] *n* полиция; ~ **officer** ['ɒfɪsə] полицай

policeman [pə'liːsmən] *n* полицай

polish ['pɒlɪʃ] *v* лъскам; полирам

polite [pə'laɪt] *a* учтив, вежлив, културен

politely [pə'laɪtlɪ] *adv* учтиво, вежливо, културно

politeness [pə'laɪtnɪs] *n* учтивост, любезност

politician [ˌpɒlə'tɪʃn] *n* политик

politics ['pɒlətɪks] *n* политика

pollute [pə'luːt] *v* замърсявам

pollution [pə'luːʃn] *n* замърсяване

polystyrene [ˌpɒlɪ'staɪəriːn] *n хим.* полистирин

pony ['pəʊnɪ] *n* пони

ponytail ['pəʊnɪteɪl] *n* конска опашка (*прическа*)

pool [puːl] *n* басейн; вир

poor [pʊə] *a* беден

pop [pɒp] *a разг.* популярен; поп; ~ **singer** ['sɪŋə] поппевец

popcorn ['pɒpkɔːn] *n* пуканки

poplar ['pɒplə] *n* топола

popular ['pɒpjʊlə] *a* известен, популярен

popularity [ˌpɒpjʊ'lærɪtɪ] *n* известност, популярност

populate ['pɒpjʊleɪt] *v* населявам

population [ˌpɒpjʊ'leɪʃn] *n* население

porcelain ['pɔːslɪn] *n* порцелан; *a* порцеланов

pork [pɔːk] *n* свинско месо

porridge ['pɒrɪdʒ] *n* овесена каша

port [pɔːt] *n* пристанище

portable ['pɔːtəbl] *a* преносим; портативен

porter ['pɔːtə] *n* носач; портиер

portrait ['pɔːtrɪt] *n* портрет

position [pə'zɪʃn] *n* място, положение; служба, пост

positive ['pɒzɪtɪv] *a* положителен

possess [pə'zes] *v* притежавам

possession [pə'zeʃn] *n* притежание

possibility [ˌpɒsɪ'bɪlɪtɪ] *n* възможност

possible ['pɒsɪbl] *a* възможен

possibly ['pɒsɪblɪ] *adv* евентуално

post [pəʊst] *v* пускам по пощата; ~ office ['ɒfɪs] поща

postbox ['pəʊstbɒks] *n* пощенска кутия

postcard ['pəʊstkɑːd] *n* пощенска картичка

postcode ['pəʊstkəʊd] *n* пощенски код

poster ['pəʊstə] *n* плакат, афиш, постер

postman ['pəʊstmən] *n* пощальон

pot [pɒt] *n* гърне; глинен съд; саксия

potato [pə'teɪtəʊ] *n* картоф

pottery ['pɒtərɪ] *n* грънчарство

pouch [paʊtʃ] *n* кесия; торба на кенгуру

pound [paʊnd] *n* лира; фунт

pour [pɔː] *v* изливам, наливам; лея се

poverty ['pɒvətɪ] *n* бедност

powder ['paʊdə] *n хим.* прах; пудра

power ['paʊə] *n* сила, власт, мощ

powerful ['paʊəfʊl] *a* силен, властен, мощен

powerless ['paʊəlɪs] *a* безсилен

practical ['præktɪkl] *a* практически; практичен

practice ['præktɪs] *n* практика

practise ['præktɪs] *v* упражнявам (се), практикувам

praise [preɪz] *v* хваля, възхвалявам

pram [præm] *n* детска количка

prawn [prɔːn] *n* едра скарида

pray [preɪ] *v* моля се

prayer [preə] *n* молитва

precious ['preʃəs] *a* ценен, скъпоценен

precise [prɪ'saɪs] *a* точен, прецизен

precisely [prɪ'saɪslɪ] *adv* точно, прецизно; именно

predict [prɪ'dɪkt] *v* предсказвам

predictable [prɪ'dɪktəbl] *a* предсказуем

prediction [prɪ'dɪkʃn] *n* предсказване; предсказание

prefer [prɪ'fɜː] *v* предпочитам

preference ['prefərəns] *n* предпочитание

prehistoric [ˌpriːhɪ'stɒrɪk] *a* праисторически

preparation [ˌprepə'reɪʃn] *n* подготовка, приготовление

preparatory [prɪ'pærətərɪ] *a* подготвителен

prepare [prɪ'peə] *v* подготвям, приготвям

preposition [ˌprepə'zɪʃn] *n грам.* предлог

prescribe [prɪ'skraɪb] *v* предписвам

prescription [prɪ'skrɪpʃn] *n* рецепта (*лекарска*)

presence ['prezns] *n* присъствие

present[1] ['preznt] *n* подарък; *a* присъстващ

present[2] [prɪ'zent] *v* представям

preserve [prɪ'zɜːv] *v* запазвам; консервирам

president ['prezɪdənt] *n* президент; председател

press [pres] *n* преса; притискане; *v* пресовам, притискам; ~ **up** наблъсквам, натъпквам

pressure ['preʃə] *n* налягане; натиск

pretend [prɪ'tend] *v* преструвам се; претендирам

pretty ['prɪtɪ] *a* хубав, хубавичък

previous ['priːvɪəs] *a* предишен, предходен

prey [preɪ] *n* плячка; *v* плячкосвам

price [praɪs] *n* цена; стойност

pride [praɪd] *n* гордост

priest [priːst] *n* свещеник

primary ['praɪmərɪ] *a* начален; първичен

prime-minister [ˌpraɪm'mɪnɪstə] *n* премиер, министър-председател

primitive ['prɪmɪtɪv] *a* примитивен

prince [prɪns] *n* принц

princess [prɪn'ses] *n* принцеса

principle ['prɪnsɪpl] *n* принцип

print [prɪnt] *v* печатам, отпечатвам, принтирам

printer ['prɪntə] *n* принтер

prison ['prɪzn] *n* затвор

prisoner ['prɪznə] *n* затворник

private ['praɪvət] *a* личен, частен

prize [praɪz] *n* награда

probable ['prɒbəbl] *a* вероятен

probably ['prɒbəblɪ] *adv* вероятно

problem ['prɒbləm] *n* проблем, въпрос; задача

process ['prəʊses] *n* процес

produce[1] [prə'djuːs] *v* произвеждам

produce[2] ['prɒdjuːs] *n* производство, продукция (*обикн. селскостопанска*)

producer [prə'djuːsə] *n* производител; продуцент

product ['prɒdʌkt] *n* продукт

profession [prə'feʃn] *n* професия

professional [prə'feʃənəl] *a* професионален

profile ['prəʊfaɪl] *n* профил; очертание

profit ['prɒfɪt] *n* печалба, облага

profitable ['prɒfɪtəbl] *a* печеливш, изгоден

programme ['prəʊgræm] *n* програма

progress ['prəʊgres] *n* прогрес, напредък

project ['prɒdʒekt] *n* проект, план

promise ['prɒmɪs] *n* обещание; *v* обещавам

promote [prə'məʊt] *v* повишавам, издигам

promotion [prə'məʊʃn] *n* повишение

pronoun ['prəʊnaʊn] *n грам.* местоимение

pronounce [prə'naʊns] *v* произнасям

pronunciation [prəˌnʌnsɪˈeɪʃn] *n* произношение

proof [pruːf] *n* доказателство

proper [ˈprɒpə] *a* точен, правилен; подходящ

properly [ˈprɒpəlɪ] *adv* правилно; както трябва, точно

property [ˈprɒpətɪ] *n* собственост; имот

propose [prəˈpəʊz] *v* предлагам

prospect [ˈprɒspekt] *n* гледка; перспектива

protect [prəˈtekt] *v* предпазвам, закрилям

protection [prəˈtekʃn] *n* покровителство; закрила

protein [ˈprəʊtiːn] *n* белтък, протеин

protest[1] [ˈprəʊtest] *n* протест

protest[2] [prəˈtest] *v* протестирам

proud [praʊd] *a* горд

prove [pruːv] *v* доказвам

proven [ˈpruːvn] *pp* → **prove**

proverb [ˈprɒvɜːb] *n* пословица

provide [prəˈvaɪd] *v* осигурявам, обезпечавам

psychologist [saɪˈkɒlədʒɪst] *n* психолог

psychology [saɪˈkɒlədʒɪ] *n* психология

pub [pʌb] *n* кръчма

public [ˈpʌblɪk] *a* обществен

publicity [pʌbˈlɪsɪtɪ] *n* гласност, публичност

publish [ˈpʌblɪʃ] *v* издавам, публикувам

publisher [ˈpʌblɪʃə] *n* издател

pudding [ˈpʊdɪŋ] *n* пудинг

puffin [ˈpʌfɪn] *n зоол.* тупик (*морска птица*)

pull [pʊl] *v* дърпам, тегля

pulp [pʌlp] *n* месеста част на плод; *мед.* пулпа

pulse [pʌls] *n* пулс; *v* пулсирам, туптя

puma [ˈpjuːmə] *n* пума

pump [pʌmp] *n* помпа; *v* помпя, изпомпвам (**out**)

pumpkin [ˈpʌmpkɪn] *n* тиква

punctuation [ˌpʌŋktʃʊˈeɪʃn] *n* пунктуация, слагане на препинателни знаци

puncture [ˈpʌŋktʃə] *n* спукване на гума

punish [ˈpʌnɪʃ] *v* наказвам

punishment [ˈpʌnɪʃmənt] *n* наказание

pupil [ˈpjuːpl] *n* ученик; зеница

puppet [ˈpʌpɪt] *n* марионетка, кукла на конци

puppy [ˈpʌpɪ] *n* кученце, кутре

pure [pjʊə] *a* чист, без примеси

purple [ˈpɜːpl] *a* пурпурен; морав

purse [pɜːs] *n* портмоне

push [pʊʃ] *v* бутам, блъскам

pushchair [ˈpʊʃtʃeə] *n* (лятна) детска количка

put [pʊt] *v* (*pt, pp* **put**) поставям, слагам; ~ **away** слагам настрана; спестявам, заделям; ~ **off** отлагам; ~ **on** обличам; обувам

puzzle [ˈpʌzl] *n* загадка; ребус; *v* озадачавам

puzzled [ˈpʌzld] *a* озадачен, объркан

pyjamas [pəˈdʒɑːməz] *npl* пижама

pyramid [ˈpɪrəmɪd] *n* пирамида

python [ˈpaɪθn] *n* питон

Q

quality ['kwɒlɪtɪ] *n* качество

quantity ['kwɒntɪtɪ] *n* количество; *мат.* величина

quarrel ['kwɒrəl] *n* караница, разпра; *v* карам се

quarter ['kwɔːtə] *n* четвърт, четвъртина; четвърт час

quay [kiː] *n* кей

queen [kwiːn] *n* кралица, царица

question ['kwestʃən] *n* въпрос; *v* питам, задавам въпрос

questionnaire [ˌkwestʃə'neə] *n* въпросник, анкета

queue [kjuː] *n* опашка; *v* редя се на опашка

quick [kwɪk] *a* бърз; краткотраен

quickly ['kwɪklɪ] *adv* бързо

quiet ['kwaɪət] *a* мирен, тих, спокоен; безшумен

quilt [kwɪlt] *n* юрган

quince [kwɪns] *n* дюля

quit [kwɪt] *v* (*pt, pp* **quitted** *или* **quit**) напускам, махам се

quite [kwaɪt] *adv* напълно, съвсем; доста

quiz [kwɪz] *n* тест; викторина

quote [kwəʊt] *n* цитат; *v* цитирам

R

rabbit ['ræbɪt] *n* (питомен) заек

race [reɪs] *n* раса; порода; надбягване; *v* надбягвам се с; препускам

racket ['rækɪt] *n* тенис ракета

radar ['reɪdaː] *n* радар

radiation [ˌreɪdɪ'eɪʃn] *n* радиация

radio ['reɪdɪəʊ] *n* радио

radish ['rædɪʃ] *n* репичка

raft [raːft] *n* сал; *v* плавам със сал

rag [ræg] *n* дрипа, вехтория

raid [reɪd] *n* нападение, набег

raider ['reɪdə] *n* нападател

rail [reɪl] *n* парапет; релса

railway ['reɪlweɪ] *n* железница; *a* железопътен

rain [reɪn] *n* дъжд; *v* вали дъжд

rainbow ['reɪnbəʊ] *n* дъга

raincoat ['reɪnkəʊt] *n* дъждобран

rainforest ['reɪnˌfɒrɪst] *n* тропическа гора

rainy ['reɪnɪ] *a* дъждовен, дъжделив

raise [reɪz] *v* вдигам, повдигам

raisin ['reɪzɪn] *n* стафида

rake [reɪk] *n* гребло, грапа

ran [ræn] *pt* → **run**

rang [ræŋ] *pt* → **ring**

range [reɪndʒ] *n* обхват; област; разред

rank [ræŋk] *n* чин, сан, ранг

rap [ræp] *v* почуквам, потропвам

rapid ['ræpɪd] *a* бърз

rapidly ['ræpɪdlɪ] *adv* бързо

rare [reə] *a* рядък; изключителен

rarely ['reəlɪ] *adv* рядко; изключително

raspberry ['raːzbərɪ] *n* малина

rat [ræt] *n* плъх

rate [reɪt] *n* норма, стандарт; темп

rather ['rɑːðə] *adv* по-скоро, по-точно; твърде, доста

rational ['ræʃənəl] *a* разумен, смислен, рационален

rattle ['rætl] *v* тракам; трополя

raven ['reɪvn] *n* гарван

raw [rɔː] *a* суров; необработен

ray [reɪ] *n* лъч; проблясък

razor ['reɪzə] *n* самобръсначка

reach [riːtʃ] *v* стигам, достигам до

react [rɪ'ækt] *v* противодействам; реагирам

read¹ [riːd] *v* чета, прочитам

read² [red] *pt, pp* ➔ **read**

reader ['riːdə] *n* читател

reading ['riːdɪŋ] *n* четене; четиво

ready ['redɪ] *a* готов, приготвен

real [rɪəl] *a* истински, действителен, реален

reality [rɪ'ælɪtɪ] *n* действителност, реалност

realize ['rɪəlaɪz] *v* осъзнавам, разбирам

really ['rɪəlɪ] *adv* действително, наистина; всъщност

reap [riːp] *v* жъна; прибирам реколта

rearrange [ˌriːə'reɪndʒ] *v* пренареждам

reason ['riːzn] *n* причина, довод

rebel ['rebl] *n* бунтовник, въстаник

rebellion [rɪ'beljən] *n* бунт, въстание

receive [rɪ'siːv] *v* получавам; приемам, давам прием

recent ['riːsnt] *a* скорошен, неотдавнашен

recently ['riːsntlɪ] *adv* наскоро, неотдавна

reception [rɪ'sepʃn] *n* прием, посрещане

receptionist [rɪ'sepʃənɪst] *n* администратор (*в хотел и пр.*)

recipe ['resɪpɪ] *n* рецепта (*готварска*)

record¹ ['rekɔːd] *n* грамофонна плоча; досие, характеристика; рекорд

record² [rɪ'kɔːd] *v* протоколирам, вписвам; правя запис

recording [rɪ'kɔːdɪŋ] *n* запис

recover [rɪ'kʌvə] *v* оздравявам, възстановявам се

recovery [rɪ'kʌvərɪ] *n* оздравяване, възстановяване

rectangle ['rektæŋgl] *n* правоъгълник

rectangular [rek'tæŋgjʊlə] *a* правоъгълен

recycle [ˌriː'saɪkl] *v* преработвам, рециклирам

red [red] *a* червен

redesign [ˌriːdɪ'zaɪn] *v* препроектирам, проектирам наново

rediscover [ˌriːdɪ'skʌvə] *v* преоткривам

reduce [rɪ'djuːs] *v* намалявам, снижавам

redwood ['redwʊd] *n бот.* секвоя

reef [riːf] *n* риф, подводна скала

refer [rɪ'fɜː] *v* отнасям се; засягам

referee [ˌrefə'riː] *n* рефер, съдия

reference ['refrəns] *n* справка; препоръка

refine [rɪ'faɪn] *v* пречиствам, рафинирам

reflect [rɪ'flekt] *v* отразявам; разсъждавам

reflection [rɪ'flekʃn] *n* отражение; разсъждение

refresh [rɪ'freʃ] *v* освежавам, ободрявам

refreshments [rɪ'freʃmənts] *npl* закуски/напитки за ободряване

refrigerator [rɪ'frɪdʒəreɪtə] *n* хладилник

refugee [ˌrefjʊ'dʒiː] *n* бежанец

refusal [rɪ'fjuːzl] *n* отказ

refuse [rɪ'fjuːz] *v* отказвам (на); отхвърлям

reggae ['regeɪ] *n муз.* реге

region ['riːdʒən] *n* област; район

register ['redʒɪstə] *n* дневник; опис; *v* вписвам, регистрирам

registry office ['redʒɪstrɪ ˌɒfɪs] *n* отдел граждански регистър

regret [rɪ'gret] *v* съжалявам (за)

regular ['regjʊlə] *a* правилен; редовен; постоянен

rehearsal [rɪ'hɜːsl] *n* репетиция

rehearse [rɪ'hɜːs] *v* репетирам

reign [reɪn] *n* царуване; *v* царувам

reindeer ['reɪndɪə] *n* северен елен

relate [rɪ'leɪt] *v* свързвам; отнасям се

relationship [rɪ'leɪʃnʃɪp] *n* родство, роднинство; връзка

relative ['relətɪv] *n* роднина; *a* относителен

relax [rɪ'læks] *v* отпускам се; отпочивам

relaxation [ˌriːlæk'seɪʃn] *n* отпускане, почивка, отмора

release [rɪ'liːs] *v* освобождавам, пускам на свобода

reliability [rɪˌlaɪə'bɪlɪtɪ] *n* благонадеждност, сигурност

reliable [rɪ'laɪəbl] *a* сигурен, надежден, благонадежден

relieve [rɪ'liːv] *v* облекчавам; разтоварвам

religion [rɪ'lɪdʒən] *n* религия

religious [rɪ'lɪdʒəs] *a* религиозен

remain [rɪ'meɪn] *v* оставам; *npl* останки; развалини

remark [rɪ'mɑːk] *n* забележка; *v* отбелязвам, правя забележка

remarkable [rɪ'mɑːkəbl] *a* забележителен, необикновен

remedy ['remədɪ] *n* средство, мярка; лек(арство), цяр

remember [rɪ'membə] *v* спомням си; помня, запомням

remind [rɪ'maɪnd] *v* напомням

remora ['remərə] *n* малка рибка, прикрепена към акула

remote [rɪ'məʊt] *a* далечен, отдалечен; ~ **control** [kən'trəʊl] дистанционно управление

removal [rɪ'muːvl] *n* преместване; премахване

remove [rɪ'muːv] *v* премествам; отстранявам

renew [rɪ'njuː] *v* подновявам

renewable [rɪ'njuːəbl] *a* сменяем; възстановим

renovate ['renəʊveɪt] *v* поправям; освежавам

renovation [ˌrenəʊ'veɪʃn] *n* обновление, освежаване

repair [rɪ'peə] *v* поправям, ремонтирам

repeat [rɪ'piːt] *v* повтарям

repetition [ˌrepə'tɪʃn] *n* повторение

replace [rɪ'pleɪs] *v* заменям, замествам

replant [rɪ'plɑːnt] *v* засаждам/залесявам наново

reply [rɪ'plaɪ] *n* отговор; *v* отговарям

report [rɪ'pɔːt] *n* доклад, отчет; *v* докладвам; разказвам; отчитам

reporter [rɪ'pɔːtə] *n* репортер

represent [ˌreprɪ'zent] *v* представям; означавам

representation [ˌreprɪzen'teɪʃn] *n* представяне; изобразяване

representative [ˌreprɪ'zentətɪv] *n* представител; *a* представителен

reproach [rɪ'prəʊtʃ] *v* укорявам

reptile ['reptaɪl] *n* зоол. влечуго

request [rɪ'kwest] *n* молба, искане; *v* моля; искам

require [rɪ'kwaɪə] *v* изисквам; нуждая се от

rescue ['reskju:] *n* спасение, избавление; *v* спасявам, избавям

research [rɪ'sɜ:tʃ] *n* проучване; *v* изследвам, проучвам

reservation [ˌrezə'veɪʃn] *n* резерват

reserve [rɪ'zɜ:v] *v* запазвам, съхранявам

reserved [rɪ'zɜ:vd] *a* сдържан; необщителен

reservoir ['rezəvwɑ:] *n* резервоар, водохранилище

resist [rɪ'zɪst] *v* съпротивлявам се (на)

resistance [rɪ'zɪstəns] *n* съпротива, съпротивление

resource [rɪ'sɔ:s] *n* средство, начин; *pl* ресурси, средства

respect [rɪ'spekt] *n* уважение, почит; *v* уважавам, почитам

respond [rɪ'spɒnd] *v* отговарям, отзовавам се

response [rɪ'spɒns] *n* отговор

responsibility [rɪˌspɒnsə'bɪlɪtɪ] *n* отговорност, задължение

responsible [rɪ'spɒnsəbl] *a* отговорен

rest [rest] *v* почивам; *n* почивка; остатък; останалите, другите

restaurant ['restərənt] *n* ресторант

restoration [ˌrestə'reɪʃn] *n* възстановяване, реставрация

restore [rɪ'stɔ:] *v* възстановявам, реставрирам

restroom ['restrʊm] *n ам.* тоалетна

retire [rɪ'taɪə] *v* оттеглям се, пенсионирам се

retirement [rɪ'taɪəmənt] *n* оттегляне; излизане в пенсия

return [rɪ'tɜ:n] *v* връщам (се); отвръщам (на)

reveal [rɪ'vi:l] *v* разкривам; проявявам (*качества и пр.*)

revenge [rɪ'vendʒ] *n* отмъщение, мъст; *v* отмъщавам, мъстя за

reverse [rɪ'vɜ:s] *n* заден ход; *v* давам заден ход; *a* преобърнат

review [rɪ'vju:] *n* преглед; рецензия; *v* преглеждам; рецензирам

revise [rɪ'vaɪz] *v* преговарям; преработвам

revive [rɪ'vaɪv] *v* съживявам, възраждам

revolt [rɪ'vəʊlt] *n* бунт, метеж

revolution [ˌrevə'lu:ʃn] *n* завъртане, оборот; революция

reward [rɪ'wɔ:d] *n* награда

rewrite [ˌri:'raɪt] *v* преписвам, пренаписвам

rheumatism ['ru:mətɪzm] *n* ревматизъм

rhinoceros [raɪ'nɒsərəs] *n* носорог

rhyme [raɪm] *n* кратко детско стихче

rhythm ['rɪðəm] *n* ритъм

rib [rɪb] *n* ребро

rice [raɪs] *n* ориз; *a* оризов

rich [rɪtʃ] *a* богат; изобилен

rickshaw ['rɪkʃɔ:] *n* рикша

ridden ['rɪdn] *pp* → ride

riddle ['rɪdl] *n* гатанка, загадка

ride [raɪd] *v* яздя; карам колело

ridicule ['rɪdɪkju:l] *n* присмех, подбив; *v* осмивам

ridiculous [rɪ'dɪkjʊləs] *a* абсурден, нелеп

right [raɪt] *a* десен; правилен, верен

ring [rɪŋ] *n* пръстен, обръч; *v* звъня

rinse [rɪns] *v* плакна, изплаквам

riot ['raɪət] *n* размирица, бунт

ripe [raɪp] *a* зрял, узрял

rise [raɪz] *v* издигам се; вдигам се; изгрявам; нараствам

risen ['rɪzn] *pp* → rise

risk [rɪsk] *n* риск; *v* рискувам

rival ['raɪvl] *n* съперник, конкурент

river ['rɪvə] *n* река; *a* речен

road [rəʊd] *n* шосе, път

roar [rɔː] *n* рев; тътен; *v* рева, изревавам

roast [rəʊst] *n* печено месо; *v* пека

rob [rɒb] *v* ограбвам, обирам

robber ['rɒbə] *n* крадец, обирджия

robin ['rɒbɪn] *n* зоол. червеношийка

robot ['rəʊbɒt] *n* робот

rock [rɒk] *n* скала, канара; *v* люлея се

rock'n'roll [ˌrɒkən'rəʊl] *n* рок, рокендрол

rode [rəʊd] *pt* → ride

roll [rəʊl] *n* руло; валяк; *v* търкалям (се); навивам

rollerblades ['rəʊləbleɪdz] *npl* ролери

rollerskates ['rəʊləskeɪts] *npl* ролкови кънки

romance [rəʊ'mæns] *n* любовна история, роман; романтика

romantic [rəʊ'mæntɪk] *a* романтичен

roof [ruːf] *n* покрив

room [ruːm, rʊm] *n* стая; място

root [ruːt] *n* корен; *v* вкоренявам (се)

rope [rəʊp] *n* въже; ласо

rose[1] [rəʊz] *n* роза; *a* розов

rose[2] [rəʊz] *pt* → rise

rotate [rəʊ'teɪt] *v* въртя (се)

rotation [rəʊ'teɪʃn] *n* въртене, завъртане; редуване

rotten ['rɒtn] *a* развален, гнил

rough [rʌf] *a* груб; грубиянски; суров; бурен (*за море*)

roughly ['rʌflɪ] *adv* грубо; приблизително

round [raʊnd] *n* обиколка; *a* кръгъл; *adv* наоколо, в кръг; около

roundabout ['raʊndəˌbaʊt] *n* кръгово движение

roundup ['raʊndʌp] *n* обобщение

route [ruːt] *n* маршрут

routine [ruː'tiːn] *n* установен ред, рутина; *a* обичаен, рутинен

row [rəʊ] *n* ред, редица; *v* греба, карам лодка

royal ['rɔɪəl] *a* кралски, царски

royalty ['rɔɪəltɪ] *n* кралска особа, член на кралска фамилия

rub [rʌb] *v* търкам, трия

rubber ['rʌbə] *n* гума

rubbish ['rʌbɪʃ] *n* смет, боклук

ruby ['ruːbɪ] *n* рубин

rucksack ['rʌksæk] *n* раница

rude [ruːd] *a* груб, невъзпитан

rudely ['ruːdlɪ] *adv* грубо, невъзпитано

rugby ['rʌgbɪ] *n* ръгби

ruin ['ruːɪn] *n* разрушение; *v* разрушавам; съсипвам, погубвам

rule [ruːl] *n* правило; управление; *v* управлявам

ruler ['ruːlə] *n* владетел; линеал

rumour ['ruːmə] *n* слух, мълва

run [rʌn] *v* тичам, бягам; ~ **away** избягвам

runaway ['rʌnəweɪ] *n* беглец, дезертьор

rung [rʌŋ] *pp* → ring

rural ['rʊərəl] *a* селски; провинциален

rush [rʌʃ] *v* втурвам се; *n* наплив; ~ **hour** ['aʊə] час пик

rusty ['rʌstɪ] *a* ръждясал

rye [raɪ] *n* ръж; *a* ръжен

S

sack [sæk] *n* торба, чувал

sacred ['seɪkrɪd] *a* свещен, свят

sad [sæd] *a* тъжен, печален, унил

saddle ['sædl] *n* седло; *v* оседлавам

sadly ['sædlɪ] *adv* тъжно, печално

safari [sə'fɑːrɪ] *n* сафари

safe [seɪf] *a* безопасен, надежден; читав, невредим

safety ['seɪftɪ] *n* безопасност

said [sed] *pt, pp* → say

sail [seɪl] *n* корабно платно; *v* пътувам по вода, плавам

sailing ['seɪlɪŋ] *n* плаване; навигация

sailor ['seɪlə] *n* моряк

saint [seɪnt] *n* светец

salad ['sæləd] *n* салата; маруля

salary ['sælərɪ] *n* заплата

sale [seɪl] *n* продажба; разпродажба

salesperson ['seɪlz‚pɜːsn] *n* продавач

saliva [sə'laɪvə] *n* слюнка

salmon ['sæmən] *n* сьомга

salt [sɒlt] *n* сол; *v* соля, посолявам

salty ['sɒltɪ] *a* солен

same [seɪm] *a* същ, еднакъв

sample ['sɑːmpl] *n* мостра, образец, шаблон

sand [sænd] *n* пясък

sandal ['sændl] *n* сандал

sandstorm ['sændstɔːm] *n* пясъчна буря

sandwich ['sænwɪdʒ] *n* сандвич

sandy ['sændɪ] *a* песъчлив; пясъчен

sang [sæŋ] *pt* → sing

sank [sæŋk] *pt* → sink

sarcasm ['sɑːkæzm] *n* сарказъм

sarcastic [sɑː'kæstɪk] *a* саркастичен

sari ['sɑːrɪ] *n* сари (*индийска женска дреха*)

sat [sæt] *pt, pp* → sit

satellite ['sætəlaɪt] *n* спътник, сателит; *a* сателитен

satisfy ['sætɪsfaɪ] *v* задоволявам; утолявам

Saturday ['sætədeɪ, 'sætədɪ] *n* събота

sauce [sɔːs] *n* сос

saucepan ['sɔːspən] *n* тенджера

saucer ['sɔːsə] *n* чинийка за чаша

sausage ['sɒsɪdʒ] *n* наденица; колбас

save [seɪv] *v* спасявам; запазвам; спестявам

savoury ['seɪvərɪ] *a* вкусен; пикантен

saw [sɔː] *pt* → see

saxophone ['sæksəfəʊn] *n* саксофон

say [seɪ] *v* казвам, изричам

scales [skeɪlz] *npl* везни

scalp [skælp] *n* скалп; *v* скалпирам

scan [skæn] *v* сканирам; разглеждам внимателно

seem

scandal ['skændl] *n* скандал; ин-
тригантстване

scar [skɑ:] *n* белег

scare [skeə] *v* плаша, уплашвам;
n уплаха

scarecrow ['skeəkrəʊ] *n* плашило

scared [skeəd] *a* изплашен, упла-
шен

scarf [skɑ:f] *n* шалче, шарф

scarlet ['skɑ:lət] *a* аленочервен

scene [si:n] *n* сцена; случка

scenery ['si:nərı] *n* пейзаж, при-
рода

scent [sent] *n* мирис; аромат; *v* по-
мирисвам

schedule ['ʃedju:l] *n* разписание;
опис

scheme [ski:m] *n* схема; план,
проект

school [sku:l] *n* училище, школа;
a училищен

science ['saıəns] *n* наука

science-fiction [ˌsaıəns'fıkʃn] *n*
научна фантастика

scientist ['saıəntıst] *n* учен

scissors ['sızəz] *npl* ножица, но-
жици

scooter ['sku:tə] *n* (мото)скутер;
тротинетка

score [skɔ:] *n сп.* точки; голов ре-
зултат; *v* отбелязвам точка/гол

scorpion ['skɔ:pıən] *n* скорпион

scrape [skreıp] *v* стържа, остърг-
вам

scrap-iron ['skræpˌaıən] *n* старо
желязо, скрап

scratch [skrætʃ] *v* дращя; чеша

scream [skri:m] *n* писък, вик; *v*
пищя, пискам

screen [skri:n] *n* екран; параван

screw-driver ['skru:ˌdraıvə] *n* от-
вертка

script [skrıpt] *n* ръкопис; сцена-
рий

scruffy ['skrʌfı] *a* размъкнат, раз-
влечен

scuba diving ['skju:bəˌdaıvıŋ] *n*
гмуркане с акваланг

sculpture ['skʌlptʃə] *n* скулптура

sea [si:] *n* море; *a* морски

seafood ['si:fu:d] *n* морска храна

seal [si:l] *n* тюлен; печат, клеймо;
v подпечатвам, запечатвам

search [sɜ:tʃ] *n* търсене; *v* изслед-
вам; претърсвам

seaside ['si:saıd] *n* крайбрежие,
морски бряг

season ['si:zn] *n* сезон

seasonal ['si:zənəl] *a* сезонен

seat [si:t] *n* място; седалка

seatbelt ['si:tbelt] *n* предпазен ко-
лан

second ['sekənd] *n* секунда; *a* вто-
ри

secondary ['sekəndərı] *a* второс-
тепенен; ~ **school** средно учи-
лище

secret ['si:krət] *n* тайна; *a* таен,
секретен

secretary ['sekrıtrı] *n* секретар

secure [sı'kjʊə] *a* безопасен, сигу-
рен; *v* осигурявам

security [sı'kjʊərıtı] *n* охрана, за-
щита; безопасност; *pl* ценни
книжа

see [si:] *v* гледам, виждам

seed [si:d] *n* семе, зърно

seem [si:m] *v* изглеждам; **it ~s** ся-
каш, като че ли

seen [siːn] *pp* → **see**

seize [siːz] *v* хващам, сграбчвам

seldom ['seldəm] *adv* рядко

select [sɪ'lekt] *v* подбирам, избирам

selection [sɪ'lekʃn] *n* подбор, селекция

selective [sɪ'lektɪv] *a* селективен, избирателен

self [self] *n* (*pl* **selves** [selvz]) „аз"; собствена личност

self-confident [ˌself'kɒnfɪdənt] *a* самоуверен

selfish ['selfɪʃ] *a* егоистичен, себичен

sell [sel] *v* продавам

semi-circle ['semɪˌsɜːkl] *n* полукръг

send [send] *v* пращам, изпращам; ~ **back** връщам

sender ['sendə] *n* подател, изпращач

senior ['siːnɪə] *a* старши; по-стар

sensation [sen'seɪʃn] *n* усещане; сензация

sense [sens] *n* усет; сетиво; смисъл

sensible ['sensəbl] *a* разумен; в съзнание

sensitive ['sensɪtɪv] *a* чувствителен

sent [sent] *pt, pp* → **send**

sentence ['sentəns] *n* изречение; присъда; *v* осъждам

sentimental [ˌsentɪ'mentl] *a* сантиментален

separate ['sepəreɪt] *v* отделям, сортирам

September [sep'tembə] *n* септември; *a* септемврийски

sequence ['siːkwəns] *n* последователност; *грам.* съгласуваност на глаголните времена

sergeant ['sɑːdʒənt] *n* сержант

series ['sɪəriːz] *n* серия, поредица

serious ['sɪərɪəs] *a* сериозен; важен, съществен

seriously ['sɪərɪəslɪ] *adv* сериозно

servant ['sɜːvənt] *n* прислужник, слуга

serve [sɜːv] *v* служа, прислужвам

service ['sɜːvɪs] *n* служба, обслужване; сервиз

set [set] *v* (*pt, pp* **set**) слагам, поставям; залязвам; ~ **off** пускам, изстрелвам (*ракета и пр.*); *n* комплект; серия; апарат

settle ['setl] *v* заселвам се, установявам се

settler ['setlə] *n* заселник; колонист

seven ['sevn] *n* седем

seventeen [ˌsevən'tiːn] *n* седемнадесет

seventy ['sevəntɪ] *n* седемдесет

several ['sevrəl] *a* няколко; неколцина; малко

severe [sɪ'vɪə] *a* строг, суров, жесток

sew [səʊ] *v* шия, ушивам

sewn [səʊn] *pp* → **sew**

sex [seks] *n* пол; *a* полов

shabby ['ʃæbɪ] *a* дрипав, окъсан

shadow ['ʃædəʊ] *n* сянка

shake [ʃeɪk] *v* клатя, разклащам; треперя

shaken ['ʃeɪkən] *pp* → **shake**

shall [ʃæl, ʃəl] *v* спомагателен глагол за образуване на бъд.вр. 1 л. ед. и мн.ч. ще; да

shallow [ˈʃæləʊ] *n* плитчина; *a* плитък

shame [ʃeɪm] *n* срам, срамота, позор

shampoo [ʃæmˈpuː] *n* шампоан

shamrock [ˈʃæmrɒk] *n* вид детелина; емблемата на Ирландия

shape [ʃeɪp] *n* форма, очертание; *v* оформям, моделирам

share [ʃeə] *n* дял, част; *v* деля; споделям

shark [ʃɑːk] *n* акула

sharp [ʃɑːp] *a* остър, заострен; *adv* точно

sharpen [ˈʃɑːpən] *v* подострям; изострям

shave [ʃeɪv] *v* бръсна, обръсвам

shaven [ˈʃeɪvn] *pp* → shave

shaving cream [ˈʃeɪvɪŋ ˌkriːm] *n* крем за бръснене

she [ʃiː] *pron* тя

shed [ʃed] *n* навес, заслон; барака

sheep [ʃiːp] *n* (*pl* без изменение) овца

sheet [ʃiːt] *n* лист (*хартия*); чаршаф

shelf [ʃelf] *n* (*pl* **shelves** [ʃelvz]) рафт, полица, лавица

shell [ʃel] *n* черупка; раковина

shelter [ˈʃeltə] *n* подслон, убежище, скривалище; *v* приютявам

shepherd [ˈʃepəd] *n* овчар, пастир

sheriff [ˈʃerɪf] *n* шериф

shift [ʃɪft] *n* смяна, сменяне; *v* сменям се

shine [ʃaɪn] *v* грея, блестя, светя, лъщя

shiny [ˈʃaɪnɪ] *a* лъскав

ship [ʃɪp] *n* кораб, параход; *v* натоварвам на кораб

shipwreck [ˈʃɪprek] *n* корабокрушение; *v* претърпявам корабокрушение

shirt [ʃɜːt] *n* риза; **T-~** тениска

shiver [ˈʃɪvə] *n* тръпка; *v* треперя, потрепервам; зъзна

shock [ʃɒk] *n* удар; сътресение; уплаха; *v* шокирам; ужасявам

shocking [ˈʃɒkɪŋ] *a* възмутителен, скандален

shoe [ʃuː] *n* обувка; **~ polish** [ˈpɒlɪʃ] боя/вакса за обувки

shoelace [ˈʃuːleɪs] *n* връзка за обувки

shoe-maker [ˈʃuːˌmeɪkə] *n* обущар

shone [ʃɒn, *ам.* ʃəʊn] *pt, pp* → shine

shook [ʃʊk] *pt* → shake

shoot [ʃuːt] *v* стрелям; снимам (*филм*)

shop [ʃɒp] *n* магазин; цех

shopkeeper [ˈʃɒpˌkiːpə] *n* собственик на магазин

shopwindow [ʃɒpˈwɪndəʊ] *n* витрина

shore [ʃɔː] *n* бряг

short [ʃɔːt] *a* къс, кратък; нисък, дребен

shortage [ˈʃɔːtɪdʒ] *n* недостиг, липса

shortbread [ˈʃɔːtbred] *n* сладкиш от маслено тесто

shorten [ˈʃɔːtn] *v* скъсявам, съкращавам

shorthand [ˈʃɔːthænd] *n* стенография

shorts [ʃɔːts] *npl* шорти, къси панталони

shot¹ [ʃɒt] *pt, pp* → shoot

shot² [ʃɒt] *n* изстрел; гюле; кадър; снимка

should [ʃʊd] *v спомагателен гла-
гол за образуване на бъд.вр. в
миналото в 1 л. ед. и мн.ч.* щях
→ **shall**

shoulder ['ʃəʊldə] *n* рамо

shout [ʃaʊt] *v* викам, извиквам;
крещя

show [ʃəʊ] *v* показвам, представ-
вям; лича

shower ['ʃaʊə] *n* душ

shown ['ʃəʊn] *pp* → **show**

shut [ʃʌt] *v* (*pt, pp* **shut**) затварям

shutter ['ʃʌtə] *n* капак (*на прозо-
рец*)

shuttle ['ʃʌtl] *n* совалка

shy [ʃaɪ] *a* срамежлив, стеснит-
лен, плах

shyness ['ʃaɪnɪs] *n* стеснителност,
плахост, срамежливост

sick [sɪk] *a* болен; отвратен

sickness ['sɪknɪs] *n* болест; гаде-
не

side [saɪd] *n* страна; **~effect** [ɪ'fekt]
страничен ефект

sigh [saɪ] *n* въздишка; *v* въздишам

sight [saɪt] *n* зрение; гледка; *pl* за-
бележителности

sightseeing ['saɪtˌsiːɪŋ] *n* разглеж-
дане на забележителности

sign [saɪn] *n* знак; символ; *v* под-
писвам (се)

signal ['sɪgnl] *n* сигнал; сигнали-
зация; *v* сигнализирам

significant [sɪg'nɪfɪkənt] *a* значи-
телен

Sikh [siːk] *n* сикх (*последовател
на сикхската религия*)

silence ['saɪləns] *n* тишина, мъл-
чание; *v* смълчавам

silent ['saɪlənt] *a* тих, безмълвен;
мълчалив

silk [sɪlk] *n* коприна; *a* копринен

silly ['sɪlɪ] *a* глупав; наивен

silver ['sɪlvə] *n* сребро; *a* сребъ-
рен

similar ['sɪmɪlə] *a* подобен, схо-
ден

simple ['sɪmpl] *a* прост; обикно-
вен; простодушен

simply ['sɪmplɪ] *adv* просто; лес-
но

simulate ['sɪmjʊleɪt] *v* преструвам
се, правя се на; симулирам

simulation [ˌsɪmjʊ'leɪʃn] *n* прес-
труване, симулиране

sin [sɪn] *n* грях; прегрешение

since [sɪns] *adv* оттогава, след то-
ва; *prep* от; *conj* тъй като

sincere [sɪn'sɪə] *a* искрен, прям

sincerely [sɪn'sɪəlɪ] *adv* искрено

sincerity [sɪn'serɪtɪ] *n* искреност,
прямота

sing [sɪŋ] *v* пея

singer ['sɪŋə] *n* певец

single ['sɪŋgl] *a* единствен, само
един; неженен, неомъжена

sink [sɪŋk] *v* потъвам; затъвам

Sioux [suː] *npl* сиукси (*група ин-
диански племена*)

sip [sɪp] *n* глътка; *v* сърбам, сръб-
вам

sir [sɜː] *n* господин

sister ['sɪstə] *n* сестра

sit [sɪt] *v* седя; **~ down** сядам

sitar [sɪ'tɑː] *n* ситар (*индийска
лютня*)

sitcom ['sɪtkɒm] *n* комедиен сери-
ал

site [saɪt] *n* място, терен; строителна площадка

situation [ˌsɪtjʊ'eɪʃn] *n* ситуация, положение; разположение

six [sɪks] *n* шест

sixteen [ˌsɪks'tiːn] *n* шестнадесет

sixty ['sɪkstɪ] *n* шестдесет

size [saɪz] *n* големина; размер, мярка; номер (*на обувки, дрехи*)

skate [skeɪt] *n* кънка; *v* карам кънки

skateboard ['skeɪtbɔːd] *n* скейтборд; *v* карам скейтборд

skating ['skeɪtɪŋ] *n* пързаляне с кънки

skeleton ['skelɪtən] *n* скелет

sketch [sketʃ] *n* скица; план, чертеж; *v* скицирам

ski [skiː] *v* карам ски

skiing ['skiːɪŋ] *n* каране на ски

ski-jumping ['skiːˌdʒʌmpɪŋ] *n* ски скок

skilful ['skɪlfʊl] *a* умел, сръчен, ловък

skill [skɪl] *n* умение, сръчност, ловкост

skim [skɪm] *v* плъзгам се, докосвам леко; прочитам бегло, прехвърлям

skin [skɪn] *n* кожа; кора; ципа

skip [skɪp] *v* подскачам; скачам на въже

skirt [skɜːt] *n* пола

skull [skʌl] *n* череп

sky [skaɪ] *n* небе; *a* небесен

skyscraper ['skaɪˌskreɪpə] *n* небостъргач

slap [slæp] *n* шамар; *v* зашлевявам; *int* пляс, трас

slave [sleɪv] *n* роб; *v* робувам

slavery ['sleɪvərɪ] *n* робство

sledge [sledʒ] *n* шейна; *v* карам шейна

sleep [sliːp] *v* спя, заспал съм; *n* сън, спане; **~ing bag** спален чувал

sleeper ['sliːpə] *n разг.* спален вагон

sleepy ['sliːpɪ] *a* сънен, сънлив; заспал

sleet [sliːt] *n* лапавица; суграшица

sleeve [sliːv] *n* ръкав

slept [slept] *pt, pp* ➔ **sleep**

slice [slaɪs] *n* резен, филия; *v* режа, нарязвам

slid [slɪd] *pt, pp* ➔ **slide**

slide [slaɪd] *n* пързалка; диапозитив; *v* хлъзгам се, плъзгам се

slight [slaɪt] *a* малък, лек, незначителен

slightly ['slaɪtlɪ] *adv* малко, леко, слабо

slim [slɪm] *a* строен, тънък

slippery ['slɪpərɪ] *a* хлъзгав, плъзгав; неуловим

slope [sləʊp] *n* склон; наклон

slow [sləʊ] *a* бавен, муден

slowly ['sləʊlɪ] *adv* бавно, мудно

small [smɔːl] *a* малък, дребен, неголям

smart [smɑːt] *a* умен; находчив, остроумен; елегантен

smash [smæʃ] *v* смачквам; разбивам, троша; *n* счупване; катастрофа; трясък

smell [smel] *n* миризма, обоняние; *v* (*pt, pp* **smelt** *или* **smelled**) мириша, помирисвам

smelt [smelt] *pt, pp* ➔ **smell**

smile [smaɪl] *n* усмивка; *v* усмихвам се

smog [smɒg] *n* черна мъгла, смог

smoke [sməʊk] *n* дим, пушек; *v* пуша, димя; опушвам

smooth [smuːð] *a* гладък, равен

smuggle ['smʌgl] *v* контрабандирам, внасям/изнасям тайно

snack [snæk] *n* закуска, леко хапване

snail [sneɪl] *n* охлюв

snake [sneɪk] *n* змия

snarl [snɑːl] *v* ръмжа, зъбя се

sneakers ['sniːkəz] *npl* маратонки

sneeze [sniːz] *n* кихане; *v* кихам

sniff [snɪf] *n* душене; *v* душа, помирисвам

snorkel ['snɔːkl] *n* шнорхел

snow [snəʊ] *n* сняг, снеговалеж; *v* вали сняг

snowdrop ['snəʊdrɒp] *n* кокиче

snowflake ['snəʊfleɪk] *n* снежинка

snowy ['snəʊɪ] *a* снежен; белоснежен

so [səʊ] *adv* така, тъй; толкова; също и; *conj* значи, следователно

soap [səʊp] *n* сапун; *v* сапунисвам; ~ **opera** ['ɒpərə] сапунена опера; мелодраматична радиопиеса

sob [sɒb] *n* ридание, хлипане; *v* ридая, хлипам

sober ['səʊbə] *a* трезвен; умерен, спокоен

soccer ['sɒkə] *n* футбол

sociable ['səʊʃəbl] *a* общителен, разговорчив; забавен

society [sə'saɪətɪ] *n* общество; дружество

sock [sɒk] *n* къс чорап

socket ['sɒkɪt] *n* фасонка

sofa ['səʊfə] *n* диван, канапе

soft [sɒft] *a* мек; нежен; тих; безалкохолен

soften ['sɒfn] *v* омекотявам, смекчавам

soil [sɔɪl] *n* почва, пръст

solar ['səʊlə] *a* слънчев

solarium [səʊ'leərɪəm] *n* солариум

sold [səʊld] *pt, pp* ➔ **sell**

soldier ['səʊldʒə] *n* войник, воин

solid ['sɒlɪd] *a* твърд; плътен; здрав, як

solitary ['sɒlɪtərɪ] *a* самотен; уединен; единствен

solitude ['sɒlɪtjuːd] *n* самота; уединение

solo ['səʊləʊ] *n* соло; *a* солов

solution [sə'luːʃn] *n* разтвор; разрешаване, решение на задача

solve [sɒlv] *v* решавам, разрешавам

some [sʌm] *pron* някои, малко; *adv* около; приблизително

somebody ['sʌmbədɪ] *pron* някой

somehow ['sʌmhaʊ] *adv* някак си, по някакъв начин

someone ['sʌmwʌn] = **somebody**

something ['sʌmθɪŋ] *pron* нещо; ~ **like** подобно на, като

sometimes ['sʌmtaɪmz] *adv* понякога

somewhere ['sʌmweə] *adv* някъде

son [sʌn] *n* син; ~**in-law** [lɔː] зет

sonar ['səʊnɑː] *n* сонар

song [sɒŋ] *n* песен

soon [suːn] *adv* скоро

sore [sɔː] *a* възпален, болезнен; ~ **throat** [θrəʊt] болно гърло

sorrow ['sɒrəʊ] *n* печал, скръб, жал

sorrowful ['sɒrəʊfʊl] *a* скръбен, печален; скърбящ, тъжен

sorry ['sɒrɪ] *a* съжаляващ, каещ се; **to be** ~ съжалявам

sort [sɔːt] *n* вид, сорт; *v* сортирам, отделям

soul [səʊl] *n* душа, дух

sound [saʊnd] *n* звук; шум; *a* здрав; *v* звуча, издавам звук

soup [suːp] *n* супа

sour ['saʊə] *a* кисел; вкиснал; *v* вкисвам се

source [sɔːs] *n* извор, източник, начало

south [saʊθ] *n* юг; *a* южен

southeast [ˌsaʊθ'iːst] *n* югоизток; *a* югоизточен

southwest [ˌsaʊθ'west] *n* югозапад; *a* югозападен

souvenir [ˌsuːvə'nɪə] *n* сувенир

sow [səʊ] *v* сея, засявам

sown [səʊn] *pp* → **sow**

space [speɪs] *n* пространство; място; космос; ~ **shuttle** ['ʃʌtl] космическа совалка

spacecraft ['speɪskrɑːft] *n* космически апарат

spaceship ['speɪsʃɪp] *n* космически кораб

spacious ['speɪʃəs] *a* просторен, обширен

spade [speɪd] *n* лопата

span [spæn] *pt* → **spin**

spanner ['spænə] *n* гаечен ключ

spare [speə] *n* резервна част; *v* щадя, пазя; *a* излишен, свободен; ~ **time** [taɪm] свободно време

sparrow ['spærəʊ] *n* врабец, врабче

spat [spæt] *pt, pp* → **spit**

speak [spiːk] *v* говоря, приказвам; държа реч, изказвам се

speaker ['spiːkə] *n* говорител; оратор

spear [spɪə] *n* копие; харпун

special ['speʃl] *a* специален; особен

species ['spiːʃiːz] *n* вид; род; порода

specific [sprʹsɪfɪk] *a* особен, специфичен

spectacles ['spektəklz] *npl* очила

spectacular [spek'tækjʊlə] *a* грандиозен, импозантен

speculate ['spekjʊleɪt] *v* размишлявам; обмислям; спекулирам

speculation [spekjʊ'leɪʃn] *n* размишление; предположение

speech [spiːtʃ] *n* реч, говор

speed [spiːd] *n* скорост, бързина

spell [spel] *v* (*pt, pp* **spelt** *или* **spelled**) изричам/пиша буква по буква

spelling ['spelɪŋ] *n* правопис

spelt [spelt] *pt, pp* → **spell**

spend [spend] *v* прекарвам (*време*); харча, похарчвам

spent [spent] *pt, pp* → **spend**

sperm whale ['spɜːm ˌweɪl] *n* зоол. кашалот

sphere [sfɪə] *n* сфера, кълбо; небесно тяло

spice [spaɪs] *n* подправка

spicy ['spaɪsɪ] *a* ароматен, подправен; пикантен

spider ['spaɪdə] *n* паяк

spill [spɪl] *v* (*pt, pp* **spilt** *или* **spilled**) разливам; изсипвам

spilt [spɪlt] *pt, pp* ➔ **spill**

spin [spɪn] *v* въртя (се), завъртам (се); преда

spinach ['spɪnɪdʒ] *n* спанак

spine [spaɪn] *n* гръбнак

spiral ['spaɪərəl] *n* спирала; *a* спираловиден

spirit ['spɪrɪt] *n* дух; въодушевление

spiritual ['spɪrɪtʃʊəl] *a* духовен; одухотворен

spit [spɪt] *n* плюнка, храчка; *v* плюя, храча

splash [splæʃ] *n* плясък, цопване; *v* опръсквам; изплисквам; цопвам

splendid ['splendɪd] *a* разкошен, прекрасен, блестящ

splinter ['splɪntə] *n* трескà, подпалка

split [splɪt] *v* (*pt, pp* **split**) цепя, разцепвам

spoil [spɔɪl] *v* (*pt, pp* **spoilt** *или* **spoiled**) развалям; разглезвам

spoilt [spɔɪlt] *pt, pp* ➔ **spoil**

spoke [spəʊk] *pt* ➔ **speak**

spoken ['spəʊkən] *pp* ➔ **speak**

sponge [spʌndʒ] *n* гъба, сюнгер; *v прен.* паразитирам

sponsor ['spɒnsə] *n* спонсор; настойник; *v* спонсорирам

spoon [spuːn] *n* лъжица

sport [spɔːt] *n* спорт; развлечение, игра

sportsman ['spɔːtsmən] *n* спортист; спортсмен

spot [spɒt] *n* място; петно, петънце, леке; *v* съзирам, забелязвам

spread [spred] *n* разпространение; *v* (*pt, pp* **spread**) разпространявам; мажа, намазвам

spring [sprɪŋ] *n* пролет; извор

spun [spʌn] *pp* ➔ **spin**

spy [spaɪ] *n* шпионин, таен агент; *v* шпионирам, следя; съзирам

square [skweə] *n* квадрат; площад; *a* квадратен

squash [skɒʃ] *n сп.* скуош; плодов сок; *v* смачквам

squid [skwɪd] *n зоол.* сепия

squirrel ['skwɪrəl] *n* катерица

stab [stæb] *v* промушвам, намушвам, пробождам

stable ['steɪbl] *a* стабилен, устойчив; *n* конюшня

stadium ['steɪdɪəm] *n* стадион

staff [stɑːf] *n* жезъл; персонал

stage [steɪdʒ] *n* сцена; естрада, подиум; етап, стадий; *v* поставям (*пиеса*)

stain [steɪn] *n* петно; боя; *v* цапам (се), изцапвам (се)

stairs [steəz] *npl* стълба, стълбище

stale [steɪl] *a* стар, престоял; спарен, нечист (*въздух*)

stamp [stæmp] *n* пощенска марка; печат, клеймо; *v* подпечатвам

stampede [stæm'piːd] *n* паническо бягство; *v* хуквам да бягам

stand [stænd] *n* сергия, щанд; *v* стоя прав; издържам, понасям; ~ **up** ставам на крака, изправям се

standard ['stændəd] *n* стандарт, равнище; критерий; ~ **of living** ['lɪvɪŋ] жизнено равнище

stank [stæŋk] *pt* ➔ **stink**

star [stɑː] *n* звезда; *a* звезден; ~ **sign** ['saɪn] зодия

start [stɑːt] *n* старт; излитане; *v* тръгвам, потеглям; карам, накарвам

startle ['stɑːtl] *v* стряскам, сепвам

startled ['stɑːtld] *a* стреснат, сепнат; разтревожен

starve [stɑːv] *v* умирам от глад; гладувам

starving ['stɑːvɪŋ] *a* гладен, изгладнял; гладуващ

state [steɪt] *n* състояние, положение; държава; щат; *v* заявявам

statement ['steɪtmənt] *n* изявление, твърдение

static ['stætɪk] *a* неподвижен, статичен

station ['steɪʃn] *n* станция; гара; спирка

stationary ['steɪʃənərɪ] *a* неподвижен, стоящ на едно място

stationery ['steɪʃənərɪ] *n* канцеларски материали

statue ['stætʃuː] *n* статуя

stay [steɪ] *v* стоя, оставам; отсядам, пребивавам; *n* престой

steady ['stedɪ] *a* твърд, непоколебим; постоянен; *v* закрепвам

steak [steɪk] *n* бифтек; (дебело парче) месо, риба за печене, пържене

steal [stiːl] *v* крада, открадвам

steam [stiːm] *n* пàра, изпарение; *v* пускам пара

steel [stiːl] *n* стомана; *a* стоманен; *v* калявам

steep [stiːp] *a* стръмен

steeply ['stiːplɪ] *adv* стръмно

stem [stem] *n* стъбло, стрък; дръжка на цвете

step [step] *n* стъпка, крачка; стъпало; *v* стъпвам, пристъпвам

stew [stjuː] *n* яхния, задушено; *v* варя; задушавам; къкря

stick [stɪk] *n* пръчка; бастун; *v* забождам; мушкам; залепям

sticky ['stɪkɪ] *a* лепкав

still [stɪl] *a* неподвижен, стихнал; *adv* все още; все пак

stimulate ['stɪmjʊleɪt] *v* стимулирам; поощрявам

sting [stɪŋ] *n* жило; *v* ужилвам; вземам прекалено скъпо, оскубвам

stink [stɪŋk] *n* воня, смрад; *v* воня, смърдя

stocking ['stɒkɪŋ] *n* дълъг чорап

stole [stəʊl] *pt* → **steal**

stolen ['stəʊlən] *pp* → **steal**

stomach ['stʌmək] *n* стомах

stomachache ['stʌməkeɪk] *n* болки в стомаха

stone [stəʊn] *n* камък; костилка; *a* каменен

stood [stʊd] *pt, pp* → **stand**

stool [stuːl] *n* столче, табуретка

stop [stɒp] *n* спиране; спирка; *v* спирам, прекратявам; отсядам

store [stɔː] *n* запас; склад; *ам.* магазин; *v* складирам, трупам; запасявам се

storey ['stɔrɪ] *n* етаж

stork [stɔːk] *n* щъркел

storm [stɔːm] *n* буря; ураган; щурм; *v* щурмувам

story ['stɔrɪ] *n* история; предание; разказ

stove [stəʊv] *n* печка

straight [streɪt] *a* прав; изправен; точен; *adv* право, направо

strange [streɪndʒ] *a* непознат, чужд; странен

stranger ['streɪndʒə] *n* непознат, странник; чужденец

strap [stræp] *n* ремък, каишка; *v* връзвам с ремък

strategy ['strætɪdʒɪ] *n* стратегия

straw [strɔ:] *n* слама; сламка; *a* сламен

strawberry ['strɔ:bərɪ] *n* ягода; *a* ягодов

stream [stri:m] *n* поток; течение; *v* струя, лея се, шуртя

street [stri:t] *n* улица; *a* уличен

strength [strenθ] *n* сила, мощ

stress [stres] *n* натиск, напрежение; ударение; *v* наблягам на

stressful ['stresfʊl] *a* напрегнат

stretch [stretʃ] *v* разтягам; опъвам; протягам се

stretcher ['stretʃə] *n* носилка; походно легло

stricken ['strɪkən] *pp* ➔ **strike**

strict [strɪkt] *a* взискателен, строг; стриктен, точен

strike [straɪk] *n* стачка; *v* удрям; блъсвам; стачкувам; поразявам

string [strɪŋ] *n* връв; наниз; струна

stripe [straɪp] *n* райе, ивица

striped [straɪpt] *a* на ивици, раиран

strive [straɪv] *v* стремя се

striven ['strɪvn] *pp* ➔ **strive**

stroke [strəʊk] *n* удар; *v* милвам, галя

stroll [strəʊl] *v* разхождам се, шляя се

strong [strɒŋ] *a* силен, здрав, як

strove [strəʊv] *pt* ➔ **strive**

struck [strʌk] *pt, pp* ➔ **strike**

struggle ['strʌgl] *n* борба; *v* боря се; мъча се

stubborn ['stʌbən] *a* упорит, инат

stuck [stʌk] *pt, pp* ➔ **stick**

student ['stju:dənt] *n* студент; ученик

studio ['stju:dɪəʊ] *n* ателие, студио

study ['stʌdɪ] *n* учение; *v* уча, изучавам; следвам

stuff [stʌf] *n* материя, вещество; неща; наркотик; *v* пълня, тъпча

stung [stʌŋ] *pt, pp* ➔ **sting**

stunk [stʌŋk] *pp* ➔ **stink**

stunt [stʌnt] *n* каскада, зрелищен номер

stupid ['stju:pɪd] *a* тъп, глупав

style [staɪl] *n* стил; начин; мода

stylish ['staɪlɪʃ] *a* моден, елегантен

stylus ['staɪləs] *n* грамофонна игла

subject ['sʌbdʒɪkt] *n* предмет; тема (*на разговор*); *грам.* подлог

submarine [ˌsʌbmə'ri:n] *n* подводница

subscribe [səb'skraɪb] *v* подписвам (*документ и пр.*); абонирам се

subscription [səb'skrɪpʃn] *n* абонамент; подписка

substance ['sʌbstəns] *n* вещество; съдържание, същина

substitute ['sʌbstɪtju:t] *n* заместник; *v* замествам, заменям

subtract [səb'trækt] *v мат.* изваждам

subway ['sʌbweɪ] *n* подлез; *ам.* метро

success [sək'ses] *n* успех, сполука

successful [sək'sesfʊl] *a* успешен, сполучлив

such [sʌtʃ] *a* такъв, подобен

suck [sʌk] *v* суча; бозая; ~ **in** всмуквам

sudden ['sʌdn] *a* внезапен, неочакван

suddenly ['sʌdnlɪ] *adv* внезапно, изведнъж, ненадейно

suffer ['sʌfə] *v* страдам, измъчвам се; търпя, понасям

suffering ['sʌfərɪŋ] *n* страдание, мъка

sugar ['ʃʊgə] *n* захар

sugar-cane ['ʃʊgəkeɪn] *n* захарна тръстика

suggest [sə'dʒest] *v* предлагам; внушавам, намеквам

suggestion [sə'dʒestʃən] *n* предложение; внушение

suicide ['suːɪsaɪd] *n* самоубийство

suit [suːt] *n* костюм; *v* подхождам, прилягам на

suitable ['suːtəbl] *a* подходящ; удобен

suitcase ['suːtkeɪs] *n* куфар

sulphur ['sʌlfə] *n* сяра; *a* жълтозелен; ~**ic acid** [sʌlˌfjʊərɪk'æsɪd] сярна киселина

sum [sʌm] *n* сбор, сума; *v* сумирам, събирам; ~ **up** обобщавам

summarize ['sʌməraɪz] *v* обобщавам, резюмирам

summary ['sʌmərɪ] *n* обобщение, резюме

summer ['sʌmə] *n* лято; *a* летен

sumo ['suːməʊ] *n сп.* сумо

sun [sʌn] *n* слънце

sunbathe ['sʌnbeɪð] *v* правя слънчеви бани, пека се

sunburn ['sʌnbɜːn] *n* изгаряне/почерняване от слънце

sunburnt ['sʌnbɜːnt] *a* почернял, загорял

Sunday ['sʌndeɪ, 'sʌndɪ] *n* неделя; *a* неделен; празничен

sundial ['sʌndaɪəl] *n* слънчев часовник

sunflower ['sʌnflaʊə] *n* слънчоглед

sung [sʌŋ] *pp* ➔ **sing**

sunglasses ['sʌnˌglaːsɪz] *npl* слънчеви очила

sunk [sʌŋk] *pp* ➔ **sink**

sunken ['sʌŋkən] *pp* ➔ **sink**

sunny ['sʌnɪ] *a* слънчев; жизнерадостен, лъчезарен

sunrise ['sʌnraɪz] *n* изгрев-слънце, разсъмване

sunset ['sʌnset] *n* залез-слънце

sunshine ['sʌnʃaɪn] *n* слънчева светлина; слънчево време

superb [sjuː'pɜːb] *a* изключителен, великолепен, разкошен

superficial [ˌsjuːpə'fɪʃl] *a* повърхностен; безсъдържателен

superior [sjuː'pɪərɪə] *a* по-висш; превъзхождащ; горен

superlative [sjuː'pɜːlətɪv] *a* превъзходен; най-висш; *n грам.* превъзходна степен

supermarket ['sjuːpəˌmaːkɪt] *n* супермаркет

superstition [ˌsjuːpə'stɪʃn] *n* суеверие

supper ['sʌpə] *n* вечеря

supply [sə'plaɪ] *n* запас, резерва; *v* снабдявам, запасявам

support [sə'pɔːt] *n* подкрепа; опора; *v* подкрепям; поддържам

supporter [sə'pɔːtə] *n* поддръжник, привърженик

suppose [sə'pəʊz] *v* предполагам, допускам

sure [ʃʊə] *a* сигурен; верен; несъмнен

surely ['ʃʊəlɪ] *adv* сигурно; вярно; несъмнено

surf [sɜːf] *n* сърф; *v* карам сърф

surface ['sɜːfɪs] *n* повърхност; външност

surgeon ['sɜːdʒən] *n* хирург

surgery ['sɜːdʒərɪ] *n* лекарски кабинет; хирургия

surname ['sɜːneɪm] *n* фамилно име; презиме

surprise [sə'praɪz] *n* изненада, сюрприз; *v* изненадвам; учудвам

surrender [sə'rendə] *n* предаване, капитулация; *v* предавам се, капитулирам

surround [sə'raʊnd] *v* заобикалям, обкръжавам

survey[1] ['sɜːveɪ] *n* преглед, обзор

survey[2] [sə'veɪ] *v* проучвам, изследвам; оглеждам

survive [sə'vaɪv] *v* оцелявам; надживявам

survivor [sə'vaɪvə] *n* оцелял, останал жив

suspect [sə'spekt] *v* подозирам, усъмнявам се в

suspend [sə'spend] *v* окачвам, провесвам; прекратявам

suspicion [sə'spɪʃn] *n* подозрение, съмнение

suspicious [sə'spɪʃəs] *a* подозрителен, съмнителен

swallow ['swɒləʊ] *v* гълтам, преглъщам; *n* лястовица

swam [swæm] *pt* → swim

swan [swɒn] *n* лебед

swear [sweə] *v* кълна се, заклевам се

sweat [swet] *n* пот; изпотяване; *v* потя се

sweater ['swetə] *n* дебел пуловер

sweatshirt ['swetʃɜːt] *n* спортна фланела с дълъг ръкав

sweep [swiːp] *v* мета, измитам, помитам

sweet [swiːt] *n* бонбон; *a* сладък; благ, ласкав

sweetcorn ['swiːtkɔːn] *n* сладка царевица

swept [swept] *pt, pp* → sweep

swim [swɪm] *v* плувам

swimming ['swɪmɪŋ] *n* плуване; ~ pool [puːl] плувен басейн

swimsuit ['swɪmsuːt] *n* бански костюм

switch [swɪtʃ] *n* електрически ключ; *v* ~ on включвам; ~ off изключвам

sword [sɔːd] *n* сабя; меч

swore [swɔː] *pt* → swear

sworn [swɔːn] *pp* → swear

swum [swʌm] *pp* → swim

syllable ['sɪləbl] *n* сричка

symbol ['sɪmbl] *n* символ, емблема; знак

sympathetic [ˌsɪmpə'θetɪk] *a* състрадателен, съчувстващ; съпричастен

sympathize ['sɪmpəθaɪz] *v* съчувствам; проявявам разбиране

sympathy ['sɪmpəθɪ] *n* съчувствие, състрадание, отзивчивост

symptom ['sɪmptəm] *n* симптом, признак

synthesizer ['sɪnθəsaɪzə] *n* синтезатор

syrup ['sɪrəp] *n* сироп; *v* сиропирам

system ['sɪstəm] *n* система; метод

T

tabla ['tæblə] *n* индийски барабан

table ['teɪbl] *n* маса; таблица; ~ **tennis** ['tenɪs] тенис на маса

tabloid ['tæblɔɪd] *n* вестник с кратки, често сензационни новини, таблоид

tact [tækt] *n* тактичност, такт

tactful ['tæktfʊl] *a* тактичен

tail [teɪl] *n* опашка; *v* проследявам

tailor ['teɪlə] *n* шивач

take [teɪk] *v* вземам; завеждам; занасям; ~ **off** събличам; събувам; излитам; ~ **place** [pleɪs] ставам; случвам се

taken ['teɪkən] *pp* ➜ **take**

tale [teɪl] *n* приказка, разказ

talent ['tælənt] *n* талант, дарба

talented ['tæləntɪd] *a* талантлив, надарен, даровит

talk [tɔːk] *n* разговор; *v* говоря, разговарям

tall [tɔːl] *a* висок

tame [teɪm] *a* питомен; дресиран; *v* опитомявам

tank [tæŋk] *n* резервоар; танк

tanker ['tæŋkə] *n* танкер

tap [tæp] *n* кран (*на чешма и пр.*); *v* почуквам; потупвам

tape [teɪp] *n* лента; *v* измервам с ролетка

tarantula [tə'ræntjʊlə] *n* голям отровен паяк, тарантула

target ['tɑːgɪt] *n* цел, мишена; прицел

tarmac ['tɑːmæk] *n* пътна настилка от чакъл и смола

task [tɑːsk] *n* задача, задание

taste [teɪst] *n* вкус; *v* вкусвам, опитвам

tasty ['teɪstɪ] *a* вкусен

taught [tɔːt] *pt, pp* ➜ **teach**

tax [tæks] *n* данък; *v* облагам с данък

taxi ['tæksɪ] *n* такси; ~ **driver** ['draɪvə] шофьор на такси

tea [tiː] *n* чай; **high** ~ ранна вечеря с чай; ~ **spoon** [spuːn] чаена лъжичка

teach [tiːtʃ] *v* уча, обучавам, преподавам

teacher ['tiːtʃə] *n* учител; преподавател

team [tiːm] *n* отбор, тим, екип

tear[1] [teə] *v* късам, скъсвам; съдирам

tear[2] [tɪə] *n* сълза

technique [tek'niːk] *n* техника; похват

techno ['teknəʊ] *n* муз. техно

technological [ˌteknə'lɒdʒɪkl] *a* технологичен

technology [tek'nɒlədʒɪ] *n* техника; технология

teenage ['tiːneɪdʒ] *a* юношески

teenager ['tiːnˌeɪdʒə] *n* юноша/девойка от 13 до 19 години, тийнейджър

teeth [tiːθ] *npl* ➜ **tooth**

telegram ['telıgræm] *n* телеграма

telegraph ['telıgrɑːf] *n* телеграф; *v* телеграфирам

telephone ['telıfəʊn] *n* телефон; *v* телефонирам

telescope ['telıskəʊp] *n* телескоп

television ['telıvıʒn] *n* телевизия; телевизор

tell [tel] *v* казвам; разказвам; издавам (*тайна и пр.*)

temper ['tempə] *n* характер, нрав; настроение

temperament ['temprəmənt] *n* темперамент

temperate ['temprət] *a* въздържан; умерен (*климат*)

temperature ['temprətʃə] *n* температура

temple ['templ] *n* храм

tempt [tempt] *v* изкушавам, съблазнявам

temptation [temp'teıʃn] *n* изкушение, съблазън

ten [ten] *n* десет

tennis ['tenıs] *n* тенис

tense [tens] *n грам.* глаголно време; *a* обтегнат; напрегнат

tension ['tenʃn] *n* напрежение; обтегнатост

tent [tent] *n* палатка

tentacle ['tentəkl] *n* пипало

tepee ['tiːpiː] *n* индианска колиба, типи

term [tɜːm] *n* срок; семестър; термин

terrace ['terəs] *n* тераса; *v* построявам във вид на тераси

terrible ['terəbl] *a* ужасен, страшен

terrific [tə'rıfık] *a* страхотен, знаменит

terrify ['terıfaı] *v* ужасявам; плаша

terror ['terə] *n* ужас, страх; терор

terrorist ['terərıst] *n* терорист

test [test] *n* изпитание; тест, изпит; *v* правя изпитание; изпитвам

text [tekst] *n* текст

textbook ['tekstbʊk] *n* учебник; ръководство

textile ['tekstaıl] *n* тъкан; текстил; *a* текстилен

than [ðæn, ðən] *conj* отколкото, от (*със сравн. ст.*)

thank [θæŋk] *v* благодаря; ~ **you** благодаря Ви/ти

thankful ['θæŋkfʊl] *a* благодарен, признателен

thankfulness ['θæŋkfʊlnıs] *n* благодарност

that [ðæt] *pron* (*pl* **those** [ðəʊz]) онзи; този; който; *conj* че; за да

the [ðə – *пред съгласна*; ðı – *пред гласна*; ðiː – *под ударение*] определителен член

theatre ['θıətə] *n* театър; драма

their [ðeə] *a* техен

them [ðem] *pron* (на) тях; ги; им

theme [θiːm] *n* тема

then [ðen] *adv* тогава; после; *conj* освен това; значи

theoretical [θıə'retıkl] *a* теоретичен

theory ['θıərı] *n* теория

there [ðeə] *adv* там; *int* ето, вземи; ~ **are** има, намират се (*със същ. в мн.ч.*); ~ **is** има, намира се (*със същ. в ед.ч.*)

therefore ['ðeəfɔ:] *adv* следователно; и тъй

thermometer [θə'mɒmɪtə] *n* термометър; топломер

these [ði:z] → **this**

they [ðeɪ] *pron* те

thick [θɪk] *a* дебел; гъст; плътен; *adv* дебело; гъсто

thicken ['θɪkən] *v* сгъстявам

thief [θi:f] *n* (*pl* **thieves** [θi:vz]) крадец

thigh [θaɪ] *n* бедро

thin [θɪn] *a* тънък; слаб; *v* изтънявам

thing [θɪŋ] *n* нещо; предмет, вещ

think [θɪŋk] *v* мисля; помислям

third [θɜ:d] *a* трети

thirst [θɜ:st] *n* жажда

thirsty ['θɜ:stɪ] *a* жаден; зажаднял

thirteen [ˌθɜ:'ti:n] *n* тринадесет

thirty ['θɜ:tɪ] *n* тридесет

this [ðɪs] *pron* (*pl* **these** [ði:z]) този, тоя; това

thistle ['θɪsl] *n* магарешки бодил

thorn [θɔ:n] *n* трън; глог

those [ðəuz] → **that**

though [ðəu] *conj* макар че, въпреки че; *adv* обаче

thought[1] [θɔ:t] *pt, pp* → **think**

thought[2] [θɔ:t] *n* мисъл, идея

thoughtful ['θɔ:tful] *a* замислен; грижлив, внимателен

thousand ['θauzənd] *n* хиляда

thread [θred] *n* конец, нишка (*и прен.*); *v* вдявам

threat [θret] *n* заплаха

threaten ['θretn] *v* заплашвам; заканвам се

three [θri:] *n* три; тройка

threshold ['θreʃəuld] *n* праг

threw [θru:] *pt* → **throw**

thrill [θrɪl] *n* трепет; *v* треперя; вълнувам се

thriller ['θrɪlə] *n* трилър

thrilling ['θrɪlɪŋ] *a* вълнуващ; сензационен

thrive [θraɪv] *v* процъфтявам; забогатявам; избуявам

thriven ['θrɪvn] *pp* → **thrive**

throat [θrəut] *n* гърло; гръклян; гуша

throne [θrəun] *n* трон, престол

through [θru:] *prep* през, по, из; чрез; *adv* напълно

throve [θrəuv] *pt* → **thrive**

throw [θrəu] *v* хвърлям, запращам

thrown [θrəun] *pp* → **throw**

thumb [θʌm] *n* палец; *v* прелиствам

thunder ['θʌndə] *n* гръм; мълния

thunderstorm ['θʌndəstɔ:m] *n* гръмотевична буря

Thursday ['θɜ:zdeɪ, 'θɜ:zdɪ] *n* четвъртък

tick [tɪk] *n* цъкане, тиктакане; отметка; *v* тиктакам; отмятам

ticket ['tɪkɪt] *n* билет; ~ **office** ['ɒfɪs] билетно гише

tickle ['tɪkl] *n* гъдел; *v* гъделичкам

tide [taɪd] *n* прилив, отлив

tidy ['taɪdɪ] *a* спретнат; приличен; *v* разтребвам

tie [taɪ] *n* връзка; вратовръзка; *v* връзвам, завързвам

tiger ['taɪgə] *n* тигър

tight [taɪt] *a* тесен; опнат, прилепнал; *adv* тясно

tights [taɪts] *npl* чорапогащник

tile [taɪl] *n* плочка; керемида

till [tɪl] *prep* до; *conj* докато

time [taɪm] *n* време; период, срок; *мат.* път; *v* тактувам

timetable ['taɪmˌteɪbl] *n* разписание

tin [tɪn] *n* консервена кутия; ламарина; калай; ~ **foil** [fɔɪl] фолио; ~ **opener** ['əʊpənə] отварачка за консерви

tiny ['taɪnɪ] *a* мъничък

tip [tɪp] *n* крайче, връх; съвет; бакшиш; *v* давам бакшиш

tiptoe ['tɪptəʊ] *v* ходя на пръсти

tired ['taɪəd] *a* уморен

tiring ['taɪərɪŋ] *a* уморителен

tissue ['tɪʃuː] *n биол.* тъкан; (тънка) материя, тъкан

title ['taɪtl] *n* заглавие; титла, звание

to [tuː, tu, tə] *prep* до; към; за; при; в(ъв); на; спрямо; за да (*пред инфинитив*)

toad [təʊd] *n* (крастава) жаба

toast [təʊst] *n* препечен хляб; тост; *v* препичам; вдигам тост

tobacco [tə'bækəʊ] *n* тютюн

today [tə'deɪ] *adv* днес; в наше време

toe [təʊ] *n* пръст (*на крака*)

together [tə'geðə] *adv* заедно; един с друг; едновременно

toilet ['tɔɪlɪt] *n* тоалетна

told [təʊld] *pt, pp* → **tell**

tolerant ['tɒlərənt] *a* търпелив; толерантен

tolerate ['tɒləreɪt] *v* търпя; понасям

tomato [tə'mɑːtəʊ] *n* домат; *a* доматен

tomb [tuːm] *n* гробница; гроб

tomorrow [tə'mɒrəʊ] *adv* утре

ton [tʌn] *n* тон (*мярка за тежест*)

tone [təʊn] *n* тон, глас; багра

tongue [tʌŋ] *n* език; реч; ~ **twister** ['twɪstə] скороговорка

tonight [tə'naɪt] *n* довечера, тази вечер

too [tuː] *adv* също; освен това; прекалено, твърде

took [tʊk] *pt* → **take**

tool [tuːl] *n* инструмент; оръдие

tooth [tuːθ] *n* (*pl* **teeth** [tiːθ]) зъб

toothache ['tuːθeɪk] *n* зъбобол

toothbrush ['tuːθbrʌʃ] *n* четка за зъби

toothpaste ['tuːθpeɪst] *n* паста за зъби

top [tɒp] *n* връх; горна част; *v* слагам връх на; надвишавам

topic ['tɒpɪk] *n* тема; предмет на разговор

torch [tɔːtʃ] *n* фенерче; факел

tore [tɔː] *pt* → **tear**¹

torn [tɔːn] *pp* → **tear**¹

tortoise ['tɔːtəs] *n* костенурка

toss [tɒs] *v* хвърлям; подхвърлям; мятам

total ['təʊtl] *n* общ сбор; *a* цял, цялостен; пълен

toucan ['tuːkæn] *n зоол.* тукан (*южноамериканска птица*)

touch [tʌtʃ] *n* допир, докосване, пипане; *v* докосвам, пипам

tour [tʊə] *n* обиколка, турне; *v* обикалям; на турне съм (в)

tourism ['tʊərɪzm] *n* туризъм

tourist ['tʊərɪst] *n* турист

tournament ['tʊənəmənt] *n* турнир

toward ['təʊəd] *prep* към; в посока на

towel ['taʊəl] *n* хавлия, пешкир, кърпа за лице

tower ['taʊə] *n* кула; *v* издигам се

town [taʊn] *n* град; *a* градски

toy [tɔɪ] *n* играчка

trace [treɪs] *n* следа, диря; *v* очертавам; проследявам

track [træk] *n* отпечатък; следа; състезателна писта; *v* вървя по; следя

tracker ['trækə] *n* следотърсач

tractor ['træktə] *n* трактор, влекач; ~ **driver** ['draɪvə] тракторист

trade [treɪd] *n* занаят; търговия; *v* търгувам; ~ **mark** [mɑːk] търговска марка

trader ['treɪdə] *n* търговец

tradition [trə'dɪʃn] *n* традиция; предание

traffic ['træfɪk] *n* движение, трафик; транспорт; ~ **lights** [laɪts] *npl* светофар

tragedy ['trædʒɪdɪ] *n* трагедия

train [treɪn] *n* влак; *v* тренирам

trainer ['treɪnə] *n* треньор

training ['treɪnɪŋ] *n* обучение; възпитание; тренировка

trait [treɪt] *n* характерна черта

traitor ['treɪtə] *n* предател, изменник

tram [træm] *n* трамвай

transaction [træn'zækʃn] *n* сделка

transform [træns'fɔːm] *v* преобразувам, превръщам, трансформирам

transformer [træns'fɔːmə] *n* преобразувател; трансформатор

translate [træns'leɪt] *v* превеждам

transparent [træns'peərənt] *a* прозрачен; открит

transport[1] ['trænspɔːt] *n* транспорт, превоз

transport[2] [træns'pɔːt] *v* превозвам, транспортирам

trap [træp] *n* капан, клопка; *v* хващам в капан

trash [træʃ] *n ам.* смет, боклук

travel ['trævl] *n* пътуване; *v* пътувам, пътешествам

traveller ['trævələ] *n* пътник, пътешественик; ~**'s cheque** [tʃek] пътнически чек

travelling ['trævlɪŋ] *n* пътуване; *a* пътешестващ, странстващ

tray [treɪ] *n* поднос, табла

treasure ['treʒə] *n* съкровище, имане

treasury ['treʒərɪ] *n* съкровищница, хазна

treat [triːt] *v* отнасям се към, държа се с, третирам; лекувам

treatment ['triːtmənt] *n* държание; лечение

tree [triː] *n* дърво

tremble ['trembl] *v* треперя, треса се

triangle ['traɪæŋgl] *n* триъгълник

tribal ['traɪbl] *a* племенен, родов

tribe [traɪb] *n* племе, род

trick [trɪk] *n* хитрост; фокус, трик; *v* измамвам, погаждам номер на

trigger ['trɪgə] *n* спусък

trim [trɪm] *a* подреден; спретнат; *v* подреждам; подкастрям

trip [trɪp] *n* кратко пътешествие, екскурзия, обиколка

trolley ['trɒlɪ] *n* количка; тролей

trombone [trɒm'bəʊn] *n* тромбон

troops [truːps] *npl* войска, войски

tropical ['trɒpɪkl] *a* тропически

trouble ['trʌbl] *n* безпокойство; грижа; беля; *v* безпокоя, затруднявам

trousers ['traʊzəz] *npl* панталони

trout [traʊt] *n* пъстърва

truck [trʌk] *n* ам. камион

true [truː] *a* верен; истински, действителен; *adv* вярно, наистина

trumpet ['trʌmpɪt] *n* тръба, тромпет; *v* тръбя, разтръбявам

trunk [trʌŋk] *n* ствол, дънер; хобот (*на слон*); ам. багажник; ~ **call** [kɔːl] междуградски разговор

trust [trʌst] *n* доверие, вяра; *v* доверявам се, уповавам се на

truth [truːθ] *n* истина; правдивост

try [traɪ] *n* опит, проба; *v* опитвам, пробвам; старая се

tube [tjuːb] *n* туба; метро

Tuesday ['tjuːzdeɪ, 'tjuːzdɪ] *n* вторник

tulip ['tjuːlɪp] *n* лале

tummy ['tʌmɪ] *n* коремче, тумбаче

tune [tjuːn] *n* мелодия; мотив; *v* настройвам; регулирам

tunnel ['tʌnl] *n* тунел; минна галерия

turf [tɜːf] *n* тревна площ; торф

turkey ['tɜːkɪ] *n* пуйка

turn [tɜːn] *n* обръщане; ред; завой; *v* обръщам (се); завивам; ~ **down** свалям; завивам; ~ **off** загасям; затварям (*кран*); отклонявам се; ~ **on** включвам; светвам; пускам (*кран*)

turning ['tɜːnɪŋ] *n* завой; пресечка

turnip ['tɜːnɪp] *n* ряпа

turnover ['tɜːn‚əʊvə] *n* оборот

turquoise ['tɜːkwɑːz] *n* тюркоаз

turtle ['tɜːtl] *n* морска костенурка

tusk [tʌsk] *n* бивник (*на слон, глиган*)

tutor ['tjuːtə] *n* частен учител, възпитател; преподавател

TV [‚tiː'viː] *n* телевизия; телевизор

twelve [twelv] *n* дванадесет

twenty ['twentɪ] *n* двадесет

twice [twaɪs] *adv* два пъти, двукратно

twilight ['twaɪlaɪt] *n* здрач, сумрак

twin [twɪn] *n* близнак

twinkle ['twɪŋkl] *v* блещукам, трепкам

twist [twɪst] *v* усуквам; вия се; навяхвам

twitter ['twɪtə] *n* цвърчене, чуруликане; *v* цвърча, чуруликам

two [tuː] *n* две, двама; двойка, чифт

type [taɪp] *n* вид, тип; прототип

typical ['tɪpɪkl] *a* типичен, характерен

tyranny ['tɪrənɪ] *n* тирания, деспотизъм

tyre ['taɪə] *n* гума (*на автомобил и пр.*)

U

ugly ['ʌglɪ] a грозен, противен, гнусен

ultraviolet [ˌʌltrə'vaɪəlɪt] a ултравиолетов

umbrella [ʌm'brelə] n чадър

unable [ʌn'eɪbl] a неспособен

unbearable [ʌn'beərəbl] a непоносим

uncle ['ʌŋkl] n чичо; вуйчо

unconnected [ˌʌnkə'nektɪd] a несвързан; отделен

unconscious [ʌn'kɒnʃəs] a в безсъзнание; несъзнателен

uncountable [ʌn'kaʊntəbl] a неизброим; несметен

under ['ʌndə] prep под, отдолу под; adv долу, надолу

underline [ˌʌndə'laɪn] v подчертавам

underneath [ˌʌndə'niːθ] adv долу, отдолу; prep под

underpass ['ʌndəpɑːs] n подлез

understand [ˌʌndə'stænd] v разбирам, схващам

understood [ˌʌndə'stʊd] pt, pp → understand

underwear ['ʌndəweə] n бельо

undeveloped [ˌʌndɪ'veləpt] a неразвит

undisturbed [ˌʌndɪs'tɜːbd] a незасегнат, спокоен, необезпокояван

undress [ʌn'dres] v събличам (се)

undressed [ʌn'drest] a (раз)съблечен

uneasy [ʌn'iːzɪ] a неловък, стеснителен; притеснен

unemotional [ˌʌnɪ'məʊʃənəl] a безчувствен

unfaithful [ʌn'feɪθfʊl] a неверен; нелоялен

unfamiliar [ˌʌnfə'mɪlɪə] a непознат, неизвестен

unfit [ʌn'fɪt] a неподходящ, негоден

unfortunate [ʌn'fɔːtʃənət] a нещастен, злочест

unfortunately [ʌn'fɔːtʃənətlɪ] adv за нещастие, за жалост

unfriendly [ʌn'frendlɪ] a недружелюбен, неприветлив, студен

unhappy [ʌn'hæpɪ] a нещастен

unhuman [ʌn'hjuːmən] a нечовешки

unicorn ['juːnɪkɔːn] n еднорог

uniform ['juːnɪfɔːm] n униформа; a еднакъв, еднообразен

union ['juːnɪən] n обединение, съюз

unique [juː'niːk] a единствен по рода си, неповторим, уникален

unit ['juːnɪt] n единица, цяло; част

unite [juː'naɪt] v обединявам (се); свързвам

unity ['juːnɪtɪ] n единство; съгласие

universal [ˌjuːnɪ'vɜːsl] a всемирен, световен; универсален

universe ['juːnɪvɜːs] n вселена

university [ˌjuːnɪ'vɜːsɪtɪ] n университет

unknown [ʌn'nəʊn] *a* непознат

unless [ən'les] *conj* ако не, освен ако; освен когато

unlike [ʌn'laɪk] *a* различен от; не като; *prep* за разлика от

unlimited [ʌn'lɪmɪtɪd] *a* неограничен

unpack [ʌn'pæk] *v* разопаковам

unpleasant [ʌn'pleznt] *a* неприятен

unplug [ʌn'plʌg] *v* изключвам щепсел от контакт

unsuccessful [ˌʌnsək'sesfʊl] *a* безуспешен, несполучлив

untidy [ʌn'taɪdɪ] *a* небрежен, разхвърлян

until [ən'tɪl] *prep* до; *conj* докато

unusual [ʌn'juːʒʊəl] *a* необикновен, необичаен

unwilling [ʌn'wɪlɪŋ] *a* неохотен, несклонен

up [ʌp] *adv* нагоре; *prep* (нагоре) по

upbraid [ʌp'breɪd] *v* укорявам

upbringing ['ʌpˌbrɪŋɪŋ] *n* отглеждане; възпитание

upper ['ʌpə] *a* горен; по-висш

upset [ʌp'set] *v* (*pt, pp* **upset**) обезпокоявам; разстройвам

upstairs [ʌp'steəz] *adv* горе; на горния етаж

urban ['ɜːbən] *a* градски

urgent ['ɜːdʒənt] *a* спешен; неотложен

urgently ['ɜːdʒəntlɪ] *adv* спешно, бързо, неотложно

us [ʌs] *pron* нас, на нас, ни

use¹ [juːs] *n* употреба; полза

use² [juːz] *v* употребявам, ползвам

useful ['juːsfʊl] *a* полезен

useless ['juːslɪs] *a* безполезен

usual ['juːʒʊəl] *a* обикновен, обичаен

usually ['juːʒʊəlɪ] *adv* обикновено

V

vacant ['veɪkənt] *a* незает, свободен, вакантен

vaccinate ['væksɪneɪt] *v* ваксинирам

vacuum ['vækjʊəm] *n* вакуум; ~ **cleaner** ['kliːnə] прахосмукачка

valley ['vælɪ] *n* долина

valuable ['væljʊəbl] *a* ценен, скъпоценен

value ['væljuː] *n* ценност; цена; стойност; *v* ценя, оценявам

vampire ['væmpaɪə] *n* вампир

van [væn] *n* каравана, фургон

vandal ['vændl] *n* вандал; *a* вандалски, варварски

vandalism ['vændəlɪzm] *n* вандалщина, варварщина

vapour ['veɪpə] *n* пàра; изпарения; мъгла

variable ['veərɪəbl] *a* променлив; непостоянен

variant ['veərɪənt] *n* вариант; *a* различен

variety [və'raɪətɪ] *n* разнообразие; разновидност; многообразие

various ['veərɪəs] *a* разнообразен, разностранен

vary ['veərɪ] *v* променям се; варирам

vase [vɑːz] *n* ваза

vegetable ['vedʒtəbl] *n* зеленчук; *a* зеленчуков; растителен

vegetarian [ˌvedʒɪ'teərɪən] *n* вегетарианец

vehicle ['viːɪkl] *n* превозно средство

veil [veɪl] *n* воал, покривало; *v* забулвам; прикривам

vein [veɪn] *n* вена, кръвоносен съд; жила

velvet ['velvɪt] *n* кадифе

vend [vend] *v* продавам; ~ing machine [mə'ʃiːn] автомат за продажба на цигари, кафе и др.

verb [vɜːb] *n* глагол

verse [vɜːs] *n* стих; стихосложение

vertical ['vɜːtɪkl] *a* отвесен, вертикален

vertically ['vɜːtɪklɪ] *adv* отвесно, вертикално

very ['verɪ] *adv* много (*с прилагателни и наречия*)

vessel ['vesl] *n* съд

vest [vest] *n* потник; фланела

vet [vet] *n* ветеринарен лекар

via ['vaɪə] *prep* през

vice [vaɪs] *n* порок; недостатък

victim ['vɪktɪm] *n* жертва

victory ['vɪktərɪ] *n* победа

video ['vɪdɪəʊ] *n* видео

view [vjuː] *n* гледка, изглед; възглед, мнение

viewer ['vjuːə] *n* зрител

village ['vɪlɪdʒ] *n* село; *a* селски

vine [vaɪn] *n* лоза

vinegar ['vɪnɪgə] *n* оцет

vineyard ['vɪnjəd] *n* лозе

violence ['vaɪələns] *n* насилие; буйство

violent ['vaɪələnt] *a* буен, стихиен, яростен

violet ['vaɪəlɪt] *n* теменужка, виолетка; *a* виолетов

violin [ˌvaɪə'lɪn] *n* цигулка; *a* цигулков

viper ['vaɪpə] *n* пепелянка; усойница

virtual ['vɜːtʃʊəl] *a* виртуален; фактически, действителен

virtually ['vɜːtʃʊəlɪ] *adv* виртуално; всъщност, фактически

virtue ['vɜːtʃuː] *n* добродетел; целомъдрие

visa ['viːzə] *n* виза

visible ['vɪzəbl] *a* видим; явен, очевиден

vision ['vɪʒn] *n* зрение; поглед, проницателност

visit ['vɪzɪt] *n* посещение; *v* посещавам; гостувам на

visitor ['vɪzɪtə] *n* посетител

visual ['vɪʒʊəl] *a* зрителен; нагледен

visualize ['vɪʒʊəlaɪz] *v* онагледявам; представям си ясно

vital ['vaɪtl] *a* жизнен; енергичен

vitamin ['vɪtəmɪn] *n* витамин

voice [vɔɪs] *n* глас; *грам.* залог; *v* изразявам

volcano [vɒlˈkeɪnəʊ] *n* вулкан

volleyball [ˈvɒlɪbɔːl] *n* волейбол

volt [vəʊlt] *n* волт

volume [ˈvɒljuːm] *n* том, книга; обем, вместимост; сила (*на глас*)

voluntary [ˈvɒləntərɪ] *a* доброволен

volunteer [ˌvɒlənˈtɪə] *n* доброволец; *v* върша доброволно

vote [vəʊt] *n* глас, гласуване; *v* гласувам

vowel [ˈvaʊəl] *n* гласен звук

voyage [ˈvɔɪdʒ] *n* пътуване по море; плаване

vulture [ˈvʌltʃə] *n* лешояд; *прен.* хищник

W

wag [wæg] *v* махам, въртя опашка

wage [weɪdʒ] *n* надница, заплата

waist [weɪst] *n* кръст, талия

waistcoat [ˈweɪskəʊt] *n* мъжка жилетка (*към костюм*)

wait [weɪt] *v* чакам, почаквам; очаквам

waiter [ˈweɪtə] *n* сервитьор, келнер

waiting room [ˈweɪtɪŋrʊm] *n* чакалня

waitress [ˈweɪtrɪs] *n* сервитьорка, келнерка

wake [weɪk] *v* будя (се), събуждам (се), пробуждам (се)

walk [wɔːk] *n* разходка; *v* разхождам се, ходя пеш; разхождам

wall [wɔːl] *n* стена, зид

wallaby [ˈwɒləbɪ] *n* дребно кенгуру

wallet [ˈwɒlɪt] *n* портфейл

wallpaper [ˈwɔːlˌpeɪpə] *n* тапети

walnut [ˈwɔːlnʌt] *n* орех

want [wɒnt] *v* искам, желая; нуждая се от; изисквам

war [wɔː] *n* война; *a* военен

wardrobe [ˈwɔːdrəʊb] *n* гардероб

warehouse [ˈweəhaʊs] *n* склад; голям магазин

warm [wɔːm] *a* топъл, затоплен; разгорещен; *v* стоплям, затоплям

warm-hearted [ˌwɔːmˈhɑːtɪd] *a* сърдечен; отзивчив

warmth [wɔːmθ] *n* топлина; топлота

warn [wɔːn] *v* предупреждавам

warning [ˈwɔːnɪŋ] *n* предупреждение

warrior [ˈwɒrɪə] *n* воин, боец

was [wɒz, wəz] *1, 3 л. ед.ч. мин. вр.* → **be**

wash [wɒʃ] *v* мия, измивам; пера; ~ **up** мия съдове; *n* пране; ~**ing machine** [məˈʃiːn] перална машина

washbasin [ˈwɒʃˌbeɪsn] *n* леген; умивалник

wasp [wɒsp] *n* оса

waste [weɪst] *n* губене, прахосване; *v* прахосвам, изхарчвам

watch [wɒtʃ] *n* часовник (*ръчен*); *v* наблюдавам; гледам (*телевизия*); пазя

water ['wɔːtə] *n* вода; *a* воден; *v* поливам, напоявам

watercolour ['wɔːtəˌkʌlə] *n* акварел; *a* акварелен

waterfall ['wɔːtəfɔːl] *n* водопад

watermelon ['wɔːtəˌmelən] *n* диня

waterproof ['wɔːtəpruːf] *a* непромокаем

wave [weɪv] *n* вълна; *v* махам с ръка; развявам (се)

wavy ['weɪvɪ] *a* вълнообразен; къдрав, чуплив (*за коса*)

wax [wæks] *n* восък; *a* восъчен

way [weɪ] *n* път, шосе; начин, маниер

WC [ˌdʌbljuː'siː] *n* тоалетна

we [wiː, wɪ] *pron* ние

weak [wiːk] *a* слаб; слабохарактерен

wealth [welθ] *n* богатство, благосъстояние; изобилие

wealthy ['welθɪ] *a* богат, състоятелен; охолен

weapon ['wepən] *n* оръжие; *прен.* средство

wear [weə] *v* нося, облечен съм в; износвам (се), изхабявам (се)

weather ['weðə] *n* време (*метеорологическо*); ~**forecast** ['fɔːkɑːst] прогноза за времето

weave [wiːv] *v* тъка, изтъкавам

web [web] *n* паяжина; тъкан

wedding ['wedɪŋ] *n* сватба, венчавка

Wednesday ['wenzdeɪ, 'wenzdɪ] *n* сряда

weed [wiːd] *n* плевел, бурен

week [wiːk] *n* седмица

weekend [ˌwiːk'end] *n* краят на седмицата, събота и неделя

weekly ['wiːklɪ] *a* седмичен; *adv* седмично

weep [wiːp] *v* плача; оплаквам

weigh [weɪ] *v* тежа; тегля, претеглям

weight [weɪt] *n* тегло, тежест

welcome ['welkəm] *v* посрещам, приветствам; *a* добре дошъл

well¹ [wel] *adv* (**better** ['betə]; **best** [best]) добре; задоволително; *a* здрав; ~-**behaved** [bɪ'heɪvd] възпитан, с добри маниери

well² [wel] *n* кладенец

wellingtons ['welɪŋtənz] *n* високи гумени ботуши за риболов

went [went] *pt* ➔ **go**

were [wɜː, wə] *2 л. ед.ч., 1, 2, 3, л. мн.ч. мин. вр.* ➔ **be**

west [west] *n* запад; *a* западен

western ['westən] *n* каубойски филм, уестърн

wet [wet] *a* мокър; влажен; дъждовен

whale [weɪl] *n* кит

what [wɒt] *pron* какво, що; какъв; това, което; какъвто

whatever [wɒt'evə] *pron* каквото и; *a* какъвто и

wheat [wiːt] *n* пшеница, жито

wheel [wiːl] *n* колело; волан, кормило

wheelchair ['wiːltʃeə] *n* инвалидна количка

when [wen] *adv* кога; *conj* когато; след като

whenever [wen'evə] *adv* когато и да; винаги, когато

where [weə] *adv* къде; където

whereas [weər'æz] *conj* докато; от друга страна

whether ['weðə] *conj* дали

which [wɪtʃ] *pron* кой (*от няколко*); който

while [waɪl] *conj* докато; *n* кратко време, момент

whirl [wɜːl] *n* вихър; вихрушка; *v* въртя се, завихрям се

whisper ['wɪspə] *n* шепот; *v* шепна, шушна, пошепвам

whistle ['wɪsl] *n* свиркане; подсвиркване; *v* свиркам, подсвирквам

white [waɪt] *a* бял; светъл; *n* белтък

who [huː, hu] *pron* кой; който

whole [həʊl] *n* цялост; *a* цял, непокътнат

whom [huːm] *pron* кого, кому

whose [huːz] *pron* чий

whosoever [ˌhuːsəʊ'evə] *pron* който и да е

why [waɪ] *adv* защо

wick [wɪk] *n* фитил

wicked ['wɪkɪd] *a* зъл, лош; порочен

wide [waɪd] *a* широк, просторен; *adv* широко; навсякъде

widow ['wɪdəʊ] *n* вдовица

widower ['wɪdəʊə] *n* вдовец

width [wɪdθ] *n* ширина; широта

wife [waɪf] *n* (*pl* **wives** [waɪvz]) съпруга

wig [wɪg] *n* перука

wild [waɪld] *a* див; необуздан; безумен; *n* пустош, пущинак

wildlife ['waɪldlaɪf] *n* диви животни; дива природа

will[1] [wɪl] *n* воля, желание; завещание

will[2] [wɪl] *v* спомагателен глагол за образуване на бъд.вр. 2 и 3 л. ед. и мн.ч. ще

willow ['wɪləʊ] *n* върба

wimp [wɪmp] *n разг.* страхливец, пъзльо

win [wɪn] *v* печеля, спечелвам; побеждавам

wind[1] [wɪnd] *n* вятър

wind[2] [waɪnd] *v* вия се, лъкатуша; навивам (*часовник*)

window ['wɪndəʊ] *n* прозорец; витрина

windscreen ['wɪndskriːn] *n* предно стъкло (*на кола*)

windsurf ['wɪndsɜːf] *n* сърф

windy ['wɪndɪ] *a* ветровит

wine [waɪn] *n* вино

wing [wɪŋ] *n* крило

wink [wɪŋk] *v* мигам, примигвам; намигам

winter ['wɪntə] *n* зима; *a* зимен

wipe [waɪp] *v* бърша, избърсвам; трия, изтривам; ~ **out** изтривам, унищожавам

wiper ['waɪpə] *n* бърсалка; чистачка (*на кола*)

wire ['waɪə] *n* жица, тел; *ам.* телеграма; *v* телеграфирам

wisdom ['wɪzdəm] *n* мъдрост

wise [waɪz] *a* мъдър; умен

wish [wɪʃ] *n* желание, пожелание; *v* желая; пожелавам

wit [wɪt] *n* разум; остроумие

witch [wɪtʃ] *n* магьосница, вещица; вълшебница

witchcraft ['wɪtʃkrɑːft] *n* магьосничество, вълшебство

with [wɪð] *prep* с(ъс), заедно с; от, поради (*причина*)

withdraw [wɪð'drɔː] *v* оттеглям (се), отдръпвам (се); изтеглям

withdrawn [wɪð'drɔːn] *pp* → withdraw

withdrew [wɪð'druː] *pt* → withdraw

within [wɪð'ɪn] *prep* вътре в; в рамките на; *adv* вътре

without [wɪð'aʊt] *prep* без; без да

witness ['wɪtnɪs] *n* свидетел, очевидец; *v* свидетелствам

witty ['wɪtɪ] *a* остроумен, духовит

wizard ['wɪzəd] *n* магьосник; *прен.* факир

woke [wəʊk] *pt* → wake

woken ['wəʊkən] *pp* → wake

wolf [wʊlf] *n* (*pl* **wolves** [wʊlvz]) вълк; *v* лапам, гълтам лакомо

woman ['wʊmən] *n* (*pl* **women** ['wɪmɪn]) жена

women ['wɪmɪn] *npl* → woman

won [wʌn] *pt, pp* → win

wonder ['wʌndə] *n* чудо; *v* чудя се, учудвам се

wonderful ['wʌndəful] *a* чудесен; удивителен, забележителен

wood [wʊd] *n* дърво, дървен материал; гора

woodpecker ['wʊd͵pekə] *n* кълвач

woodwork ['wʊdwɜːk] *n* дърводелство

wool [wʊl] *n* вълна

woollen ['wʊlən] *a* вълнен

word [wɜːd] *n* дума, слово

wore [wɔː] *pt* → wear

work [wɜːk] *n* работа; творба; *v* работя, изработвам

worker ['wɜːkə] *n* работник

workhouse ['wɜːkhaʊs] *n* приют; *ам.* изправителен дом

worksheet ['wɜːkʃiːt] *n* работен лист (*за упражнение*)

workshop ['wɜːkʃɒp] *n* цех; работилница; семинар

world [wɜːld] *n* свят; *a* световен

worm [wɜːm] *n* червей

worn [wɔːn] *pp* → wear

worry ['wʌrɪ] *v* безпокоя се, измъчвам се

worse¹ [wɜːs] *a сравн. ст.* → bad

worse² [wɜːs] *adv сравн. ст.* → badly

worship ['wɜːʃɪp] *n* боготворене, култ; *v* боготворя, прекланям се пред

worst¹ [wɜːst] *a прев. ст.* → bad

worst² [wɜːst] *adv прев. ст.* → badly

worth [wɜːθ] *a* който струва; който заслужава

would [wʊd] *pt* → will

wound¹ [waʊnd] *pt, pp* → wind²

wound² [wuːnd] *n* рана; *v* ранявам

wove [wəʊv] *pt* → weave

woven ['wəʊvn] *pp* → weave

wow [waʊ] *int* изразява учудване, възхита и пр.; *n* голям успех

wrap [ræp] *v* увивам, завивам

wreck [rek] *n* корабокрушение; *v* претърпявам корабокрушение

wrestling ['reslɪŋ] *n сп.* борба

wriggle ['rɪgl] *v* гърча се, извивам се

wrinkle ['rɪŋkl] *n* бръчка; гънка; *v* сбръчквам; намачквам

wrist [rɪst] *n* китка (*на ръка*)

write [raɪt] *v* пиша, написвам

writer ['raɪtə] *n* писател, автор

writing ['raɪtɪŋ] *n* писане; почерк; съчинение

written ['rɪtn] *pp* → write

wrong [rɒŋ] *a* неправилен, погрешен, неверен

wrote [rəʊt] *pt* → write

X

x-ray ['eksreɪ] *n* рентген; *a* рентгенов; *v* преглеждам на рентген
xylophone ['zaɪləfəʊn] *n муз.* ксилофон
xhosa ['kɔːsə] *n* кòса (*африкански език*)

Y

yang [jæŋ] *n фил.* ян
yard [jɑːd] *n* двор; ярд
yarn [jɑːn] *n* прежда
yawn [jɔːn] *n* прозявка; *v* прозявам се
year [jɪə] *n* година
yeast [jiːst] *n* мая, квас
yell [jel] *n* вик, крясък; *v* викам, кряскам; изревавам
yellow ['jeləʊ] *a* жълт
yes [jes] *n, adv* да
yesterday ['jestədeɪ] *adv* вчера
yet [jet] *adv* все още; вече
yin [jɪn] *n фил.* ин
yoghurt ['jɒgət] *n* кисело мляко
yoke [jəʊk] *n* иго, ярем, хомот; кобилица
yolk [jəʊk] *n* жълтък
you [juː, ju] *pron* ти, вие; на теб, ти; на вас, ви; тебе, те; вас, ви

young [jʌŋ] *a* млад
your [jɔː, jʊə] *pron* твой; ваш
yourself [jɔːˈself] *pron* себе си, ти самият
youth [juːθ] *n* младост, младини

Z

zebra ['ziːbrə] *n* зебра; ~ **crossing** ['krɒsɪŋ] пешеходна пътека
zero ['zɪərəʊ] *n* нула; *a* нулев
zest [zest] *n* увлечение, охота, жар; *разг.* хъс
zigzag ['zɪgzæg] *n* зигзаг; *v* движа се на зигзаг
zinc [zɪŋk] *n* цинк
zipper ['zɪpə] *n* цип
zone [zəʊn] *n* зона, пояс; област; *a* зонален
zoo [zuː] *n* зоологическа градина
zoology [zəʊˈɒlədʒɪ] *n* зоология
Zulu ['zuːluː] *n* зулус

БЪЛГАРСКО-АНГЛИЙСКИ РЕЧНИК

BULGARIAN-ENGLISH DICTIONARY

СПИСЪК НА
ИЗПОЛЗВАНИТЕ
СЪКРАЩЕНИЯ

LIST OF
ABBREVIATIONS

ам. – американски английски
анат. – анатомия
астр. – астрономия
безл. – безличен
биол. – биология
бъд.вр. – бъдеще време
воен. – военно дело
геогр. – география
гл. – глагол
грам. – граматика
ед.ч. – единствено число
ж. – съществително от женски род
зоол. – зоология
комп. – компютри
л. – лице
м. – съществително от мъжки род
мат. – математика
мед. – медицина
межд. – междуметие
мест. – местоимение
мн.ч. – множествено число
муз. – музика
нрч. – наречие

пол. – политика
пр. – предлог
прен. – преносно
прил. – прилагателно име
прит. мест. – притежателно
    местоимение
рад. – радио
разг. – разговорно
с. – съюз
сег.вр. – сегашно време
сп. – спорт
ср. – съществително от среден род
съкр. – съкращение
тел. – телевизия
тех. – техника
търг. – търговия
фил. – философия
хим. – химия
част. – частица
числ. – числително име

pl (англ.) – множествено число

А

а *с.* and, but; while, whereas
абажур *м.* lampshade
абонамент *м.* subscription
абонирам се *гл.* subscribe
абсолютен *прил.* absolute
абсолютно *нрч.* absolutely
абсурд *м.* absurdity, nonsense
авария *ж.* breakdown, damage
август *м.* August
авиатор *м.* aviator
авокадо *ср.* avocado
автобус *м.* bus; (*междуградски*) coach; **двуетажен** ~ double-decker
автомобил *м.* car
автор *м.* author, writer
авторитет *м.* authority
агент *м.* agent
агне *ср.* lamb
агнешко *прил.* lamb; ~ (**месо**) lamb
агресивен *прил.* aggressive
ад *м.* hell
адвокат *м.* lawyer
административен *прил.* administrative
администратор *м.* (*в хотел*) receptionist
адрес *м.* address
аеробен *прил.* aerobic
аеродрум *м.* airfield
аз *мест.* I
азбука *ж.* alphabet
азот *м.* nitrogen

айсберг *м.* iceberg
акварел *м.* watercolour; ~**ен** *прил.* watercolour
аквариум *м.* aquarium
ако *с.* if; **освен** ~ unless
акробат *м.* acrobat
активен *прил.* active
активност *ж.* activity
актриса *ж.* actress
актьор *м.* actor; ~**ски състав** cast
акула *ж.* shark
акупунктура *ж.* acupuncture
албум *м.* album
аленочервен *прил.* scarlet
алергичен *прил.* allergic
ало *межд.* hello
алтернативен *прил.* alternative
алуминиева руда *ж.* bauxite
алуминий *м.* aluminium
алчен *прил.* greedy
амбиция *ж.* ambition
американец *м.* American
американски *прил.* American
амортисьор *м.* bumper
анализирам *гл.* analyse
ананас *м.* pineapple
ангажимент *м.* engagement
английски *прил.* English
англичанин *м.* Englishman
англичанка *ж.* Englishwoman
анекдот *м.* joke
аниматор *м.* animator
анкета *ж.* questionnaire
анорак *м.* anorak

антена *ж.* aerial, antenna
антилопа *ж.* antelope
античен *прил.* antique, ancient
антракт *м.* interval
антре *ср.* hall
анулирам *гл.* cancel
апарат *м.* apparatus, set
апартамент *м.* flat, apartment
апартейд *м.* apartheid
апетит *м.* appetite
аплодирам *гл.* applaud
аплодисменти *мн.ч.* applause
април *м.* April
аптечка *ж.* first aid kit, medical kit
арабин *м.* Arab, Arabian; (*език, числа*) Arabic
арабски *прил.* Arabic
аргумент *м.* argument
арестувам *гл.* arrest
аристократ *м.* nobleman
аристократка *ж.* gentlewoman
аритметика *ж.* arithmetic
арка *ж.* arch

арктически *прил.* arctic
армия *ж.* army
аромат *м.* aroma, scent
артикул *м.* article, item
артишок *м.* artichoke
арфа *ж.* harp
археолог *м.* archaeologist
архитект *м.* architect
асансьор *м.* lift, elevator
аспирин *м.* aspirin
астма *ж.* asthma
астронавт *м.* astronaut
астроном *м.* astronomer
атакувам *гл.* attack
ателие *ср.* studio
атентатор *м.* assassin
атлас *м.* atlas
атлет *м.* athlete
атлетика *ж.* athletics
атмосфера *ж.* atmosphere
атом *м.* atom
ауспух *м.* exhaust-pipe
афиш *м.* poster
ахвам *гл.* exclaim

Б

баба *ж.* grandmother, grandma, granny

бавен *прил.* slow

бавно *нрч.* slowly

бавя *гл.* delay

багаж *м.* baggage, luggage

багажник *м.* boot, trunk

багра *ж.* colour, tone

бадминтон *м.* badminton

бакалин *м.* grocer

бактерии *мн.ч.* bacteria

бакшиш *м.* tip

балалайка *ж.* balalaika

баланс *м.* balance

балет *м.* ballet

балкон *м.* balcony

балон *м.* balloon

бамбук *м.* bamboo; ~ов *прил.* bamboo

банан *м.* banana

банда *ж.* gang

банка *ж.* bank

банкнота *ж.* bill

банкрутирал *прил.* bankrupt

бански костюм *м.* swimsuit

баня *ж.* bathroom

бар *м.* bar

барабан *м.* drum

барака *ж.* shed

барбекю *ср.* barbecue

барут *м.* gunpowder

бас *м.* bet

басейн *м.* pool

баскетбол *м.* basketball

бастун *м.* stick, cane

батерия *ж.* battery

баща *м.* father

бдителен *прил.* alert

бебе *ср.* baby

беглец *м.* runaway

беден *прил.* poor

бедност *ж.* poverty

бедро *ср.* thigh

бедствие *ср.* disaster

бежанец *м.* refugee

бежов *прил.* beige

без *пр.* without; minus

безалкохолен *прил.* non-alcoholic; ~лна **напитка** soft drink

безгрижен *прил.* easy-going; carefree

безкраен *прил.* endless

безмитен *прил.* duty-free

безмълвен *прил.* silent; dumb

безнадежден *прил.* hopeless

безопасен *прил.* safe, secure

безопасност *ж.* safety, security

безпокоя *гл.* disturb, trouble; worry

безполезен *прил.* useless

безпомощен *прил.* helpless

безпорядък *м.* disorder, mess

безразличен *прил.* indifferent

безсилен *прил.* powerless

безсмислица *ж.* nonsense

безсмъртен *прил.* immortal

безсъзнание *ср.* blackout

безукорен *прил.* perfect

безумен *прил.* mad, wild

безуспешен *прил.* unsuccessful

безучастен *прил.* passive
безчувствен *прил.* unemotional
безшумен *прил.* noiseless, quiet, silent
бейзбол *м.* baseball
бекон *м.* bacon
белег *м.* scar, mark
бележа *гл.* mark
бележка *ж.* note; (*оценка за успех*) mark; grade
бележник *м.* notebook, pad
белетристика *ж.* fiction
белтък *м.*(*на яйце*) white; protein
бельо *ср.* underwear; (*спално*) linen
беля́ *ж.* trouble
бе́ля *гл.* peel
бензин *м.* petrol; *ам.* gas
бензиностанция *ж.* gas station
бера́ *гл.* pick, gather
бесен *прил.* furious
бетон *м.* concrete
библиотека *ж.* library; (*шкаф*) bookcase
библиотекар *м.* librarian
бивник *м.* tusk
бивол *м.* buffalo
бижу *ср.* jewel
бижутер *м.* jeweller
бижутерия *ж.* jewellery
бизнес *м.* business
бизнесдама *ж.* businesswoman
бизнесмен *м.* businessman
бизон *м.* buffalo
бик *м.* bull
бикини *мн.ч.* bikini
билет *м.* ticket; **~но гише** *ср.* ticket office
билион *м.* billion

билка *ж.* herb
бинго *ср.* bingo
бинокъл *м.* binoculars
бинт *м.* bandage
биографична справка *ж.* factfile
биография *ж.* biography
биологичен газ *м.* bio-gas
биология *ж.* biology
бира *ж.* beer
бисер *м.* pearl
бисквита *ж.* biscuit
битка *ж.* battle
бифтек *м.* steak
бия *гл.* beat; **~ се** fight
благ *прил.* sweet, gentle, kind; (*за климат*) mild
благодарен *прил.* grateful, thankful
благодарност *ж.* gratitude, thankfulness
благодаря *гл.* thank; *разг.* thanks
благонадежден *прил.* reliable
благонадеждност *ж.* reliability
благоприятен *прил.* favourable
благороден *прил.* noble; generous
благородник *м.* nobleman
благосъстояние *ср.* wealth
благоухание *ср.* aroma, perfume
блато *ср.* marsh
блед *прил.* pale; (*неясен*) dim
блестя *гл.* shine; glow
блестящ *прил.* shining; *прен.* brilliant, splendid
блещукам *гл.* twinkle
ближа *гл.* lick
близалка *ж.* lollipop
близнак *м.* twin
близо *нрч.* near, by, closely; **~ до** beside, next to

близък *прил.* near, close

блок *м.* block; (*жилищен*) block of flats; (*хартия*) pad

блокирам *гл.* block

блондин *м.* blond

блондинка *ж.* blonde

блуза *ж.* blouse; (*спортна*) sweatshirt

блъскам *гл.* push; strike; (*събарям*) knock down

блъфирам *гл.* bluff

блюдо *ср.* dish; course

блян *м.* dream, daydream

боа *ж.* boa

боб *м.* beans

бобър *м.* beaver

бог *м.* god

богат *прил.* rich, wealthy

богатство *ср.* wealth

богомолка *ж. зоол.* mantis

боготворя *гл.* worship

боец *м.* warrior, soldier

бозайник *м.* mammal

бозая *гл.* suck

бой *м.* fight, battle

бойкот *м.* boycott

боклук *м.* rubbish, garbage, litter; junk

бокс *м. сп.* boxing

боксит *м.* bauxite

боксьор *м.* boxer

болезнен *прил.* painful, sore

болен *прил.* ill, sick

болест *ж.* illness, disease; (*след полет*) jet lag

боли *гл.* ache, hurt

болка *ж.* pain, ache

болница *ж.* hospital

болт *м.* bolt

болшинство *ср.* majority

бомба *ж.* bomb; (*фишек*) firecracker

бонбон *м.* sweet, candy

боне *ср.* bonnet

бор *м.* pine

борба *ж.* fight, struggle; *сп.* wrestling

бордюр *м.* curb

боровинка *ж.* blueberry

боря се *гл.* fight, struggle; *сп.* wrestle

ботаника *ж.* botany

ботуш *м.* boot; **високи ~и** Wellingtons

боулинг *м.* bowling

боцман *м.* boatswain

боя *ж.* dye; paint; (*за обувки*) shoe polish

боя се (от) *гл.* fear, be afraid of, dread, be scared (of)

бояджия *м.* decorator, painter

боядисвам *гл.* paint; dye; decorate

брава *ж.* lock

брада *ж.* beard; (*челюст*) chin

брадва *ж.* axe

брак *м.* marriage

брат *м.* brother

братовчед *м.* cousin

брашно *ср.* flour

бреза *ж.* birch

брезент *м.* canvas

бродерия *ж.* embroidery

бройм *прил. грам.* countable

брой *м.* number

бронз *м.* bronze

броня *ж.* armour; (*на кола*) bumper

брошка *ж.* brooch

брошура *ж.* brochure, leaflet

броя *гл.* count
брояч *м.* counter; indicator
брутен *прил.* gross
бръмбар *м.* beetle
бръмча *гл.* buzz
бръсна *гл.* shave
бръснар *м.* barber
бръчка *ж.* wrinkle
бръшлян *м.* ivy
бряг *м.* coast, shore; beach; (*речен*) bank
браст *м.* elm
буден *прил.* awake
будилник *м.* alarm clock
будистки *прил.* Buddhist
будка *ж.* booth, kiosk
будя (се) *гл.* wake, awake
буен *прил.* (*за вятър*) wild; violent
буйство *ср.* violence
бук *м.* beech
буква *ж.* letter
булка *ж.* bride
бумеранг *м.* boomerang
бунт *м.* revolt, rebellion, riot
бунтовник *м.* rebel
бурен *м.* weed
бурен *прил.* stormy; (*море*) rough
буркан *м.* jar
буря *ж.* storm
бутам *гл.* push
бутилка *ж.* bottle
бутон *м.* button
бухал *м.* owl

бухалка *ж.* bat
буца *ж.* lump
бъбрек *м.* kidney
бъбря *гл.* chat
бъда *гл.* be
бъдещ *прил.* future
бъдеще *ср.* future
българин *м.* Bulgarian
български *прил.* Bulgarian
бърз *прил.* quick, fast, rapid; hasty; immediate
бързам *гл.* hurry; **бързай!** hurry up!; be quick
бързина *ж.* speed; (*бързане*) haste
бързо *нрч.* quickly, fast, hastily, rapidly
бъркам *гл.* (*греша*) mistake, be wrong; (*разбърквам*) mix, stir
бъркотия *ж.* mess, disorder
бърсалка *ж.* wiper, mop; (*за прах*) duster
бърша *гл.* wipe, mop; (*прах*) dust
бюджет *м.* budget
бюлетин *м.* bulletin
бягам *гл.* run; (*панически*) stampede
бягане *ср.* running; *сп.* race; ~ с препятствия hurdle
бягство *ср.* flight, escape; **паническо** ~ stampede
бял *прил.* white
бял дроб *м.* lung
бяс *м.* fury, madness

В

в(ъв) *пр.* (*място*) in; on; at; (*в рам-ките на*) within; (*време*) on; at; in; during

вагон *м.* carriage, coach; *ам.* car

важен *прил.* important, major, essential; serious

ваза *ж.* vase

вакантен *прил.* vacant

ваканция *ж.* holiday

ваксинирам *гл.* vaccinate

вали *гл.* (*дъжд*) rain; (*сняг*) snow

валяк *м.* roll

вампир *м.* vampire

вана *ж.* bath

вандал *м.* vandal

вар *ж.* lime

варварски *прил.* vandal

варварщина *ж.* vandalism

вариант *м.* variant

варирам *гл.* vary

варицела *ж.* chickenpox

варя *гл.* boil; stew

ваш *прит. мест.* your

вдигам *гл.* raise, lift; ~ **се** rise

вдовец *м.* widower

вдовица *ж.* widow

вдъхновение *ср.* inspiration

вдъхновявам *гл.* inspire

вдявам *гл.* thread

вегетарианец *м.* vegetarian

веднага *нрч.* immediately, at once

веднъж *нрч.* once

ведро *ср.* pail

вежда *ж.* brow, eyebrow

вежлив *прил.* polite, civil, good-mannered

вежливо *нрч.* politely

вежливост *ж.* politeness, civility

везни *ж. мн.ч.* scales

век *м.* century

велик *прил.* great

великан *м.* giant

великолепен *прил.* magnificent, superb, brilliant

величие *ср.* greatness

величина *ж.* quantity

велосипед *м.* bicycle

вена *ж.* vein

венчавам се *гл.* marry

венчавка *ж.* wedding

верен *прил.* true, correct, right; faithful, loyal

верига *ж.* chain

вероятен *прил.* probable, likely

вероятно *нрч.* probably, most/very likely

вертикален *прил.* vertical

вертикално *нрч.* vertically

вертолет *м.* helicopter

весел *прил.* cheerful, merry, jolly

веселие *ср.* joy

весело *нрч.* merrily, cheerfully

веселя *гл.* cheer, amuse; ~ **се** have fun

весло *ср.* oar

вест *ж.* news

вестител *м.* messenger

вестник *м.* newspaper, paper; **жълт** ~ tabloid

ветеринар *м.* vet

ветрило *ср.* fan

ветровит *прил.* windy

вехт *прил.* old
вехтория *ж.* rag
вече *нрч.* already; yet
вечер *ж.* evening
вечеря *ж.* supper, dinner
вечерям *гл.* have supper, have dinner
вещ *ж.* thing, object, item; ~и belongings, things
вещ *прил.* experienced; expert, skilful
вещество *ср.* substance, matter; stuff
вещица *ж.* witch
вея *гл.* (*за вятър*) blow; (*за знаме*) wave
вземам *гл.* take; get; (*назаем*) borrow; (*участие*) participate
взискателен *прил.* strict
вид *м.* (*род*) sort, kind, type; (*форма*) form; *биол.* species
видео *ср.* video
видим *прил.* visible
вие *мест.* you
виждам *гл.* see
виза *ж.* visa
вик *м.* cry, yell
викам *гл.* cry, shout, call, yell
викторина *ж.* quiz
вила *ж.* cottage, summer house; (*за сено*) fork
вилица *ж.* fork
вина *ж.* guilt, fault
винаги *нрч.* always; ever; ~ когато whenever
вино *ср.* wine
виновен *прил.* guilty
виолетка *ж.* violet
вир *м.* pool; ~вода dripping wet
виртуален *прил.* virtual

вирус *м.* virus
висок *прил.* high, tall; (*звук, глас*) loud
високо *нрч.* (*за място*) high; (*за глас*) loudly; greatly
височина *ж.* height
вися *гл.* hang
витамин *м.* vitamin
витрина *ж.* shopwindow
вихрушка *ж.* whirl
вия *гл.* twist, wind; ~ се wind
вкиснал *прил.* sour
включвам *гл.* include; involve; *техн.* switch/turn on, plug in; ~ се engage (**в** in)
вкоренявам *гл.* root
вкус *м.* taste; flavour
вкусвам *гл.* taste
вкусен *прил.* tasty, savoury; delicious
влага *ж.* moisture
влагам *гл.* invest, deposit; put in
владетел *м.* ruler
влажен *прил.* damp, moist, humid; wet
влак *м.* train
влакно *ср.* fibre
власт *ж.* power; authority; domination
властвам *гл.* rule; govern; dominate
властен *прил.* powerful
влача *гл.* drag
вледенен *прил.* frozen; icy
влечуго *ср.* reptile
влизам *гл.* come in, enter, get in
влияние *ср.* influence
влог *м.* deposit
влюбвам се *гл.* fall in love (**в** with)

вманиачен *прил.* crazy
вместо *пр.* instead of
вмъквам *гл.* insert, put in
внезапен *прил.* sudden
внимание *ср.* attention; consideration
внимателен *прил.* careful, attentive, kind
внимателно *нрч.* carefully, attentively
внос *м.* import
внук *м.* grandson, grandchild
внуци *мн.ч.* grandchildren
внучка *ж.* granddaughter, grandchild
внушавам *гл.* suggest
внушение *ср.* suggestion
внушителен *прил.* impressive
воал *м.* veil
вода *ж.* water; **~дно конче** *ср.* dragonfly
водач *м.* guide; leader; (*на агитка*) cheerleader
воденица *ж.* mill
водопад *м.* waterfall
водопроводчик *м.* plumber
водород *м.* hydrogen
водохранилище *ср.* reservoir
водя *гл.* lead; guide; **~ преговори** negotiate
воин *м.* warrior, soldier
война *ж.* war
войник *м.* soldier
войска *ж.* army, troops
вол *м.* ox
волан *м.* (*на кола*) wheel
волейбол *м.* volleyball
волен *прил.* free
волно *нрч.* freely
волт *м.* volt
воля *ж.* will

воня *ж.* stink
восък *м.* wax
впечатление *ср.* impression
впечатлявам *гл.* impress
вписвам *гл.* register; list
врабче *ср.* sparrow
враг *м.* enemy
враждебен *прил.* hostile
врана *ж.* crow
врат *м.* neck
врата *ж.* door; gate
вратар *м. сп.* goalkeeper
вратовръзка *ж.* tie
вреда *ж.* harm, damage
вреден *прил.* harmful, bad
вредя *гл.* harm; hurt; injure
време *ср.* time; (*климат*) weather; *грам.* tense; **свободно ~** spare time, leisure
връв *ж.* string; cord
връзвам *гл.* tie; lace
връзка *ж.* connection, link; communication, contact; relationship; (*за обувки*) shoelace
връх *м.* top, peak; (*на пръст, език*) tip
връчвам *гл.* hand; **~ награда** reward
връщам *гл.* return; send back; **~ се** return, go back, get back
всеки *мест.* every, each; (*човек*) everybody, everyone; **~ един** each
всекидневен *прил.* daily; everyday
всекидневна *ж.* living room
вселена *ж.* universe
всемирен *прил.* universal
всички *мест.* everybody, everyone, all
всичко *мест.* everything; all
всмуквам *гл.* suck in

всъщност *нрч.* in fact, really; virtually

втори *числ.* second

вторник *м.* Tuesday

второстепенен *прил.* secondary, minor

втръсва ми *гл.* to be fed up (**от** with)

втурвам се *гл.* rush, dash

втълпявам *гл.* impress

вуйна *ж.* aunt

вуйчо *м.* uncle

вулкан *м.* volcano

вход *м.* entrance; (*достъп*) entry

вчера *нрч.* yesterday

въведение *ср.* introduction

въглероден диоксид *м.* carbon dioxide

въглехидрат *м.* carbohydrate

въглища *мн.ч.* coal

въдя *гл.* breed

въже *ср.* rope; (*за простиране*) line

възбуда *ж.* excitement

възбуждам *гл.* excite

възглавница *ж.* pillow

възглед *м.* view, opinion

въздействам (на) *гл.* affect, influence

въздействие *ср.* influence, effect

въздишам *гл.* sigh

въздух *м.* air

въздържан *прил.* temperate

възел *м.* knot

възкликвам *гл.* exclaim

възклицание *ср.* exclamation

възлизам *гл.* amount (**на** to)

възможен *прил.* possible, likely

възможност *ж.* possibility; opportunity, chance

възмутителен *прил.* shocking

възнамерявам *гл.* intend, plan

възобновявам *гл.* renew

възпален *прил.* sore

възпитан *прил.* well-behaved, polite, civil

възпитание *ср.* upbringing; training

възпитател *м.* tutor

възраждам *гл.* revive

възраждане *ср.* revival

възраст *ж.* age

възрастен *прил.* middle-aged; elderly; (*зрял*) adult

възстановявам *гл.* restore; ~ се recover, get better, improve

възторг *м.* enthusiasm

възхитителен *прил.* delightful, lovely; (*храна*) delicious

възхищавам се от *гл.* admire

вълк *м.* wolf (*pl* wolves)

вълна *ж.* wool

вълна *ж.* wave

вълнен *прил.* woollen

вълнение *ср.* excitement, emotion; thrill

вълнообразен *прил.* wavy

вълнуващ *прил.* exciting, thrilling, emotional

вълчица *ж.* she-wolf

вълшебен *прил.* magic, fairy

вълшебство *ср.* magic, witchcraft

вън *нрч.* out, outside; ~! get out; *разг.* off with you

външен *прил.* external, outer

външност *ж.* appearance

въобразяем *прил.* imaginary; fancy

въображение *ср.* imagination, fancy

въобразявам си *гл.* imagine, fancy

въодушевление *ср.* enthusiasm

въплъщение *ср.* embodiment
въпреки че *с.* although, though
въпрос *м.* question, problem; point
въпросник *м.* questionnaire
върба *ж.* willow
вървя *гл.* go, walk
въртене *ср.* rotation
въртя *гл.* spin, whirl; ~ се rotate; ~ опашка wag
върху *пр.* on, onto; over, upon
върша *гл.* do
вършитба *ж.* harvest

въстание *ср.* rebellion
вътре *нрч.* in, into, inside, within; (*на закрито*) indoors
вътрешен *прил.* internal, inside, inner
вътрешност *ж.* inside, interior
вяра *ж.* faith, belief; (*доверие*) trust
вярвам *гл.* believe, trust
вярно *нрч.* right, correctly
вярност *ж.* faithfulness, loyalty; allegiance
вятър *м.* wind

Г

гадател *м.* fortune-teller
гаден *прил.* disgusting
гадене *ср.* sickness
гадже *ср.* boyfriend; girlfriend
гаечен ключ *м.* spanner
газ *ж.* gas
газиран *прил.* fizzy
гайда *ж.* bagpipe
галерия *ж.* gallery; (*минна*) tunnel
галон *м.* gallon
галя *гл.* stroke
гангстер *м.* gangster
гара *ж.* station
гараж *м.* garage
гарантирам *гл.* guarantee
гарван *м.* raven
гарга *ж.* crow
гардероб *м.* wardrobe
гатанка *ж.* riddle

ген *м.* gene
генерал *м.* general
генератор *м.* generator
генетически *прил.* genetic
гений *м.* genius
география *ж.* geography; ~фска ширина latitude
геолог *м.* geologist
гепард *м.* cheetah
гердан *м.* necklace
героиня *ж.* heroine
герой *м.* hero
гигант *м.* giant
гиздав *прил.* neat
гимназия *ж.* secondary school; *ам.* high school
гимнастика *ж.* gymnastics; ~чески салон *м.* gym
глава *ж.* head

главен *прил.* main, chief, major; cardinal

главно *нрч.* mainly

главоболие *ср.* headache

глагол *м.* verb

глад *м.* hunger; famine; starvation

гладен *прил.* hungry, starving

гладувам *гл.* starve

гладък *прил.* smooth; (*изказ*) fluent

гладя *гл.* iron

глас *м.* voice; *пол.* vote; **на ~** aloud

гласен звук *м.* vowel

гласност *ж.* publicity

гласуване *ср.* voting

гледам *гл.* look at, view, watch

гледка *ж.* view, prospect, sight

глезен *м.* ankle

глезя *гл.* spoil

глетчер *м.* glacier

глина *ж.* clay

глинен *прил.* clay; **~и съдове** pottery

глобален *прил.* global

глобус *м.* globe

глог *м.* thorn

глупав *прил.* foolish, silly, stupid

глупак *м.* fool

глупости *мн.ч.* nonsense

глух *прил.* deaf

глухота *ж.* deafness

глътка *ж.* sip

глъч *ж.* noise

гмуркам се *гл.* dive, plunge

гмуркане *ср.* diving, scuba diving

гнездо *ср.* nest

гнетя *гл.* depress

гнил *прил.* bad, rotten; *прен.* corrupt

гнусен *прил.* disgusting

говеждо *прил.* beef

говор *м.* speech

говорител *м.* speaker

говоря *гл.* speak, talk

годен *прил.* fit

годеник *м.* fiance

годеница *ж.* fiancée

година *ж.* year

годишен *прил.* annual

годишнина *ж.* anniversary

гол *прил.* naked

гол *м. сп.* goal

големина *ж.* size

голф *м.* golf

голям *прил.* big, large, huge; *прен.* great

гонитба *ж.* chase, race

гоня *гл.* chase; (*преследвам*) persecute; (*дивеч*) hunt

гора *ж.* forest, wood; **тропическа ~** rainforest

горд *прил.* proud

гордост *ж.* pride

горе *нрч.* up, above; upstairs

горен *прил.* upper; superior

горещ *прил.* hot

горещина *ж.* heat

гориво *ср.* fuel

горила *ж.* gorilla

горчив *прил.* bitter

горчица *ж.* mustard

горя *гл.* burn

господ *м.* god

господар *м.* lord, master

господарка *ж.* mistress, lady

господин *м.* gentleman; (*при обръщение, без име*) sir; (*пред име*) Mr

господствам *гл.* dominate, rule

господство *ср.* domination

госпожа *ж.* lady; (*пред име*) Mrs

госпожица *ж.* (young) lady; (*пред име*) Miss

гост *м.* guest

гостоприемен *прил.* hospitable

гостоприемство *ср.* hospitality
гостувам *гл.* visit, stay
готвач *м.* cook; **главен** ~ chef
готвене *ср.* cooking
готвя *гл.* cook
готов *прил.* ready
град *м.* town; (*голям*) city
градина *ж.* garden
градинар *м.* gardener
градинарство *ср.* gardening
градски *прил.* town, urban
градус *м.* degree
гражданин *м.* citizen
граждански *прил.* civil
граматика *ж.* grammar
грамофон *м.* record-player; **~нна плоча** *ж.* record; **~нна игла** stylus
грандиозен *прил.* spectacular, impressive
граница *ж.* frontier, border; limit
граничен *прил.* frontier
графика *ж. мат.* graph; graphics
графити *мн.ч.* graffiti
грах *м.* pea
грациозен *прил.* graceful
грача *гл.* croak
греба *гл.* row
гребен *м.* comb
гребло *ср.* oar; (*градинско*) rake
грейпфрут *м.* grapefruit
греша *гл.* mistake, be wrong; (*прегрешавам*) sin
грешка *ж.* mistake, error, fault
грея *гл.* shine
гривна *ж.* bracelet
грижа *ж.* care; (*безпокойство*) trouble
грим *м.* make-up
грип *м.* flu
гроб *м.* grave; tomb

гробище *ср.* graveyard
гробница *ж.* tomb
грозде *ср.* grapes
грозен *прил.* ugly
груб *прил.* rude; rough; (*глас*) coarse
грубо *нрч.* rudely; roughly
група *ж.* group; band
гръб *м.* back
гръбнак *м.* spine
гръд *ж.* bosom, breast; (*гърда*) breast; **~ен кош** *м.* chest
грък *м.* Greek
гръклян *м.* throat
гръм *м.* thunder, bolt; **~отевична буря** *ж.* thunderstorm
грънчарство *ср.* pottery
гръцки *прил.* Greek; ~ **език** Greek
грях *м.* sin
губя *гл.* lose; (*прахосвам*) waste
гума *ж.* rubber; (*автомобилна*) tyre
гущер *м.* lizard
гъба *ж.* (*ядивна*) mushroom; (*сюнгер*) sponge
гъвкав *прил.* flexible
гъдел *м.* tickle
гълтам *гл.* swallow; (*лакомо*) wolf
гълъб *м.* pigeon
гънка *ж.* fold
гърбица *ж.* hump
гърло *ср.* throat
гърмя *гл.* shoot; (*за гръм, глас*) thunder
гърне *ср.* pot
гърча се *гл.* wriggle
гъсеница *ж.* caterpillar
гъска *ж.* goose (*pl* geese)
гъст *прил.* dense, thick
гъсто *нрч.* densely
гюле *ср.* shot

Д

да *част.* yes

давам *гл.* give; (*подавам*) pass, hand; ~ **назаем** lend

давя (се) *гл.* drown

даже *част.* even

далеч *нрч.* far, far away

далечен *прил.* far, distant, remote

далечина *ж.* distance

дали *с.* if, whether

дама *ж.* lady; (*игра*) hopscotch

данни *мн.ч.* data

дантела *ж.* lace

данък *м.* tax

дар *м.* gift, present

дарба *ж.* gift, talent

даровит *прил.* talented

дата *ж.* date

двадесет *числ.* twenty

двама, две *числ.* two; **и двамата/двете** both

дванадесет *числ.* twelve

двигател *м.* engine, motor; machine

движа се *гл.* move

движение *ср.* movement; traffic

двоен *прил.* double

двойка *ж.* two; (*за хора*) couple, pair; (*чифт*) pair

двор *м.* yard, court

двуезичен *прил.* bilingual

дебат *м.* debate, dispute

дебел *прил.* fat; thick

девет *числ.* nine

деветдесет *числ.* ninety

деветнадесет *числ.* nineteen

девиз *м.* motto

девойка *ж.* girl, young girl

деен *прил.* active

дезертирам *гл.* desert

дезертьор *м.* runaway

дейност *ж.* activity

действам *гл.* act; operate; function

действие *ср.* act; operation

действителен *прил.* true, real

действително *нрч.* really, truly, indeed

действителност *ж.* reality

декември *м.* December

декларирам *гл.* declare

декорирам *гл.* decorate

деление *ср.* division

делтапланеризъм *м.* hang-gliding

делфин *м.* dolphin

деля *гл.* divide; (*споделям*) share

демоде *прил.* old-fashioned

демокрация *ж.* democracy

демонстрация *ж.* demonstration

ден *м.* day; **рожден** ~ birthday; **почивен** ~ day off

денем *нрч.* in the daytime, during the day

депозит *м.* deposit

десен *прил.* right

десерт *м.* dessert

десет *числ.* ten

десетобой *м.* decathlon

деспотизъм *м.* tyranny

детайл *м.* detail
дете *ср.* child (*pl* children); kid
детектив *м.* detective
детелина *ж.* clover; (*ирландска*) shamrock
детски *прил.* child's; **~a градина** kindergarten; **~a количка** pram, pushchair
детство *ср.* childhood
дефект *м.* defect, fault
джаз *м.* jazz
джамия *ж.* mosque
джапанка *ж.* flip-flop
джемпър *м.* jumper
джентълмен *м.* gentleman
джинджифил *м.* ginger
джинси *мн.ч.* jeans
джоб *м.* pocket
джудже *ср.* dwarf
джунгла *ж.* jungle
диагонал *м.* diagonal
диаграма *ж.* diagram, chart, graph
диалог *м.* dialogue
диамант *м.* diamond
диапозитив *м.* slide
див *прил.* wild; (*първобитен*) primitive
диван *м.* sofa
дивеч *м.* game
дизайнер *м.* designer
диктовка *ж.* dictation
диктувам *гл.* dictate
дим *м.* smoke
динозавър *м.* dinosaur
диня *ж.* watermelon
директор *м.* director, chief, head, manager
диригент *м.* conductor

диря *ж.* trace, track; *прен.* clue
диск *м.* *сп.* discus
дискета *ж.* diskette
дискотека *ж.* disco
дискусия *ж.* discussion
дискутирам *гл.* discuss
дистанция *ж.* distance
дишам *гл.* breathe
дишане *ср.* breathing
длан *ж.* palm
длъжен съм да *прил.* + *гл.* must, have to, ought to
длъжност *ж.* post, position
дневник *м.* diary; register, journal
днес *нрч.* today; now, at present, nowadays
до *пр.* by, next to, to, near; (*за време*) till, until
добавям *гл.* add
добитък *м.* cattle
добре *нрч.* well; *разг.* all right, OK; **~ дошъл** welcome
добрина *ж.* kindness, goodness
доброволец *м.* volunteer
добродетел *ж.* virtue
добродушен *прил.* kind, good-natured
добър *прил.* good; kind, nice; **по-~** better, **най-~** best
доверие *ср.* confidence, trust
доверявам се *гл.* trust (**на** to)
довечера *нрч.* tonight
довиждане *межд.* goodbye; *разг.* bye, see you, so long
довод *м.* argument, reason
доволен *прил.* pleased, satisfied
догадка *ж.* guess
док *м.* (*плат*) denim
доказателство *ср.* proof

доказвам *гл.* prove
докарвам *гл.* fetch, bring
докато *с.* while, as long as; whereas; ~ не unless
доклад *м.* report, account
докладвам *гл.* report
докосвам *гл.* touch
докосване *ср.* touch
доктор *м.* doctor
документ *м.* document
документален *прил.* documental, documentary; ~ филм documentary
долап *м.* cupboard, closet
долина *ж.* valley
долу *нрч.* down; downstairs
дом *м.* home, house
домакин *м.* host
домакински *прил.* household; ~а работа housework, chore
домакинство *ср.* household
домакиня *ж.* housewife; hostess
домат *м.* tomato
домашен *прил.* home; ~ любимец pet; ~шна работа homework
домино *ср.* (*игра*) dominoes
донасям *гл.* bring, fetch
допир *м.* touch
допускам *гл.* suppose; admit
допълнителен *прил.* extra
дори *част.* even
досаден *прил.* annoying, irritating
досаждам *гл.* annoy, irritate
досещам се *гл.* guess
досие *ср.* record
доспехи *мн.ч.* armour
доста *нрч.* quite, rather, too
доставка *ж.* delivery

доставям *гл.* deliver
достатъчно *нрч.* enough
достигам *гл.* (*място*) reach, get to; (*цел*) achieve
достижение *ср.* achievement
достъп *м.* access
доход *м.* income
драг *прил.* dear
дразня *гл.* annoy, irritate
дракон *м.* dragon
драма *ж.* drama
драматург *м.* playwright
дращя *гл.* scratch
дребен *прил.* small, little; (*нисък*) short; ~бна шарка measles
древен *прил.* ancient, antique
дресиран *прил.* tame
дрехи *мн.ч.* clothes
дриблирам *гл.* dribble
дрипа *ж.* rag
дроб *м.* бял ~ lung; черен ~ liver
дрогиран *прил.* drugged
друг *прил.* other, another, else; alternative, different; ~ите the rest
другар *м.* fellow, comrade, companion
дружба *ж.* friendship
дружелюбен *прил.* friendly
дружество *ср.* society; *търг.* company, firm, partnership
друсам се *гл.* jog
дръжка *ж.* handle
дузина *ж.* dozen
дума *ж.* word
дупка *ж.* hole
дух *м.* spirit; (*привидение*) ghost, spirit
духам *гл.* blow
духовен *прил.* spiritual

духовит *прил.* witty
душ *м.* shower
душа́ *ж.* soul; heart
ду̀ша *гл.* sniff
дъб *м.* oak
дъвка *ж.* chewing gum
дъвча *гл.* chew
дъга *ж.* rainbow
дъжд *м.* rain
дъждобран *м.* raincoat
дъждовен *прил.* rainy, wet
дълбок *прил.* deep
дълбочина *ж.* depth
дълг *м.* duty
дължа *гл.* owe
дължина *ж.* length
дълъг *прил.* long
дънер *м.* trunk
дъно *ср.* bottom
дърво *ср.* tree; (*материал*) wood

дърводелец *м.* carpenter
дърводелство *ср.* woodwork
държа *гл.* hold, keep hold of; ~ се
hold; (*за поведение*) behave; ~ се
неприлично misbehave
държава *ж.* state, country
държание *ср.* (*поведение*) behaviour, manners; (*отношение*) treatment
дързък *прил.* brave
дърпам *гл.* pull, draw, drag
дъх *м.* breath
дъщеря *ж.* daughter
дюза *ж.* nozzle
дюля *ж.* quince
дюшек *м.* mattress
дявол *м.* devil
дядо *м.* grandfather, grandpa, grandad; ~ **и баба** grandparents
дял *м.* share, part

Е

е *гл. (3 л. ед.ч. на съм)* is
евангелие *ср.* gospel
евентуално *нрч.* possibly
евреин *м.* Jew
еврейка *ж.* Jewess
еврейски *прил.* Jewish
евтин *прил.* cheap
египетски *прил.* Egyptian
египтянин *м.* Egyptian
егоистичен *прил.* selfish
едва *нрч.* hardly; just
един *числ.* one; a, an; ~ **друг** each other; ~ **от нас** one of us; ~ **и същ** the same
единадесет *числ.* eleven
единствен *прил.* only; ~ **по рода си** unique
единство *ср.* unity
еднакъв *прил.* identical, the same, uniform
едно *числ.* one
едновременно *нрч.* together, at the same time
еднообразен *прил.* uniform
еднопосочен *прил.* one-way
еднорог *м.* unicorn
едноцветен *прил.* plain
едър *прил.* big, large, massive
езеро *ср.* lake
език *м.* language; *анат.* tongue
ек *м.* echo
екватор *м.* equator
екзекутирам *гл.* execute
екзотичен *прил.* exotic
екип *м.* team; (*екипировка*) outfit, equipment

екипаж *м.* crew
екипирам *гл.* equip, fit out
екология *ж.* ecology
екран *м.* screen
екскурзия *ж.* trip, excursion, tour, outing
екскурзовод *м.* guide
експедиция *ж.* expedition
експеримент *м.* experiment
експерт *м.* expert
експлодирам *гл.* explode, burst, detonate
експлозия *ж.* explosion
експозиция *ж.* exhibition
екстракт *м.* extract
екстроверт *м.* extrovert
еластичен *прил.* elastic
елегантен *прил.* elegant, smart, stylish
електрически *прил.* electrical; ~ **ключ** switch; ~**а крушка** bulb
електричество *ср.* electricity
електротехник *м.* electrician
елемент *м.* element
елен *м.* deer; **северен** ~ reindeer
емблема *ж.* emblem, symbol
емоционален *прил.* emotional
ему *ср. зоол.* emu
енергия *ж.* energy
ентусиазъм *м.* enthusiasm
енциклопедия *ж.* encyclopedia
епилепсия *ж.* epilepsy
есен *ж.* autumn; *ам.* fall
ескимос *м.* Eskimo
естествен *прил.* natural

естрада *ж.* stage
естраден *прил.* pop
етаж *м.* floor, storey
етап *м.* stage
етикет *м.* label

ето *част.* here is/are; there; this; that
ефект *м.* effect
ефективен *прил.* effective
ехо *ср.* echo

жаба *ж.* frog, toad
жаден *прил.* thirsty
жажда *ж.* thirst
жакет *м.* jacket
жал *ж.* pity; sorrow
жалба *ж.* complaint
жалостив *прил.* pitiful
жега *ж.* heat
жезъл *м.* staff
желание *ср.* wish, desire; (*воля*) will
желая *гл.* wish, desire, want
желе *ср.* jelly
железар *м.* ironmonger
железница *ж.* railway
желязо *ср.* iron
жена *ж.* woman (*pl* women); lady
женен *прил.* married
женитба *ж.* marriage
женски *прил.* female
женя *гл.* marry; ~ се marry (за –)
жертва *ж.* victim
жест *м.* gesture
жестикулирам *гл.* gesture
жесток *прил.* cruel; fierce; severe
жестокост *ж.* cruelty
жив *прил.* alive, live; (*жизнен*) lively

живея *гл.* live
живопис *ж.* painting
живописен *прил.* picturesque; colourful
живот *м.* life
животно *ср.* animal
жизнерадостен *прил.* cheerful; *прен.* sunny
жила *ж.* vein
жилетка *ж.* cardigan; (*към костюм*) waistcoat
жилище *ср.* home, house
жило *ср.* sting
жираф *м.* giraffe
жител *м.* inhabitant
житен *прил.* cereal
жито *ср.* corn, wheat
жица *ж.* wire
жонгльор *м.* juggler
жури *ср.* jury
журналист *м.* journalist
жълт *прил.* yellow
жълтък *м.* yolk
жълъд *м.* acorn
жъна *гл.* reap
жътва *ж.* harvest

З

за *пр.* for, about; (*посока*) to, for; (*време*) for, in, till

забава *ж.* party

забавен *прил.* funny, amusing

забавление *ср.* amusement, entertainment, fun

забавлявам *гл.* amuse, entertain; ~ **се** have fun

забавяне *ср.* delay

забележителен *прил.* remarkable

забележителност *ж.* landmark; ~**и** sights; **разглеждам** ~ go sightseeing

забележка *ж.* remark

забелязвам *гл.* notice, spot; detect

заблуждавам *гл.* deceive

забогатявам *гл.* get rich

забождам *гл.* stick; (*с карфица*) pin

заболяване *ср.* disease, illness

забравям *гл.* forget

забулвам *гл.* veil

заведение *ср.* pub; restaurant; bar

завеждам *гл.* take to

завеса *ж.* curtain

завещание *ср.* will

завивам *гл.* turn

завинаги *нрч.* forever

зависим *прил.* dependent

зависимост *ж.* dependence

завист *ж.* envy

завистлив *прил.* envious; jealous

завися *гл.* depend (**от** on)

завладявам *гл.* conquer

завой *м.* turn, bend, curve

завършвам *гл.* finish, end, complete; ~ **образование** graduate

завършек *м.* end

загадка *ж.* mystery; riddle, puzzle

загасявам *гл.* turn off, switch off; (*огън*) put out

загатвам *гл.* (*споменавам*) mention

заглавие *ср.* title, heading; (*във вестник*) headline

заглъхвам *гл.* fade (away), die away

заговор *м.* plot

загорял *прил.* sunburnt

загуба *ж.* loss

загубвам *гл.* lose

зад *пр.* behind

задача *ж.* task; *мат.* problem

заден *прил.* back, rear; reverse

задоволителен *прил.* satisfactory

задоволявам *гл.* satisfy

задръстване *ср.* traffic jam

задушавам *гл.* (*храна*) stew

задължение *ср.* duty, engagement; responsibility

задължителен *прил.* obligatory

задържам *гл.* keep, hold; (*арестувам*) arrest

заедно *нрч.* together

заек *м.* (*див*) hare; (*питомен*) rabbit

заем *м.* loan

зает *прил.* busy

заинтересован *прил.* interested

заинтересованост *ж.* interest

заканвам се *гл.* threaten

закачалка *ж.* peg, hanger

закачам *гл.* hang; hook

заключвам *гл.* lock

заключение *ср.* conclusion

заключителен *прил.* final

заковавам *гл.* nail

закон *м.* law

закрепвам *гл.* fix

закрила *ж.* protection

закрилям *гл.* protect

закръглен *прил.* round; plump

закусвам *гл.* have breakfast

закуска *ж.* breakfast; snack, refreshment

закъснение *ср.* delay

закъснявам *гл.* be late; (*лягам си късно*) stay up late

зала *ж.* hall

залез *м.* sunset

залепям *гл.* stick, paste

залесявам *гл.* afforest

залив *м.* bay

залог *м.* stake; *грам.* voice

заложник *м.* hostage

залоствам *гл.* bar

залязвам *гл.* set

заменям *гл.* replace; (*разменям*) exchange

замесвам *гл.* involve

замествам *гл.* substitute

заминаване *ср.* departure

замислен *прил.* thoughtful

замислям *гл.* plan, design

замразявам *гл.* freeze

замръзнал *прил.* frozen

замък *м.* castle

замърсявам *гл.* make dirty; pollute

замърсяване *ср.* pollution

занасям *гл.* take, carry

занаят *м.* craft, occupation

занаятчия *м.* craftsman

заобикалям *гл.* surround

заострям *гл.* sharpen

запад *м.* west

запазвам *гл.* preserve, keep, save; (*място и др.*) reserve

запалвам *гл.* light; turn on, switch on; ~ се catch fire

запален *прил.* on fire; *прен.* keen on

запалянко *м.* fan

запаметявам *гл.* memorize, learn by heart

запас *м.* supply, stock, fund

запасявам *гл.* store; supply

запетая *ж.* comma

запечатвам *гл.* seal

запис *м.* recording; (*пощенски*) money order

записвам *гл.* put/take/write down, make notes; record

заплата *ж.* salary, pay; wage(s)

заплаха *ж.* threat

заплашвам *гл.* threaten

заповед *ж.* order, command

заповеднически *прил.* imperative

заповядвам *гл.* order; **заповядай!** here you are

запознавам *гл.* acquaint, introduce

запомням *гл.* remember

започвам *гл.* begin, start, commence

заработвам *гл.* earn

заравям *гл.* bury

зарзаватчия *м.* greengrocer

зарове *м. мн.ч.* dice

засаждам *гл.* plant

заселвам се *гл.* settle

заслон *м.* shed, shelter

заслужавам *гл.* deserve

засмян *прил.* smiling

заспал *прил.* asleep; *прен.* sleepy

засрамен *прил.* ashamed

застрахован *прил.* insured

застраховка *ж.* insurance

застрашен *прил.* endangered

засявам *гл.* sow

засягам *гл.* affect; (*споменавам*) refer to

затварям *гл.* close, shut; (*радио*) turn/switch off

затвор *м.* prison, jail, dungeon

затворник *м.* prisoner

затвърждавам *гл.* consolidate, strengthen

затоплям *гл.* warm up, heat

затруднение *ср.* trouble, difficulty; embarrassment

затруднявам *гл.* make difficult

затъмнение *ср.* (*при въздушно нападение*) blackout; *астр.* eclipse

заушка *ж.* mumps

захапвам *гл.* bite

захар *ж.* sugar; ~на тръстика sugar-cane

зачуквам *гл.* hammer

зашлевявам *гл.* slap

защита *ж.* protection

защо *нрч. и с.* why

защото *нрч. и с.* because, since, for, as

заявявам *гл.* declare, state

звание *ср.* title

звезда *ж.* star

звук *м.* sound

звуков *прил.* sound

звуча *гл.* sound, ring

звънец *м.* bell

звъня *гл.* ring; (*по телефона*) ring up

звяр *м.* beast

здание *ср.* building

здрав *прил.* healthy; well; sound, strong

здраве *ср.* health

здравей *межд.* hello! hullo! hallo!; *разг.* hi!

здравословен *прил.* healthy

здрач *м.* dusk, twilight

зебра *ж.* zebra

зеле *ср.* cabbage

зелен *прил.* green

зеленчук *м.* vegetable

земеделец *м.* farmer

земеделие *ср.* agriculture

земеделски *прил.* agricultural

земен *прил.* earth; earthly; ~мно кълбо globe, ~мно притегляне gravity

земетресение *ср.* earthquake

земя *ж.* earth; land; ground; (*почва*) soil

зеница *ж.* pupil

зет *м.* son-in-law

зехтин *м.* olive oil

зигзаг *м.* zigzag
зид *м.* wall
зидар *м.* bricklayer
зима *ж.* winter
зимувам *гл.* (*за животно*) hibernate
златен *прил.* gold; (*позлатен*) golden
злато *ср.* gold
зле *нрч.* badly; (*здравословно*) unwell, ill
зло *ср.* evil; wrong
злополука *ж.* accident; disaster
злочест *прил.* unfortunate, miserable
змия *ж.* snake
знак *м.* sign; symbol; mark
знаме *ср.* flag, banner
знаменит *прил.* famous, celebrated
знание *ср.* knowledge
знатен *прил.* noble
знача *гл.* mean; **значи** (*само в 3 л. ед.ч.*) so; then; therefore
значение *ср.* importance; (*на дума*) meaning; **няма ~** it doesn't matter

значителен *прил.* considerable; important, significant
значка *ж.* badge
зная *гл.* know, be familiar with
зов *м.* appeal, call
зодия *ж.* star sign
зона *ж.* zone
зоологически *прил.* zoo; **~а градина** zoo
зоология *ж.* zoology
зора *ж.* dawn
зрение *ср.* sight; vision
зрител *м.* viewer, spectator
зрителен *прил.* visual; optical
зрял *прил.* ripe; mature
зубря *гл.* (*за изпит*) cram
зъб *м.* tooth (*pl* teeth); (*на слон*) tusk
зъбобол *м.* toothache
зъболекар *м.* dentist
зъбя се *гл.* snarl
зъзна *гл.* shiver (with cold)
зъл *прил.* evil, wicked
зърнен *прил.* grain, corn
зърно *ср.* grain; **~нени храни** cereals
зюмбюл *м.* hyacinth

И

и *с.* and; (*също*) too, also; *мат.* plus; ~ **т.н.** and so on, etc.

ивица *ж.* stripe

игла *ж.* needle

иго *ср.* yoke

игра *ж.* game, play

играчка *ж.* toy

играя *гл.* play, act, perform; ~ **комар** gamble

игрище *ср.* playground

идвам *гл.* come

идеал *м.* ideal

идеализъм *м.* idealism

идентичен *прил.* identical

идея *ж.* idea, thought; **блестяща** ~ bright idea

идиот *м.* idiot

изба *ж.* cellar

избавям *гл.* rescue, save

избелвам *гл.* bleach

избелявам *гл.* fade, lose colour

избивам *гл.* massacre

избирам *гл.* choose; pick out, select; (*тел. номер*) dial; *пол.* elect

избор *м.* choice; ~**и** election

избухвам *гл.* burst, explode, detonate

избухване *ср.* explosion

избухлив *прил.* quick-tempered

избързвам *гл.* (*за часовник*) run fast

избърсвам *гл.* wipe, dry; mop up

избягвам *гл.* run away, escape; (*страня*) avoid

изваждам *гл.* take out; extract; remove; *мат.* subtract

изведнъж *нрч.* suddenly, at once

известен *прил.* popular, famous, known

известие *ср.* message, news

известност *ж.* popularity

извивам се *гл.* wriggle, twist, bend

извивка *ж.* bend, turning, curve

извиквам *гл.* cry out, shout

извинение *ср.* apology, pardon, excuse

извинявам *гл.* excuse; forgive; pardon; ~ **се** apologize; **извинете** excuse me; I'm sorry

извличам *гл.* extract

извод *м.* deduction

извор *м.* spring; fountain

извън *пр.* out of, outside

извънземен *прил.* alien

извънредно *нрч.* extremely

извършвам *гл.* do, perform

изгарям *гл.* burn out/away

изгаряне *ср.* burn; **слънчево** ~ sunburn

изгладнял *прил.* hungry, starving

изглед *м.* view

изглеждам *гл.* look, seem, appear; ~ **като** look like

изгнаник *м.* castaway

изгода *ж.* benefit

изгоден *прил.* profitable

изгрев *м.* sunrise

изгрявам *гл.* rise

изгубвам *гл.* lose

изгубен *прил.* lost

издавам *гл.* publish, issue; (*тайна*) betray, tell on

издание *ср.* edition, issue
издател *м.* publisher
издатина *ж.* bulge
издигам *гл.* raise; lift; (*професио-нално*) promote; ~ **се** rise, tower
издържам *гл.* stand, bear; resist; support
изигравам *гл.* cheat, trick
изискан *прил.* elegant, smart
изисквам *гл.* require, demand, want
изказвам *гл.* say, express; ~ **се** speak
изкачвам се *гл.* climb, mount
изключвам *гл.* turn/switch off, unplug; (*от училище*) expel
изключение *ср.* exception
изключителен *прил.* exceptional, superb; extreme; unusual
изключително *нрч.* exceptionally, extremely
изкопавам *гл.* dig up, excavate
изкривявам *гл.* curve, bend; twist
изкуствен *прил.* artificial, man-made
изкуство *ср.* art; skill
изкушавам *гл.* tempt
изкушение *ср.* temptation
излагам *гл.* exhibit, display
изливам *гл.* pour out
излизам *гл.* go/get out, leave, exit; ~ **в пенсия** retire
излитам *гл.* fly away/off; (*само-лет*) take off
излитане *ср.* start; take off
излишен *прил.* unnecessary; (*до-пълнителен*) spare
изложба *ж.* exhibition, show, exposition
излъгвам *гл.* lie (to), cheat, deceive

излъчвам *гл.* radiate; *рад.* broadcast
измама *ж.* deceit, bluff, trick
измамнически *прил.* deceitful
изменник *м.* traitor
измервам *гл.* measure
измерение *ср.* dimension
измивам *гл.* wash
изминавам *гл.* (*за време*) pass, go by; (*път*) travel
изминал *прил.* past
измислен *прил.* fictional
измислям *гл.* invent, think of; design
измъчвам се *гл.* worry, suffer
изненада *ж.* surprise
изненадвам *гл.* surprise; ~ **се** be surprised
изниквам *гл.* emerge, appear
износ *м.* export
износен *прил.* worn out, shabby
изнудвам *гл.* blackmail
изобилен *прил.* rich, plentiful
изобилие *ср.* plenty
изображение *ср.* image, picture
изобразявам *гл.* picture
изобретателен *прил.* inventive
изобретение *ср.* invention
изобретявам *гл.* invent
изолация *ж.* isolation
изолирам *гл.* isolate
изоставям *гл.* abandon, leave, desert
изострям *гл.* sharpen
изпарение *ср.* vapour, steam
изпит *м.* examination, exam, test
изпитвам *гл.* examine, test; (*чув-ство*) feel
изплашен *прил.* frightened, scared
използвам *гл.* use, make use of

изпомпвам *гл.* pump out

изпотяване *ср.* sweating

изправен *прил.* upright, straight; (*работещ*) working

изправям се *гл.* stand up

изпращам *гл.* send; (*по пощата*) post, *ам.* mail

изпращач *м.* sender

изпускам *гл.* drop; (*превоз*) miss

изпъквам *гл. прен.* excel

изпълнявам *гл.* carry out, execute, perform

изработвам *гл.* make, produce, manufacture; do; work out

изравнявам *гл.* level

израз *м.* expression, phrase

изразходвам *гл.* use up, spend

изразявам *гл.* express, voice; ~ чрез мимика mime

израствам *гл.* grow (up); rise

изреждам *гл.* enumerate, list

изречение *ср.* sentence

изригвам *гл.* erupt

изритвам *гл.* kick out

изричам *гл.* say, pronounce

изрязвам *гл.* cut out; (*подрязвам*) trim

изследвам *гл.* investigate, research, survey; *геогр.* explore

изследване *ср.* exploration; investigation; research, survey

изследовател *м.* explorer

изстрел *м.* shot

изстрелвам *гл.* shoot, fire, discharge; (*ракета*) set off

изсъхнал *прил.* dry

изтеглям *гл.* withdraw; pull out

изток *м.* east

източник *м.* source

изтощавам *гл.* exhaust

изтощен *прил.* exhausted

изтривам *гл.* wipe out, delete, erase

изтъкавам *гл.* weave

изтънявам *гл.* become thin

изумен *прил.* amazed, astonished

изумителен *прил.* amazing, astonishing, marvellous

изучавам *гл.* study

изхабявам *гл.* use up, wear out

изхарчвам *гл.* spend

изхвърлям *гл.* throw away; *прен.* knock out

изход *м.* exit; outcome

изхранвам *гл.* feed; provide for

изцапвам *гл.* make dirty; stain; ~ се get dirty

изцерявам *гл.* cure, heal

изчадие *ср.* monster

изчезвам *гл.* disappear

изчервявам се *гл.* blush, turn red

изчерпателен *прил.* comprehensive; complete

изчислявам *гл.* calculate; figure

изявление *ср.* statement

изящен *прил.* graceful

икономика *ж.* economics

икономически *прил.* economic

или *с.* or; ~...~ either ... or

илюзия *ж.* illusion

илюстрация *ж.* illustration

илюстрирам *гл.* illustrate

има *безл. гл.* there is/are; ~ значение it matters

имам *гл.* have, have got; ~ предвид mean; ~ против mind

имàне *ср.* treasure

име *ср.* name

имен ден *м.* name-day

именно *нрч.* exactly, precisely, namely

именувам *гл.* name, call
имигрант *м.* immigrant
имитирам *гл.* imitate
имот *м.* property, possessions
император *м.* emperor
императрица *ж.* empress
империя *ж.* empire
импозантен *прил.* impressive, striking, spectacular
ин *ж. фил.* yin
инат *прил.* stubborn
иначе *нрч.* otherwise; **така или ~** anyhow
инвалид *м.* invalid, disabled; **~на количка** *ж.* wheelchair
инвестирам *гл.* invest
инвестиция *ж.* investment
индекс *м.* index
индиански *прил.* Indian; **~а колиба** tepee
индивид *м.* individual; person; *биол.* specimen
индивидуалност *ж.* individuality, personality
индустриализация *ж.* industrialization
индустрия *ж.* industry
инженер *м.* engineer
инсталирам *гл.* install, fit (with)
инструкция *ж.* instruction
инструмент *м.* instrument, tool
интелект *м.* intellect, mind, brains

интелигентен *прил.* intelligent, clever, bright; (*образован*) educated
интелигентност *ж.* intelligence; (*образованост*) culture
интервал *м.* interval
интервю *ср.* interview
интерес *м.* interest
интересен *прил.* interesting
интересувам *гл.* interest; **~ се** be interested (in)
интернет *м.* Internet
интимен *прил.* personal; private; close
интонация *ж.* intonation
инфлация *ж.* inflation
инфлуенца *ж.* flu
информация *ж.* information, *разг.* info; news
информирам *гл.* inform, give information to
инч *м.* inch
искам *гл.* want, desire; request
искане *ср.* demand, request
искрен *прил.* sincere, open-hearted
искрено *нрч.* sincerely, truly
искреност *ж.* sincerity
истина *ж.* truth
истински *прил.* true, real
исторически *прил.* historical; (*паметен*) historic
история *ж.* history; (*случка*) story

йога *м.* yoga

К

кабел *м.* cable
кабина *ж.* cabin; box; ~нка на лифт cable car
кавал *м.* pipe
кавалер *м.* gentleman
кадифе *ср.* velvet
кадър *м.* shot
казан *м.* copper
казвам *гл.* say, tell
каишка *ж.* strap; ~ за куче leash
кайма *ж.* mince
каймак *м.* cream
кайсия *ж.* apricot
как *нрч.* how; ~ да е somehow, anyhow
какавида *ж.* cocoon
какао *ср.* cocoa; (*на зърна*) cacao
какво *мест.* what
каквото *мест.* what, whatever
каки *прил.* khaki
както *нрч. и с.* as; in the way/manner (of)
какъв *мест.* what, which
кал *ж.* mud
калай *м.* tin
календар *м.* calendar
калинка *ж.* ladybird
калкулатор *м.* calculator
калъф *м.* case; ~ка *ж.* pillowcase
калявам *гл.* steel
камбана *ж.* bell
каменен *прил.* stone
камила *ж.* camel
камион *м.* lorry; *ам.* truck
кампания *ж.* campaign
камък *м.* stone; rock
кана *ж.* jug

канал *м.* channel; drain; (*изкуствен*) canal
канапе *ср.* sofa
канара *ж.* rock; cliff
канарче *ср.* canary
кану *ср.* canoe
канцелария *ж.* office
канче *ср.* mug
каньон *м.* canyon
каня *гл.* invite, ask (на to)
капак *м.* lid; top, cover; (*на прозорец*) shutter; (*на двигател*) bonnet
капан *м.* trap
капитан *м.* captain
капитулация *ж.* surrender
капка *ж.* drop
капя *гл.* drip, dribble; leak
каравана *ж.* van
карам *гл.* drive; (*колело*) ride, cycle, pedal; ~ ce quarrel
кариера *ж.* career
карикатура *ж.* caricature; cartoon
карнавал *м.* carnival
карта *ж.* card; *геогр.* map; лична ~ identity card
картина *ж.* picture; (*с бои*) painting
картинен *прил.* picture; ~ речник picture dictionary; ~нна мозайка jigsaw puzzle
картичка *ж.* postcard
картон *м.* cardboard
картотека *ж.* file
картоф *м.* potato; пържени ~и chips, French fries

карфиол *м.* cauliflower
карфица *ж.* pin
касета *ж.* cassette
касетофон *м.* cassette player
касиер *м.* cashier
каска *ж.* helmet
каскада *ж.* stunt
каскет *м.* cap
каталог *м.* catalogue
катарама *ж.* buckle
катастрофа *ж.* (*пътна*) accident; (*самолетна*) crash; *прен.* disaster, misfortune
катастрофирам *гл.* have an accident, crash
категоричен *прил.* definite
катедрала *ж.* cathedral
катерица *ж.* squirrel
катеря се *гл.* climb, mount
като *пр. и с.* as, like; (*когато*) when; ~ **че ли** as if
католик *м.* Catholic
катър *м.* mule
каубой *м.* cowboy; ~**ски филм** western
кафе *ср.* coffee
кафез *м.* cage
кафене *ср.* café
кафяв *прил.* brown
кацвам *гл.* perch
качвам *гл.* take/bring up; ~ **се** get on; go up
качество *ср.* quality
качулка *ж.* hood
каша *ж.* mess
кашалот *м.* sperm whale
кашлица *ж.* cough
кашлям *гл.* cough
кашу *ср.* cashew
квадрат *м.* square
квартал *м.* quarter
квартира *ж.* accommodation, rooms; apartment

кей *м.* quay
кекс *м.* cake
келнер *м.* waiter
келнерка *ж.* waitress
кенгуру *ср.* kangaroo
керемида *ж.* tile
кесия *ж.* pouch; (*книжна*) paper bag
кестен *м.* chestnut; **див** ~ conker
кестеняв *прил.* chestnut
кибрит *м.* **кутия** ~ box of matches
киви *ср.* kiwi
килер *м.* closet, store room
килим *м.* carpet
килия *ж.* cell
кило *ср.* kilo
километър *м.* kilometre
кимам *гл.* nod
кино *ср.* cinema; *ам.* movies
кипя *гл.* boil
кисел *прил.* sour; ~**о мляко** yoghurt
киселина *ж.* acid; ~**нен дъжд** *м.* acid rain
кислород *м.* oxygen
кит *м.* whale
китара *ж.* guitar
китка *ж.* bunch; *анат.* wrist
кифла *ж.* roll, bun; croissant
кихам *гл.* sneeze
клавиатура *ж.* keyboard
клавиш *м.* key
кладенец *м.* well
клаксон *м.* horn; car horn
клане *ср.* massacre
клас *м.* class, *ам.* grade
класически *прил.* classical
клеймо *ср.* stamp, seal
клепач *м.* eyelid
клетва *ж.* curse
клетка *ж.* cage; *биол.* cell
клиент *м.* client; customer

климат *м.* climate
клон *м.* branch
клоун *м.* clown
клуб *м.* club
клюка *ж.* gossip
клюн *м.* beak
ключ *м.* key; (*на загадка*) clue; *тех.* spanner
ключалка *ж.* lock
книга *ж.* book
книжарница *ж.* bookshop; (*за канцеларски стоки*) stationery
коала *ж.* koala
кобила *ж.* mare
кобилица *ж.* yoke
кобра *ж.* cobra
ковчег *м.* coffin
кога *нрч. и с.* when
когато *нрч. и с.* when; whenever
кого *мест.* whom, who
код *м.* code
кожа *ж.* skin; (*обработена*) leather; (*с козина*) fur
коза *ж.* goat
козле *ср.* kid
кой *мест.* who; which
който *мест.* who; which, that; ~ и да е whoever; anybody
кокал *м.* bone
кокиче *ср.* snowdrop
кокошка *ж.* hen
кола *ж.* car; machine, vehicle
колан *м.* belt; **предпазен** ~ seatbelt
колбас *м.* sausage
колебание *ср.* hesitation
колебая се *гл.* hesitate
колега *м.* colleague
колеж *м.* college
колекционирам *гл.* collect
колекция *ж.* collection
колело *ср.* wheel; (*велосипед*) bicycle, *разг.* bike

коленича *гл.* kneel
колет *м.* parcel
колиба *ж.* hut; **кучешка** ~ kennel
колие *ср.* necklace
количество *ср.* quantity, amount
количка *ж.* trolley
колко *мест.* (*за количество*) how much; (*за брой*) how many
колоездач *м.* cyclist
колоездене *ср.* cycling
колона *ж.* column
колоритен *прил.* olourful
коля *гл.* massacre
коляно *ср.* knee
командвам *гл.* command
комар *м.* mosquito
комарджия *м.* gambler
комбинация *ж.* combination
комбинирам *гл.* combine
комедиант *м.* comedian
комедия *ж.* comedy
комин *м.* chimney
комичен *прил.* comic
компания *ж.* company
компас *м.* compass
компетентен *прил.* competent
комплексен *прил.* complex
комплект *м.* set
композирам *гл.* compose
композитор *м.* composer
компютър *м.* computer
кому *мест.* whom
комуникация *ж.* communication
комфорт *м.* comfort
комфортен *прил.* comfortable
комфортно *нрч.* comfortably
кон *м.* horse; ~**ска опашка** *ж.* (*прическа*) ponytail
кондуктор *м.* conductor
конец *м.* thread
конкретен *прил.* concrete; definite
конкурент *м.* rival

конкурентоспособен *прил.* competitive

конкуренция *ж.* competition

конкурирам се *гл.* compete

конкурс *м.* contest, competition

консерва *ж.* tin, can

консервирам *гл.* preserve; (*вино*) bottle

конструкция *ж.* construction

консултирам (се) *гл.* consult

консумация *ж.* consumption

консумирам *гл.* consume; eat

контакт *м.* contact; *тех.* plug

контейнер *м.* container

континент *м.* continent

контрабандирам *гл.* smuggle

контраст *м.* contrast

контрол *м.* control; check

контролирам *гл.* control; check; supervise

контузвам *гл.* bruise, injure

конференция *ж.* conference

конфитюр *м.* jam

концентрация *ж.* concentration

концентрирам (се) *гл.* concentrate

концерт *м.* concert

конюшня *ж.* stable

коняр *м.* groom

копая *гл.* dig

копие *ср.* copy, print; *воен.* spear; *сп.* javelin

копирам *гл.* copy

копито *ср.* hoof

коприна *ж.* silk

копче *ср.* button

кора *ж.* crust; skin

кораб *м.* ship, boat

корабокрушение *ср.* shipwreck

корал *м.* coral; ~ов *прил.* coral

корем *м.* belly; ~че *ср.* tummy

корен *м.* root

кореспондирам *гл.* correspond

коридор *м.* corridor, passage; *сп.* lane

корк *м.* cork

кормило *ср.* wheel; (*на велосипед*) handlebar

кормчия *м.* navigator; pilot

корумпирам *гл.* corrupt

корупция *ж.* corruption

коса, ~и *ж.* hair

космос *м.* space

кост *ж.* bone

костенурка *ж.* tortoise; (*морска*) turtle

костилка *ж.* stone

костюм *м.* suit; costume

косъм *м.* hair

котва *ж.* anchor

коте *ср.* kitten

котел *м.* copper

котка *ж.* cat

кофа *ж.* bucket, pail; (*за смет*) dustbin

кошара *ж.* cot

кошмар *м.* nightmare

кошница *ж.* basket

крава *ж.* cow

кравар *м.* cowboy

крада *гл.* steal

крадец *м.* thief, robber; (*с взлом*) burglar

краен *прил.* extreme; (*окончателен*) final

край[1] *м.* end; (*ръб*) edge

край[2] *пр.* by; near, beside

крайбрежие *ср.* seaside

крак *м.* leg; (*стъпало*) foot

крал *м.* king

кралица *ж.* queen

кралски *прил.* royal

кралство *ср.* kingdom

кран *м.* (*на чешма*) tap

красавица *ж.* beauty

красив *прил.* beautiful, good-looking; (*за мъж*) handsome
красота *ж.* beauty
краставица *ж.* cucumber
кратък *прил.* short, brief; (*бърз*) quick
кредит *м.* credit
крем *м.* cream; ~ **за бръснене** shaving cream
крепост *ж.* fortress
крещя *гл.* shout, scream, yell
крива *ж.* curve
крик *м.* jack
крикет *м.* cricket
крило *ср.* wing
криминален *прил.* criminal
кристал *м.* crystal
критик *м.* critic
критикувам *гл.* criticize
крия *гл.* hide
крокодил *м.* crocodile
кромид *м.* onion
кротък *прил.* gentle, mild
круша *ж.* pear
кръв *ж.* blood
кръг *м.* circle; cycle
кръгозор *м.* horizon
кръгъл *прил.* round
кръпка *ж.* patch
кръст *м.* cross; *анат.* waist
кръстосвам *гл.* cross
кръстословица *ж.* crossword
кръчма *ж.* pub
крякам *гл.* croak
крясък *м.* yell, scream, shout
ксилофон *м.* xylophone
кубе *ср.* dome
кубически *прил.* cubic
кука *ж.* hook; (*за плетене*) needle
кукла *ж.* doll
кукумявка *ж.* owl
кула *ж.* tower
култивирам *гл.* cultivate

култура *ж.* culture, civilization
културен *прил.* cultural; (*възпитан*) polite
кум *м.* best man
купа *ж.* bowl, cup
купе *ср.* compartment, carriage
купон *м.* *разг.* party
купувач *м.* buyer; (*клиент*) customer
кураж *м.* courage; *разг.* guts
куриер *м.* messenger
курс *м.* course
куршум *м.* bullet
кутия *ж.* box; case
куфар *м.* suitcase
кух *прил.* hollow
кухня *ж.* kitchen
куцам *гл.* limp
куче *ср.* dog
кученце *ср.* puppy
къде *нрч. и с.* where
къдрав *прил.* curly; wavy
кълбо *ср.* sphere, ball
кълвач *м.* woodpecker
кълна *гл.* curse
кълцам *гл.* mince; chop
към *пр.* (*за посока*) to, towards; (*за време*) about, by
къмпинг *м.* campsite
кънка *ж.* skate; **карам ~и** skate; **летни ~и** rollerskates
къпина *ж.* blackberry
кървя *гл.* bleed
къри *ср.* curry
кърпа *ж.* towel; (*за глава*) kerchief; (*за храна*) napkin
кърпя *гл.* mend, repair
къс *прил.* short, brief
късам *гл.* tear
късен *прил.* late
късмет *м.* luck, fortune; chance
къща *ж.* house
къщурка *ж.* cottage

Л

лабиринт *м.* maze
лаборатория *ж.* laboratory
лава *ж.* lava
лавица *ж.* shelf, bookshelf
лагер *м.* camp
лазер *м.* laser
лазя *гл.* creep, crawl
лай *м.* bark
лаком *прил.* greedy
лакът *м.* elbow
лале *ср.* tulip
ламарина *ж.* tin
лампа *ж.* lamp
лапа *ж.* paw
лапавица *ж.* sleet
ласкав *прил.* sweet, tender
ласо *ср.* rope
ластик *м.* elastic
лая *гл.* bark
лебед *м.* swan
леген *м.* basin
легенда *ж.* legend; (*на карта*) key
легло *ср.* bed
лед *м.* ice
ледник *м.* glacier
лежа *гл.* lie; be located
лейтенант *м.* lieutenant
лек *прил.* light; slight
лекар *м.* doctor
лекарство *ср.* medicine, drug; remedy
леке *ср.* stain, spot
лекувам *гл.* cure, heal; treat
леля *ж.* aunt
лемур *м.* lemur
лен *м.* linen

ленив *прил.* lazy, idle
лента *ж.* band; tape
леопард *м.* leopard
лепило *ср.* glue; paste
лепкав *прил.* sticky
лесен *прил.* easy; simple
летец *м.* pilot, aviator
летище *ср.* airport; *воен.* airfield
летовник *м.* holidaymaker
летя *гл.* fly
леха *ж.* flower-bed
лечение *ср.* treatment; medication
лешник *м.* hazel
лешояд *м.* vulture
лея се *гл.* stream; flow
лига *ж.* dribble
лигавник *м.* bib
лилав *прил.* lilac, violet
лимон *м.* lemon
лимонада *ж.* lemonade
линейка *ж.* ambulance
линия *ж.* line; (*за чертане*) ruler
липа *ж.* lime
липса *ж.* shortage
липсвам *гл.* miss
лисица *ж.* fox
лист *м.* leaf (*pl* leaves); (*хартия*) sheet
листовка *ж.* leaflet
литература *ж.* literature
литературен *прил.* literary; (*белетристичен*) fictional
литър *м.* litre
лихва *ж.* interest
лице *ср.* face; (*човек*) person
личен *прил.* personal, private; individual

личност *ж.* personality
ловец *м.* hunter
ловувам *гл.* hunt
ловък *прил.* skilful
лодка *ж.* boat
лоза *ж.* vine
лозе *ср.* vineyard
лопата *ж.* spade
лос *м.* elk; **американски** ~ moose
лотария *ж.* lottery; draw
лош *прил.* bad, evil, wicked
лоялност *ж.* loyalty
луд *прил.* mad, crazy
лук *м.* onion
лукав *прил.* cunning
лукавство *ср.* deceit, cunning
луковица *ж.* bulb
лукс *м.* luxury
луксозен *прил.* luxurious; fancy
луна *ж.* moon
лупа *ж.* magnifying glass
лъв *м.* lion
лъвица *ж.* lioness
лъжа *гл.* lie, tell a lie/lies
лъжица *ж.* spoon

лъжлив *прил.* false; deceitful, dishonest
лък *м.* bow
лъскав *прил.* shiny
лъскам *гл.* polish, shine
лъч *м.* ray, beam
лъщя *гл.* shine
любезен *прил.* kind, polite; gentle
любезност *ж.* politeness
любим *прил.* favourite; (*обичен*) darling
любов *ж.* love
любознателност *ж.* curiosity
любопитен *прил.* curious
любопитство *ср.* curiosity
люк *м.* manhole
люлея се *гл.* rock
люлка *ж.* cradle
люляк *м.* lilac
лют *прил.* hot; ~**а чушка** chilli pepper
люща *гл.* peel, skin
ляв *прил.* left
лястовица *ж.* swallow
лято *ср.* summer

М

магазин *м.* shop; *ам.* store
магаре *ср.* donkey; ~**шки бодил** *м.* thistle
магданоз *м.* parsley
магия *ж.* magic
магнит *м.* magnet
магьосник *м.* magician; wizard

магьосница *ж.* witch
мажа *гл.* spread (**върху** on)
мазе *ср.* cellar; *ам.* basement
мазилка *ж.* plaster
мазнина *ж.* fat
май *м.* May
майка *ж.* mother, mum

маймуна *ж.* monkey
майор *м.* major
макар (че) *с.* although, though
макаронени изделия *мн.ч.* pasta
малина *ж.* raspberry
малко *нрч.* little; few; some
маловажен *прил.* minor
малък *прил.* small; little; slight; (*мъничък*) tiny
мамут *м.* mammoth
мамя *гл.* cheat, deceive
манастир *м.* monastery
мандра *ж.* dairy
манекен *м.* model
маниер *м.* manner, way; style
мансарда *ж.* attic
маншет *м.* cuff
маратон *м.* marathon
маратонки *мн.ч.* sneakers
маргарин *м.* margarine
маргаритка *ж.* daisy
марионетка *ж.* puppet
марка *ж.* stamp; *търг.* trade mark
мармалад *м.* jam
март *м.* March
маруля *ж.* lettuce; salad
марширувам *гл.* march; parade
маршрут *м.* route
маса *ж.* table; (*множество*) mass
маскирам *гл.* mask, disguise
маслина *ж.* olive
масло *ср.* butter; (*течно*) oil
мастило *ср.* ink
математика *ж.* mathematics, *разг.* maths
материал *м.* material, stuff
материален *прил.* material
материя *ж.* matter, stuff
матрак *м.* mattress
махам *гл.* take away; ~ **се** quit; ~ **с ръка** wave

мач *м.* match
мачта *ж.* mast
машина *ж.* machine; engine; **съдомиялна** ~ dishwasher
май *ж.* yeast
маяк *м.* lighthouse
мебели *мн.ч.* furniture
мебелирам *гл.* furnish
мед *м.* honey; *ж.* (*метал*) copper
медал *м.* medal
медицина *ж.* medicine
медицински *прил.* medical
медуза *ж.* jellyfish
между *пр.* between; (*сред*) among
междувременно *нрч.* meanwhile
международен *прил.* international
междучасие *ср.* break
мек *прил.* soft, mild
мелница *ж.* mill
мелодия *ж.* melody, tune
меля *гл.* grind; (*месо*) mince
мен *мест.* me
мента *ж.* mint
меню *ср.* menu
меря *гл.* measure; (*пробвам*) try on
месар *м.* butcher
месец *м.* month; **меден** ~ honeymoon
месо *ср.* meat
местен *прил.* local; native
местоимение *ср.* pronoun
месторождение *ср.* birth place
местя (се) *гл.* move
мета *гл.* sweep
метал *м.* metal
метан *м.* methane
метла *ж.* broom
метод *м.* method; system
метро *ср.* underground, tube; *ам.* subway

метър *м.* metre
механизъм *м.* device
механик *м.* mechanic
мехурче *ср.* bubble
меч *м.* sword
мечка *ж.* bear; (*играчка*) teddy bear
мечтая *гл.* dream (**за** of)
миг *м.* instant, moment
мигам *гл.* blink; wink
мигла *ж.* eyelash
мида *ж.* mussel
мизерия *ж.* misery, poverty
микроскоп *м.* microscope
микрофон *м.* microphone
мил *прил.* kind, gentle; nice; dear
милвам *гл.* stroke
милиард *м.* milliard; *ам.* billion
милион *м.* million
милост *ж.* pity, mercy
мина *ж.* mine
минавам *гл.* pass
минал *прил.* past; (*за ден, седмица, година*) last
минало *ср.* past
минерал *м.* mineral
минзухар *м.* crocus
министър *м.* minister; **~председател** prime minister
минута *ж.* minute
миньор *м.* miner
мир *м.* peace
мираж *м.* mirage
мирен *прил.* peaceful, quiet
миризма *ж.* smell; (*приятна*) scent
мириша *гл.* smell
мисля *гл.* think
мистериозен *прил.* mysterious
мистерия *ж.* mystery
мисъл *ж.* thought

мит *м.* myth
митница *ж.* customs
митничар *м.* customs officer
митология *ж.* mythology
мишена *ж.* target
мишка *ж.* mouse (*pl* mice)
мия *гл.* wash; **~ съдове** wash up
млад *прил.* young
младоженец *м.* groom
младост *ж.* youth
младши *прил.* junior
млекар *м.* milkman
млекопитаещо *ср.* mammal
млечен *прил.* milk, dairy; **~ шейк** milkshake
мляко *ср.* milk; **кисело ~** yoghurt
мнение *ср.* opinion, view
много *нрч.* many, much; a lot (of), lots (of), plenty (of); (*пред прилагателни и наречия*) very
многоброен *прил.* numerous
многообразие *ср.* variety
мнозинство *ср.* majority
мобилен *прил.* mobile
мога *гл.* can, may, be able (to)
мода *ж.* fashion
модел *м.* model; make; design; (*шаблон*) pattern
моделирам *гл.* shape, design
модем *м.* modem
моден *прил.* fashionable, stylish
модерен *прил.* modern
може би *безл. гл.* maybe, perhaps
мозък *м.* brain; **~чна атака** *ж.* brainstorm
мой *прит. мест.* my; mine
мокър *прил.* wet; dripping
молба *ж.* request
молив *м.* pencil
молитва *ж.* prayer

моля *гл.* ask, request; ~ **се** pray; **моля!** please
момент *м.* moment, instant
момиче *ср.* girl
момче *ср.* boy
монах *м.* monk
монахиня *ж.* nun
монета *ж.* coin
монитор *м.* monitor
монтирам *гл.* install, fit
морав *прил.* purple, violet
морбили *мн.ч.* measles
море *ср.* sea; ~**ско свинче** guinea pig
морзова азбука *ж.* Morse code
морков *м.* carrot
моряк *м.* sailor
мост *м.* bridge
мостра *ж.* sample; pattern
мотив *м.* motive, reason; *муз.* tune
мото *ср.* motto
мотопед *м.* motorbike
мотор *м.* motor, engine
мотоскутер *м.* scooter
мотоциклет *м.* motorcycle
мохамедански *прил.* Muslim
мощ *ж.* power
мощен *прил.* powerful
мощност *ж.* power, capacity
мравка *ж.* ant
мраз *м.* frost
мразовит *прил.* frosty, chilly
мразя *гл.* hate; dislike
мрак *м.* darkness
мрачен *прил.* dark, obscure; (*тягостен*) depressing
мрежа *ж.* net; (*система*) network
мрънкам *гл.* murmur
мръсен *прил.* dirty
мръщя се *гл.* frown
му *мест.* him

муден *прил.* slow
музей *м.* museum
музика *ж.* music
музикант *м.* musician
муле *ср.* mule
мургав *прил.* dark
мускул *м.* muscle
мусон *м.* monsoon
мустак *м.* moustache
муха *ж.* fly
мушкам *гл.* stick; (*пробождам*) pierce
мъгла *ж.* mist; (*гъста*) fog; (*черна*) smog
мъглив *прил.* foggy
мъдрост *ж.* wisdom
мъдър *прил.* wise
мъж *м.* man (*pl* men)
мъжки *прил.* male
мъка *ж.* misery; suffering
мълва *ж.* rumour
мълния *ж.* lightning; thunderbolt
мълчалив *прил.* silent, quiet
мълчание *ср.* silence
мънисто *ср.* bead
мързел *м.* laziness; idleness
мързелив *прил.* lazy, idle
мърморя *гл.* murmur
мъртъв *прил.* dead
мъстя *гл.* revenge; take/have revenge
мъх *м.* moss
мъча *гл.* torture; ~ **се** suffer
мъчителен *прил.* painful
мярка *ж.* measure; (*размер*) size
място *ср.* place; spot; (*седалка*) seat; (*местонахождение*) location; (*пространство*) room, space
мятам *гл.* toss
мяуча *гл.* miaow

Н

на *пр.* (*за притежание*) of; (*за място*) on, up, at, in; (*за дателно отношение*) to

набирам *гл.* gather, pick; ~ **телефонен номер** dial a number

наблизо *нрч.* near, nearby

наблюдавам *гл.* watch; observe

наблягам на *гл.* stress on, accent

наброявам *гл.* number

навеждам *гл.* bend (down)

навес *м.* shed

навивам *гл.* roll (up), wind (up)

навигатор *м.* navigator

навигация *ж.* navigation

навик *м.* habit

наводнение *ср.* flood

навреждам *гл.* harm

навсякъде *нрч.* everywhere; ~ **по света** worldwide

навън *нрч.* out, outside; (*на открито*) outdoors

нагласям *гл.* fit, fix, adapt

нагледен *прил.* visual

наглеждам *гл.* watch over

нагоре *нрч.* up, upwards

награда *ж.* prize, reward, award

нагрявам *гл.* heat

над *пр.* above, over

надалеч *нрч.* far, far away/off, a long way off

надарен *прил.* talented

надбягване *ср.* race

надежда *ж.* hope

надежден *прил.* reliable

наденица *ж.* sausage

надживявам *гл.* survive, outlive

надолу *нрч.* down, downwards

надпис *м.* (*етикет*) label; (*под илюстрация*) caption

надявам се *гл.* hope; expect

надясно *нрч.* to/on the right

наемам *гл.* (*кола и пр.*) rent; (*на работа*) employ, hire

назад *нрч.* back, backwards

наздраве *межд.* cheers! here's to you!

наивен *прил.* simple, silly

наименование *ср.* name

наистина *нрч.* really, indeed

най- *част.* most *или наставка* -est

найлон *м.* nylon

наказание *ср.* punishment

наказвам *гл.* punish

наклон *м.* slope

накрая *нрч.* finally, at last, eventually, in the end

накуцвам *гл.* limp (a little)

належащ *прил.* urgent

наливам *гл.* pour

наличен *прил.* available

наляво *нрч.* to/on the left

налягане *ср.* pressure

намалявам *гл.* decrease, reduce; decline

намеквам *гл.* suggest

намерение *ср.* intention

наметало *ср.* cloak

намигам *гл.* wink

намирам *гл.* find; (*считам*) think, consider; ~ **се** (*за място*) be; lie

намушквам *гл.* stab

наниз *м.* string

наоколо *нрч.* around, about

нападам *гл.* attack

нападателен *прил.* aggressive
нападение *ср.* attack; raid
написвам *гл.* write down, take down
напитка *ж.* drink; **безалкохолни ~и** soft drinks; **газирани ~** fizzy drinks; **алкохолни ~** strong drinks
напомням *гл.* remind
напоявам *гл.* water, irrigate
напояване *ср.* irrigation
направо *нрч.* straight, straight ahead
напразно *нрч.* in vain
напрегнат *прил.* tense
напред *нрч.* ahead, onward, forward
напредък *м.* progress
напрежение *ср.* tension; stress
напряко *нрч.* across
напускам *гл.* leave, depart from, abandon; quit
напълвам *гл.* fill up
напълно *нрч.* absolutely, completely, quite
наранявам *гл.* hurt, injure
нараствам *гл.* grow, increase
нареждам *гл.* arrange; put in order; **~ се в редица** line up; (*заповядвам*) order
наречие *ср.* adverb
наричам *гл.* call, name; **~ се** be called
наркотик *м.* drug; *разг.* stuff, junk
народ *м.* people, nation
народен *прил.* national, popular, folk
народност *ж.* nationality
нарушавам *гл.* break
нарцис *м.* daffodil
наръчник *м.* guide
нарязвам *гл.* slice, cut up
нас *мест.* us
насекомо *ср.* insect
население *ср.* population

населявам *гл.* inhabit, live in
насилие *ср.* violence
наскоро *нрч.* recently
наслада *ж.* delight, enjoyment
наслаждавам се на *гл.* enjoy, take delight in
наследство *ср.* heritage
наследявам *гл.* inherit
насочвам *гл.* direct
наставление *ср.* instruction, direction, guidance
настилка *ж.* pavement
настойчивост *ж.* persistence
настоявам *гл.* insist (**на** on)
настояще *ср.* present
настрана *нрч.* aside, apart
настроение *ср.* temper, humour
настройвам *гл.* tune
настървен *прил.* fierce
насърчавам *гл.* encourage; cheer
нататък *нрч.* further on
натиск *м.* pressure; stress
натоварвам *гл.* load up; ship
наторявам *гл.* manure
натурален *прил.* natural
натърквам *гл.* rub (in)
натъртвам *гл.* hurt, bruise
наука *ж.* science
научавам *гл.* learn; come to know
научен *прил.* scientific; **~чнофантастичен** science-fiction
нахалник *м.* bouncer
находчив *прил.* inventive
нахълтвам *гл.* rush, break into; invade
национален *прил.* national
националност *ж.* nationality
нация *ж.* nation
начален *прил.* first; (*образование*) primary
началник *м.* chief, boss, head, manager
начало *ср.* beginning, start

начин *м.* way; manner; method
наш *прит. мест.* our
нашествие *ср.* invasion
нащрек *нрч.* alert
не (*отрицателна част.*) no; (*към глагол*) not
небе *ср.* sky; heaven
небостъргач *м.* skyscraper
небрежен *прил.* careless; (*разхвърлян*) untidy
невежество *ср.* ignorance
невежлив *прил.* impolite
невен *м.* marigold
неверен *прил.* wrong, false; (*за съпруг*) unfaithful
невероятен *прил.* incredible
невеста *ж.* bride
невидим *прил.* invisible
невъзможен *прил.* impossible
невъзпитан *прил.* rude
него *мест.* him
негов *прит. мест.* his; its
негър *м.* negro
неделя *ж.* Sunday
недодялан *прил.* clumsy, awkward
недоразумение *ср.* misunderstanding
недостатък *м.* disadvantage, defect
недостиг *м.* shortage
недоумявам *гл.* be puzzled, be at a loss
недружелюбен *прил.* unfriendly
нежен *прил.* tender, loving
неженен *прил.* single
незабавен *прил.* immediate, instant
незабавно *нрч.* immediately
независим *прил.* independent
независимост *ж.* independence
незначителен *прил.* unimportant
неизброим *прил.* uncountable

неизвестен *прил.* unfamiliar, unknown
неин *прит. мест.* her; hers
нека *част.* let
неколцина *мест.* several
нектар *м.* nectar
нелеп *прил.* ridiculous
неловък *прил.* uneasy, awkward
нелоялен *прил.* disloyal
немец *м.* German
немски *прил.* German
ненавиждам *гл.* hate
ненадейно *нрч.* suddenly, at once
необезпокояван *прил.* undisturbed
необикновен *прил.* unusual, extraordinary, remarkable
необработен *прил.* raw
необходим *прил.* necessary
необщителен *прил.* unsociable; reserved
неограничен *прил.* unlimited
неотдавнашен *прил.* recent
неотложно *нрч.* urgently
неофициален *прил.* informal; casual
неохотен *прил.* unwilling
неочакван *прил.* sudden
неповторим *прил.* unique
неподвижен *прил.* still, static; stationary
неподходящ *прил.* unfit, unsuitable
непознат *прил.* unknown, strange; foreign
непознат *м.* stranger
непокътнат *прил.* whole
непоносим *прил.* unbearable
непослушен *прил.* naughty
непостоянен *прил.* changeable; variable; irregular
непочтен *прил.* dishonest

неправилен *прил.* wrong, incorrect; *грам.* irregular
непреклонен *прил.* inflexible
неприветлив *прил.* unfriendly
неприятел *м.* enemy
неприятен *прил.* unpleasant; nasty
непромокаем *прил.* waterproof
непушач *м.* non-smoker
неразвит *прил.* undeveloped
нерв *м.* nerve
нервен *прил.* nervous
нервирам *гл.* irritate
несломим *прил.* inflexible
неспособен *прил.* unable
несправедливост *ж.* injustice
несъзнателен *прил.* unconscious
несъмнен *прил.* undoubted; certain, sure
нетърпелив *прил.* impatient; eager
неуверен *прил.* uncertain; shy
неуспех *м.* failure; defeat
неутрален *прил.* neutral
неучтив *прил.* impolite
нечестен *прил.* dishonest
нечетен *прил.* odd
нечовешки *прил.* unhuman
нещастен *прил.* unhappy, unfortunate, miserable
нещастие *ср.* unhappiness, misfortune, misery
нещо *мест. и ср.* thing, something
неясен *прил.* dim, obscure
ни *мест.* us
нива *ж.* field
ниво *ср.* level
ние *мест.* we
низина *ж.* lowland(s)
никак *нрч.* not at all; **в ~ъв случай** in no way
никога *нрч.* never
никой *мест.* no one, nobody, none
никъде *нрч.* nowhere
ниско *нрч.* low

нисък *прил.* low; (*за човек*) short
нито *с.* neither; **~...~** neither ... nor
нишка *ж.* thread, fibre
нищета *ж.* misery, poverty
нищо *ср.* nothing; nil
нищожество *ср.* nobody
но *с.* but
нов *прил.* new
новина *ж.* news
ноември *м.* November
нож *м.* knife (*pl* knives)
ножица, ~и *ж.* scissors
ноздра *ж.* nostril
нокът *м.* nail; (*животински*) claw
номер *м.* number; (*размер*) size; **~ на кола** number plate
нормален *прил.* normal
нос *м.* nose; **~на кърпа** *ж.* handkerchief
носач *м.* porter
носилка *ж.* stretcher
носия *ж.* national/traditional costume
носорог *м.* rhinoceros
нося *гл.* carry; bear; bring; (*дреха*) wear; **~ се** float
нощ *ж.* night
нощница *ж.* nightgown
нрав *м.* temper
нужда *ж.* need
нуждая се от *гл.* need, want, require
нужен *прил.* necessary
нула *ж.* zero, nil
нюх *м.* scent; *прен.* nose
някак *нрч.* in some way, somehow; anyhow
някакъв *мест.* some; any
някога *нрч.* once
някой *м.* somebody; anybody
няколко *мест.* several
някъде *нрч.* somewhere
ням *прил.* dumb
няма *гл.* (*не съществува*) there is/are not

О

оазис *м.* oasis
обаждане *ср.* call
обаче *с. и нрч.* however, but; though
обаятелен *прил.* fascinating, charming
обвинявам *гл.* accuse
обед *м.* lunch; dinner; (*пладне*) noon, midday; след~ in the afternoon
обединение *ср.* union
обединявам *гл.* unite
обезлесяване *ср.* deforestation
обезпечавам *гл.* provide
обект *м.* object; **строителен** ~ site
обем *м.* volume
обесвам *гл.* hang
обеца *ж.* earring
обещавам *гл.* promise
обещание *ср.* promise
обзавеждам *гл.* urnish
обзалагам се *гл.* bet
обзор *м.* survey
обида *ж.* insult
обикалям *гл.* go/walk round, (*страна*) tour; (*за планета*) orbit
обикновен *прил.* usual, ordinary, normal, simple; plain
обиколка *ж.* tour, rounds
обирам *гл.* rob
обитавам *гл.* inhabit
обитател *м.* inhabitant
обич *ж.* love
обичаен *прил.* usual, habitual; routine
обичай *м.* custom, tradition
обичам *гл.* love; like, be fond of

обичен *прил.* favourite; beloved
обкръжавам *гл.* surround
облага *ж.* profit, benefit
облагам *гл.* tax
облак *м.* cloud
област *ж.* area, zone, region, district
областен *прил.* regional, district
облачен *прил.* cloudy
облекчавам *гл.* relieve
облизвам *гл.* lick
облицовка *ж.* lining
обличам *гл.* put on, dress; ~ **се** dress
облог *м.* bet
обмислям *гл.* speculate, consider, think over
обобщавам *гл.* summarize; sum up
обобщение *ср.* summary, roundup
ободрявам *гл.* cheer, encourage
обожавам *гл.* adore
обоняние *ср.* smell
оборот *м. тех.* revolution; *търг.* turnover
оборудвам *гл.* equip
обработвам *гл.* work, process; (*земя*) cultivate
образ *м.* image; character
образец *м.* model; standard; (*мостра*) sample
образовам *гл.* educate
образование *ср.* education
образувам *гл.* form, make
обратен *прил.* opposite, contrary; reverse; ~тна връзка feedback

обратно *нрч.* back
обращение *ср.* circulation
обред *м.* ceremony
обръсвам *гл.* shave; ~ се shave
обръч *м.* ring
обръщам *гл.* turn; reverse; ~ се към address; ~ внимание на pay attention to
обслужване *ср.* service
обстоятелство *ср.* circumstance
обсъждам *гл.* discuss
обсъждане *ср.* discussion
обувам *гл.* put on
обувка *ж.* shoe
обучавам *гл.* teach
обучение *ср.* training, education
обущар *м.* shoe-maker
обхват *м.* range
обширен *прил.* large, broad, wide
общ *прил.* general; common; total
общежитие *ср.* hostel
обществен *прил.* public, social
общество *ср.* society
общителен *прил.* sociable
общност *ж.* community
общувам *гл.* communicate
общуване *ср.* communication
обърквам *гл.* confuse, puzzle
обява *ж.* advertisement, *разг.* ad; notice
обядвам *гл.* have lunch/dinner
обяснение *ср.* explanation
обяснявам *гл.* explain
овал *м.* oval
овес *м.* oats; ~ена каша *ж.* porridge
овощен *прил.* fruit; ~щна градина orchard
овца *ж.* sheep (*и pl*)
овчар *м.* shepherd; ~ски скок pole-vault
оглавявам *гл.* head
огледало *ср.* mirror

оглеждам *гл.* look round, examine, survey
огнеупорен *прил.* fireproof
ограбвам *гл.* rob
ограда *ж.* fence
ограничавам *гл.* limit
огромен *прил.* huge, enormous
огрявам *гл.* shine on, light (up)
огъвам *гл.* bend
огън *м.* fire
огърлица *ж.* necklace
одеяло *ср.* blanket
одобрявам *гл.* approve
одухотворен *прил.* spiritual
оживен *прил.* lively, animated; busy
оживявам *гл.* revive, survive; animate
озадачавам *гл.* puzzle
оздравявам *гл.* recover, get better
означавам *гл.* mean; indicate; represent
озон *м.* ozone
окапи *ср. зоол.* okapi
окачвам *гл.* hang (up), suspend
океан *м.* ocean
око *ср.* eye
оковавам *гл.* chain
околност *ж.* neighbourhood
около *пр.* around; about
окръжен *прил.* regional
октомври *м.* October
октопод *м.* octopus
окупатор *м.* invader
окуражавам *гл.* encourage
олио *ср.* oil
омайвам *гл.* charm
омар *м.* lobster
омекотявам *гл.* soften
омлет *м.* omelette
омраза *ж.* hatred

омъжвам *гл.* marry; ~ **се** marry (за –)

онагледявам *гл.* visualize

онези *мест.* those

онзи *мест.* that

опаковам *гл.* pack

опаковка *ж.* package

опасен *прил.* dangerous

опасност *ж.* danger

опашка *ж.* (*от хора*) queue; (*животинска*) tail; (*прическа*) ponytail

опера *ж.* opera; (*сграда*) opera house

оперирам *гл.* operate (on)

опис *м.* list

описание *ср.* description

описвам *гл.* describe

опит *м.* try, attempt; experiment

опитвам *гл.* try, attempt; (*на вкус*) taste

опитен *прил.* expert; experienced

опитомявам *гл.* tame

оплаквам *гл.* weep (for); ~ **се** complain

оплакване *ср.* complaint

опозиция *ж.* opposition

опора *ж.* support

опосум *м.* bilby

определен *прил.* definite

определям *гл.* define

оптик *м.* optician

оптимизъм *м.* optimism

оптимистичен *прил.* optimistic

оптически *прил.* optical

опънат *прил.* stretched tight

орангутан *м.* orangutan

оранжев *прил.* orange

оранжерия *ж.* greenhouse

оратор *м.* speaker

орбита *ж.* orbit

организация *ж.* organization

организирам *гл.* organize, arrange

орден *м.* medal

орел *м.* eagle

орех *м.* walnut

оригинален *прил.* original

ориентир *м.* landmark

ориз *м.* rice

оркестър *м.* band

оръдие *ср.* tool; *воен.* gun

оръжие *ср.* weapon

ос *ж.* axle

оса *ж.* wasp

осведомявам *гл.* inform

освежавам *гл.* refresh

освен *пр.* except; besides; *с.* ~ **ако** unless; ~ **това** besides, moreover

освобождавам *гл.* free, set free; release

оседлавам *гл.* saddle

осем *числ.* eight

осемдесет *числ.* eighty

осемнайсет *числ.* eighteen

осигурявам *гл.* secure, provide for

оскърбявам *гл.* insult

осмивам *гл.* ridicule

основа *ж.* foundation, basis; *хим.* alkali

основавам *гл.* found, establish

основен *прил.* basic; (*главен*) cardinal

особен *прил.* special, particular; peculiar

оспорвам *гл.* dispute

оставам *гл.* remain; stay

оставям *гл.* leave; put down; (*позволявам*) let

останки *мн.ч.* remains

остарявам *гл.* grow/become old

остатък *м.* rest

остров *м.* island, isle

остроумен *прил.* smart, witty

остроумие *ср.* wit

остър *прил.* sharp; acute
остъргвам *гл.* scrape (off)
осъждам *гл.* sentence
осъзнавам *гл.* realize
осъществявам *гл.* carry out, fulfil
от *пр.* (*отдалечаване*) from, out of, off; (*начална точка във времето*) from, for, since; (*автор, извършител*) by; (*сравнение*) than
отбелязвам *гл.* mark; note, notice; *сп.* score
отбор *м.* team
отбягвам *гл.* avoid
отварям *гл.* open; (*кран на чешма*) turn on
отвертка *ж.* screw-driver
отвесен *прил.* vertical
отвличам *гл.* kidnap; ~ **самолет** hijack
отводнявам *гл.* drain
отвращавам *гл.* disgust; ~ **се** be disgusted
отвращение *ср.* disgust
отвъд *нрч.* beyond, across
отвън *нрч.* outside, outdoors
отвътре *нрч.* from inside; within
отгатвам *гл.* guess
отглеждам *гл.* grow, raise, cultivate
отговарям *гл.* answer, reply, respond
отговор *м.* answer, reply, response
отговорен *прил.* responsible
отговорност *ж.* responsibility
отгоре *нрч.* on top (of); from above
отдалечен *прил.* distant, remote
отделен *прил.* separate
отделям *гл.* separate
отдолу *нрч.* underneath; from below
отдръпвам *гл.* draw back, withdraw

отегчен *прил.* bored
отегчителен *прил.* boring, dull
отечество *ср.* country, fatherland
отзивчив *прил.* helpful; sympathetic; warm-hearted
отзивчивост *ж.* sympathy
отзовавам се *гл.* respond
отивам *гл.* go; get to; ~ **си** go home; (*умирам*) depart
отказ *м.* refusal
отказвам *гл.* refuse, decline
отклонявам се *гл.* turn off
откривам *гл.* discover, find out
открит *прил.* open, uncovered
откритие *ср.* discovery; invention
откровен *прил.* frank, open, direct
откъс *м.* passage
отлагам *гл.* put off
отлив *м.* tide
отличен *прил.* excellent
отломка *ж.* fragment
отмора *ж.* relaxation
отмъщавам *гл.* revenge
отнасям *гл.* take, carry; *прен.* refer, relate (to); ~ **се към** treat
отново *нрч.* again
относителен *прил.* relative
отношение *ср.* attitude
отопление *ср.* heating
отпадъци *мн.ч.* waste, scrap, junk
отпечатвам *гл.* print
отпечатък *м.* print; ~ **от пръст** fingerprint
отпред *нрч.* in front
отпускам се *гл.* relax
отпуснат *прил.* loose
отпътуване *ср.* departure
отражение *ср.* reflection
отразявам *гл.* reflect
отрицателен *прил.* negative
отрова *ж.* poison
отровен *прил.* poisonous

отсичам *гл.* cut down
отскачам *гл.* bounce (off)
отсреща *нрч.* opposite
отстранявам *гл.* remove
отсъстващ *прил.* absent
отсъствие *ср.* absence
отсядам *гл.* stay (у/в at)
оттеглям *гл.* withdraw; ~ **се** retire
отхвърлям *гл.* reject
отчет *м.* report, account
офицер *м.* officer
официален *прил.* formal, official
оформям *гл.* shape, form
охкам *гл.* moan
охлюв *м.* snail
охолен *прил.* wealthy, rich
охота *ж.* desire; zest
охрана *ж.* guard, security

охранявам *гл.* guard
оцветявам *гл.* colour
оцелявам *гл.* survive
оценка *ж.* mark, grade
оценявам *гл.* estimate, value
оцет *м.* vinegar
очаквам *гл.* expect, await; look forward to
очаровам *гл.* fascinate, charm
очарование *ср.* fascination, charm
очевиден *прил.* obvious
очевидец *м.* witness
очертание *ср.* shape, outline
очила *мн.ч.* glasses, spectacles, *разг.* specs; **слънчеви** ~ sunglasses
още *нрч.* more, still, yet; else; again; **все** ~ still

П

паваж *м.* pavement
падам *гл.* fall, drop
пазар *м.* market
пазарувам *гл.* go shopping
пазаря се *гл.* bargain
пазач *м.* guard
пазя *гл.* keep, guard, protect
пак *нрч.* again
пакет *м.* packet, parcel, pack
пакост *ж.* harm
пакостлив *прил.* mischievous
палав *прил.* naughty
палатка *ж.* tent
палачинка *ж.* pancake

палец *м.* thumb
палка *ж.* club
палма *ж.* palm (tree)
палто *ср.* coat
памет *ж.* memory
паметен *прил.* notable; *прен.* historic
паметник *м.* monument
памук *м.* cotton
панаир *м.* fair
панда *ж.* panda
паница *ж.* bowl
панталони *мн.ч.* trousers, *ам.* pants

папагал *м.* parrot
папка *ж.* file
пàра *ж.* steam; vapour
параван *м.* screen
парад *м.* parade
паразитирам *гл. прен.* sponge (on)
паралелен *прил.* parallel
парапет *м.* rail
параход *м.* steamer, ship
парашут *м.* parachute
пари *мн.ч.* money; ~ в брой cash
парк *м.* park
паркинг *м.* car park, *ам.* parking lot
парламент *м.* parliament
парник *м.* greenhouse
парола *ж.* password
партньор *м.* partner
парфюм *м.* perfume
парче *ср.* piece, bit, fragment
паса *гл.* feed (on)
пасивен *прил.* passive
пасище *ср.* pasture
паста *ж.* cake; ~и pastry; (*за зъби*) toothpaste
патица *ж.* duck
патладжан *м.* aubergine
патрул *м.* patrol
пауза *ж.* pause, interval, break
паун *м.* peacock
пациент *м.* patient
пашкул *м.* cocoon
паяжина *ж.* web
паяк *м.* spider
певец *м.* singer
пейзаж *м.* landscape, scenery
пейка *ж.* bench
пека *гл.* bake, roast; (*на скара*) grill; ~ се на слънце sunbathe
пекар *м.* baker
пеницилин *м.* penicillin
пенсионирам се *гл.* retire

пеня се *гл.* bubble
пепел *ж.* ash
пепелник *м.* ashtray
пепелянка *ж.* viper
пеперуда *ж.* butterfly
пера *гл.* wash
пералня *ж.* washing machine
пергел *м.* compasses
перде *ср.* curtain
период *м.* period
перка *ж.* (*на риба*) fin
перла *ж.* pearl
перо *ср.* feather; plume
перон *м.* platform
персонал *м.* staff
перука *ж.* wig
песен *ж.* song
песимизъм *м.* pessimism
песимистичен *прил.* pessimistic
пестя *гл.* save
песъчлив *прил.* sandy
пет *числ.* five
петà *ж.* heel
петдесет *числ.* fifty
петел *м.* cock
петнадесет *числ.* fifteen
петно *ср.* stain, spot
петрол *м.* oil; *ам.* gas
петък *м.* Friday
печал *ж.* grief, sorrow
печалба *ж.* profit
печален *прил.* sad, sorrowful
печат *м.* seal; stamp
печеливш *прил.* profitable
печеля *гл.* win; (*заработвам*) earn
печен *прил.* roast, baked
печка *ж.* stove; (*готварска*) cooker
пешеходец *м.* pedestrian; ~дна пътека *ж.* pedestrian/zebra crossing
пешкир *м.* towel

пещ *ж.* oven; furnace
пещера *ж.* cave
пея *гл.* sing
пиано *ср.* piano
пиеса *ж.* play
пижама *ж.* pyjamas
пикантен *прил.* spicy, savoury, juicy
пикник *м.* picnic
пиле *ср.* chicken
пилот *м.* pilot
пингвин *м.* penguin
пипало *ср. зоол.* tentacle, antenna
пипам *гл.* touch
пипер *м.* pepper
пирамида *ж.* pyramid
пирон *м.* nail
пиршество *ср.* feast
писалище *ср.* desk, writing desk
писалка *ж.* pen
писане *ср.* writing
писател *м.* writer
писмен *прил.* written
писмо *ср.* letter
писта *ж.* track
писък *м.* scream
питам *гл.* ask, question
питомен *прил.* tame
питон *м.* python
пихтия *ж.* jelly
пица *ж.* pizza
пиша *гл.* write; ~ **грешно** misspell
пищя *гл.* scream
пия *гл.* drink
пиян *прил.* drunk
плавам *гл.* float; (*за кораб*) sail
плаване *ср.* sailing; voyage
пладне *ср.* noon, midday
плаж *м.* beach
плакат *м.* poster
плакна *гл.* rinse
пламък *м.* flame
план *м.* plan, project, scheme

планета *ж.* planet
планина *ж.* mountain
планински *прил.* mountainous
планирам *гл.* plan, intend
пласт *м.* layer
пластмасов *прил.* plastic
пласьор *м.* distributor
плат *м.* material, cloth
платно *ср.* canvas
плато *ср.* plateau
плахост *ж.* shyness
плач *м.* cry(ing), weeping
плача *гл.* cry, weep
плаша *гл.* frighten, scare
плашило *ср.* scarecrow
плащам *гл.* pay
плащане *ср.* payment
плевел *м.* weed
плевня *ж.* barn
племе *ср.* tribe
племенен *прил.* tribal
племенник *м.* nephew
племенница *ж.* niece
пленявам *гл.* capture
плесен *ж.* mould
плета *гл.* knit
плик *м.* (*за писмо*) envelope
плитка *ж.* plait, pigtail
плитък *прил.* shallow
плод *м.* fruit (*и pl*)
плодороден *прил.* fertile
плосък *прил.* flat
плочка *ж.* tile
площ *ж.* area
площад *м.* square
плувам *гл.* swim
плуване *ср.* swimming; **плувен басейн** *м.* swimming pool
плъзгав *прил.* slippery
плъзгам (се) *гл.* slide, slip
плътен *прил.* dense, thick; solid
плъх *м.* rat
плюя *гл.* spit

пляс *межд.* slap

пляскам *гл.* slap; (*ръкопляскам*) clap

плясък *м.* splash

плячка *ж.* prey

по *пр.* (*по протежение на*) along; (*върху*) on, over; (*посредством*) by

победа *ж.* victory

побеждавам *гл.* win, beat, defeat

повалям *гл.* knock down

повдигам *гл.* lift, raise

поведение *ср.* behaviour

повеждам *гл.* lead

повече *нрч.* more; **~то хора** most people

повишавам *гл.* raise, increase; promote

повишение *ср.* promotion

повреда *ж.* damage

повреждам *гл.* damage, injure

повтарям *гл.* repeat

повърхност *ж.* surface

повърхностен *прил.* superficial

поглед *м.* look; **от/на пръв ~** at first sight

поглеждам *гл.* look at, have a look at

поговорка *ж.* proverb

погребвам *гл.* bury

погребение *ср.* burial

погубвам *гл.* ruin, destroy

под *пр.* under; below

под *м.* floor

подавам *гл.* pass, hand

подарък *м.* gift, present

подател *м.* sender

подбирам *гл.* select

подбор *м.* selection

подвижен *прил.* mobile

подводница *ж.* submarine

подготвителен *прил.* preparatory

подготвям *гл.* prepare

подготовка *ж.* preparation

поддържам *гл.* support; maintain

подигравам *гл.* laugh at, make fun of, mock; **~ се на** make fun of

подкастрям *гл.* trim

подкрепа *ж.* support

подкрепям *гл.* support

подкупвам *гл.* bribe

подлез *м.* underpass, subway

подлог *м. грам.* subject

подновявам *гл.* renew

поднос *м.* tray

подобен *прил.* similar, such, alike

подобрение *ср.* improvement

подобрявам *гл.* improve, make better; **~ се** get better

подозирам *гл.* suspect

подозрение *ср.* suspicion

подозрителен *прил.* suspicious

подпечатвам *гл.* seal, stamp

подписвам (се) *гл.* sign

подписка *ж.* subscription

подплата *ж.* lining

подправка *ж.* spice

подправям *гл.* (*ястие*) flavour

подражавам *гл.* imitate; copy

подреждам *гл.* arrange, put in order

подробност *ж.* detail

подсвирквам *гл.* whistle

подскачам *гл.* jump; hop

подслон *м.* shelter

подхвърлям *гл.* toss

подход *м.* approach

подходящ *прил.* suitable, proper, fit, appropriate

подхождам *гл.* suit, match

подчертавам *гл.* underline

подчинен *прил.* dependent

подчинявам се (на –) *гл.* obey

поезия *ж.* poetry

поет *м.* poet

пожар *м.* fire; **~на кола** *ж.* fire-engine

пожарникар *м.* fireman

пожелание *ср.* wish

цозволение *ср.* permission, leave

позволявам *гл.* permit, allow; let

поздрав *м,* greeting

поздравление *ср.* congratulation

поздравявам *гл.* greet; (*по повод*) congratulate

познавам *гл.* know; (*отгатвам*) guess

познат *прил.* known, familiar; (*известен*) famous

позор *м.* shame

показател *м.* indicator, index

показвам *гл.* show, display, exhibit; (*соча*) indicate

покана *ж.* invitation

поканвам *гл.* invite

поквара *ж.* corruption

покварявам *гл.* corrupt

покланям се *гл.* bow

поклащам *гл.* shake

покой *м.* peace, quiet

поколение *ср.* generation

покорявам *гл.* conquer; **~ се** obey

покрай *пр.* past, by, along

покрайнини *мн.ч.* outskirts

покрив *м.* roof

покривало *ср.* veil, cover

покривам *гл.* cover

покровителство *ср.* protection

пол *м.* sex

пола *ж.* skirt

поле *ср.* field

полезен *прил.* useful

полет *м.* flight

полза *ж.* use, benefit; favour

ползвам *гл.* use

поливам *гл.* water

полистирин *м. хим.* polystyrene

политик *м.* politician

политика *ж.* politics

полйца *ж.* shelf

полицай *м.* policeman, police officer; *разг.* cop

полиция *ж.* police

полковник *м.* colonel

половина *ж.* half

положение *ср.* position; situation

положителен *прил.* positive; certain

полукръг *м.* semi-circle

полукълбо *ср.* hemisphere

полунощ *ж.* midnight

полуостров *м.* peninsula

получавам *гл.* get, receive

полюс *м.* pole

поляна *ж.* lawn

полярен *прил.* polar

помагам *гл.* help, assist

помирисвам *гл.* smell, sniff, scent

помитам *гл.* sweep

помня *гл.* remember

помощ *ж.* help, aid

помпа *ж.* pump

понастоящем *нрч.* at present; nowadays

понасям *гл.* bear, stand, tolerate; suffer

понеделник *м.* Monday

пони *ср.* pony

понякога *нрч.* sometimes

понятие *ср.* idea

поощрение *ср.* encouragement

поощрявам *гл.* stimulate

попивам *гл.* absorb; mop up

поправям *гл.* correct; fix, mend, repair

поприще *ср.* career

популярен *прил.* popular

популярност *ж.* popularity

попълвам *гл.* fill in

поражение *ср.* defeat

поразявам *гл.* (*и прен.*) strike

порастваm *гл.* grow up
пореден *прил.* serial
поредица *ж.* serial
порода *ж.* breed
порок *м.* vice
порочен *прил.* wicked
портативен *прил.* portable
портиер *м.* porter
портмоне *ср.* purse
портокал *м.* orange
портрет *м.* portrait
портфейл *м.* wallet
порцелан *м.* porcelain, china
поръчвам *гл.* order
поръчителство *ср.* guarantee
порядък *м.* order
порязвам *гл.* cut
посвещавам *гл.* devote (**на** to)
посеви *мн.ч.* crops
посетител *м.* visitor
посещавам *гл.* visit, call on; attend
послание *ср.* message
после *нрч.* then, after that, next
последен *прил.* last, final
последица *ж.* result
последовател *м.* follower
последователност *ж.* sequence
посолявам *гл.* salt
посочвам *гл.* point
посрещам *гл.* meet, welcome
посрещане *ср.* reception
поставям *гл.* put, place, set; lay
постепенен *прил.* gradual
постоянен *прил.* constant; steady; regular
постройка *ж.* building, construction
построявам *гл.* build, construct
постъпвам *гл.* act; behave
пот *ж.* sweat
потеглям *гл.* start; (*за кола*) drive off

потискам *гл.* oppress; depress
потник *м.* vest
поток *м.* stream
потомък *м.* descendant
потрепервам *гл.* shiver
потупвам *гл.* tap
потъвам *гл.* sink
потя се *гл.* sweat
похабен *прил.* worn, shabby
похарчвам *гл.* spend
похитител *м.* kidnapper
поход *м.* march; campaign
почва *ж.* soil; ground
почерк *м.* handwriting
почернял *прил.* sunburnt
почивам *гл.* rest, relax
почивка *ж.* rest; break, interval; holiday
почиствам *гл.* clean
почитам *гл.* respect
почтен *прил.* honest
почти *нрч.* almost, nearly
почуквам *гл.* knock; tap
пошепвам *гл.* whisper
поща *ж.* post, mail; (*сграда*) post office
пощада *ж.* mercy
пощальон *м.* postman
появявам се *гл.* appear, emerge
пояс *м.* *геогр.* zone
прав *прил.* (*верен*) right; (*изправен*) upright; (*без извивка*) straight
правда *ж.* justice
правилен *прил.* right, correct, proper, regular
правило *ср.* rule
правителство *ср.* government
право *ср.* right; (*наука*) law
правопис *м.* spelling
правоъгълен *прил.* rectangular
правоъгълник *м.* rectangle
правя *гл.* do, make
праг *м.* threshold; doorstep

празен *прил.* empty; blank

празненство *ср.* feast; celebration

празник *м.* holiday

празнина *ж.* gap

празнувам *гл.* celebrate

праисторически *прил.* prehistoric

практика *ж.* practice

практикувам *гл.* practise

практически *прил.* practical

прасе *ср.* pig

прасец *м.* calf

праскова *ж.* peach

пратеник *м.* messenger

пратка *ж.* parcel, packet

прах *ж. и м.* dust; *хим.* powder

прахосвам *гл.* waste

прахосмукачка *ж.* vacuum cleaner

прашен *прил.* dusty

пращам *гл.* send

превеждам *гл.* translate

превозвам *гл.* transport; **превозно средство** *ср.* vehicle

превръзка *ж.* bandage, dressing

превръщам *гл.* transform, change

превъзмогвам *гл.* overcome

превъзходен *прил.* excellent, superior, superb; **~дна степен** *грам.* superlative (degree)

превъзхождам *гл.* excel

преглед *м.* review, survey; *мед.* examination

преглеждам *гл.* review, survey; examine

преглъщам *гл.* swallow

преговарям *гл.* revise; (*водя преговори*) negotiate

прегрешение *ср.* sin

прегръщам *гл.* embrace

прегъвам *гл.* fold

пред *пр.* before, in front of

преда *гл.* spin

предавам *гл.* give, deliver; *рад., тел.* transmit, broadcast; **~ се** give up, surrender

предание *ср.* legend; tradition

преданост *ж.* faithfulness, loyalty, allegiance

предател *м.* traitor

предградия *мн.ч.* outskirts

предел *м.* limit

преден *прил.* front; forward; (*предишен*) previous

преди *нрч.* before; ago

предизвиквам *гл.* challenge, provoke

предимно *нрч.* mainly

предимство *ср.* advantage

предишен *прил.* previous

предлагам *гл.* offer, propose; suggest

предлог *м.* *грам.* preposition

предложение *ср.* offer; proposal; suggestion

предмет *м.* object; (*на разговор*) subject

предпазвам *гл.* protect

предписвам *гл.* prescribe

предполагам *гл.* suppose

предположение *ср.* speculation

предпочитам *гл.* prefer

предпочитание *ср.* preference

председател *м.* president; chairman

предсказвам *гл.* predict, foretell, forecast

предсказване *ср.* prediction

представа *ж.* idea

представител *м.* representative; agent

представление *ср.* performance, show

представям *гл.* present, introduce; show, perform; **~ си** imagine

представяне *ср.* presentation; representation
предупреждавам *гл.* warn
предупреждение *ср.* warning
предшественик *м.* ancestor
прежда *ж.* yarn
преживявам *гл.* experience, go through
преживяване *ср.* experience
през *пр.* (*за време*) during, in; (*за място*) across, through; ~ **това време** meanwhile
президент *м.* president
презирам *гл.* despise
прекалено *нрч.* too; rather
прекарвам *гл.* spend
прекланям *гл.* bow, bend; ~ **се** bow
прекрасен *прил.* splendid, delightful, gorgeous
прекратявам *гл.* stop; suspend
прекъсвам *гл.* break/cut off, interrupt; stop
прелестен *прил.* lovely, charming
преливам *гл.* overflow
прелиствам *гл.* thumb
премеждие *ср.* hardship
премествам (се) *гл.* move
премигвам *гл.* blink
премиер *м.* prime-minister
преминавам *гл.* cross, pass, go
пренасям *гл.* carry
пренебрегвам *гл.* ignore
преносим *прил.* portable
преобличам се *гл.* dress up, disguise (**като** as)
преобразувам *гл.* transform
преобразувател *м.* transformer
преобръщам *гл.* overturn
препирам се *гл.* argue, dispute
преписвам *гл.* copy; rewrite
препичам *гл.* toast
преподавам *гл.* teach

преподавател *м.* teacher; tutor
препоръка *ж.* reference
преработвам *гл.* revise
пресен *прил.* fresh
пресечка *ж.* crossing
пресипнал *прил.* hoarse
преситен *прил. прен.* fed up (**от** with)
пресичам *гл.* cross
прескачам *гл.* jump over
преследвам *гл.* chase, persecute; hunt
пресовам *гл.* press
престилка *ж.* apron
престой *м.* stay
престол *м.* throne
престоявам *гл.* stay
престоял *прил.* (*за хляб*) stale
преструвам се *гл.* simulate, pretend
преструване *ср.* simulation
престъпник *м.* criminal
пресушавам *гл.* drain
претеглям *гл.* weigh
претъпкан *прил.* crowded
претърсвам *гл.* search
преувеличавам *гл.* exaggerate
преувеличение *ср.* exaggeration
преценявам *гл.* estimate
преча на *гл.* obstruct
пречиствам *гл.* refine
при *пр.* at, by, close to, near
прибавям *гл.* add
приближавам *гл.* come near; ~ **се** approach, get/go/come near
приблизителен *прил.* approximate
приблизително *нрч.* approximately, roughly
прибор *м.* instrument, apparatus; ~**и за хранене** cutlery
приветлив *прил.* friendly, kind
приветствам *гл.* welcome, greet

привлекателен *прил.* attractive, good-looking

привличам *гл.* attract, fascinate

привърженик *м.* supporter, fan

привързвам се *гл.* attach

привързване *ср.* attachment

придирчив *прил.* fussy

придобивам *гл.* get

прием *м.* reception, party

приемам *гл.* accept; receive

приземявам (се) *гл.* land

признавам *гл.* confess

признак *м.* symptom

признателен *прил.* thankful, grateful

признателност *ж.* gratitude

призрак *м.* ghost

приказвам *гл.* speak, talk

приказка *ж.* tale

приключение *ср.* adventure

прикрепвам *гл.* fix, attach

прикривам *гл.* hide

прилагам *гл.* apply; attach

прилагателно *ср. грам.* adjective

прилеп *м.* bat

прилепнал *прил.* tight

прилив *м.* tide

приличам на *гл.* look like

приложение *ср.* attachment; application

прилягам *гл.* suit, fit, match

пример *м.* example

примитивен *прил.* primitive

принадлежа *гл.* belong (**на** to)

принадлежности *мн.ч.* belongings

принтирам *гл.* print

принуждавам *гл.* force

принц *м.* prince

принцеса *ж.* princess

принцип *м.* principle

припадам *гл.* faint

природа *ж.* nature; environment; scenery

природен *прил.* natural; **~дните стихии** the elements

природозащитен *прил.* environmental

прислужвам *гл.* serve

прислужник *м.* servant

присмех *м.* ridicule

присмехулен *прил.* mocking

приспособление *ср.* device

пристанище *ср.* port, harbour

пристигам *гл.* arrive

пристигане *ср.* arrival

пристрастѐн *прил.* addicted (**към** to)

присъда *ж.* sentence

присъединявам се към *гл.* join

присъствам *гл.* be present, attend

присъствие *ср.* presence

притежавам *гл.* possess, own, have

притежание *ср.* possession; ownership; (*собственост*) property

притеснен *прил.* uneasy; worried

притеснителен *прил.* embarrassing

притискам *гл.* press

притихвам *гл.* be hushed

приход *м.* income

прическа *ж.* hairstyle; headdress

причина *ж.* reason, cause

причинявам *гл.* cause

пришка *ж.* blister

приют *м.* home; workhouse

приютявам *гл.* shelter

приятел *м.* friend; boyfriend

приятелка *ж.* friend, girlfriend

приятелски *прил.* friendly

приятелство *ср.* friendship

приятен *прил.* pleasant, nice, enjoyable

пробвам *гл.* try

проблем _м._ problem
проблясък _м._ ray, flash
пробождам _гл._ pierce
пробуждам (се) _гл._ wake up
провал _м._ failure
провалям се _гл._ fail, go wrong
проверка _ж._ check, test
проветрявам _гл._ air
провинциален _прил._ rural
провинция _ж._ country
прогноза _ж._ forecast; ~ **за времето** weather forecast
програма _ж._ programme
прогрес _м._ progress
продавам _гл._ sell
продавач _м._ salesperson, shop-assistant; ~ **на зеленчуци** greengrocer; ~ **на цветя** florist
продажба _ж._ sale
продукт _м._ product
продуцент _м._ producer
продълговат _прил._ oblong
продължавам _гл._ go on, continue, keep on; last
продължителен _прил._ long
проект _м._ project; scheme
проектант _м._ designer
проектирам _гл._ project; design
прозорец _м._ window
прозрачен _прил._ transparent
прозявам се _гл._ yawn
произвеждам _гл._ produce, make, manufacture, generate
производител _м._ producer, manufacturer
производство _ср._ production, manufacture
произнасям _гл._ pronounce
произношение _ср._ pronunciation
произход _м._ origin; background
произшествие _ср._ incident, casualty; accident
проклинам _гл._ curse

пролет _ж._ spring
променлив _прил._ variable, changing
променям _гл._ change, vary, alter
промишлен _прил._ industrial
промишленост _ж._ industry
промушвам _гл._ stab
промяна _ж._ change, alteration
пронизвам _гл._ pierce
проницателен _прил._ acute
пропадам _гл._ fail
пропускам _гл._ miss
просвета _ж._ education
прославен _прил._ celebrated
проследявам _гл._ trace
прост _прил._ simple; ordinary, plain
простирам се _гл._ stretch out
простодушен _прил._ simple
просторен _прил._ spacious
пространство _ср._ space
простуда _ж._ cold
прося _гл._ beg
просяк _м._ beggar
протеин _м._ protein
протестирам _гл._ protest
против _пр._ against
противен _прил._ nasty, disgusting
противник _м._ opponent
противодействам _гл._ counteract
противоположен _прил._ opposite (**на –**)
противопоставям _гл._ contrast, oppose
противопоставяне _ср._ opposition, contrast
протягам (се) _гл._ stretch
проучвам _гл._ explore, investigate, research
проучване _ср._ investigation, research
професионален _прил._ professional

професия *ж.* profession, occupation, job
профил *м.* profile
прохладен *прил.* cool
процент *м.* per cent, percentage
процес *м.* process
процъфтявам *гл.* thrive, flourish
прочитам *гл.* read
прочут *прил.* famous
прошарен *прил.* grey
прошение *ср.* petition
прошка *ж.* pardon, forgiveness
прощавам *гл.* forgive, pardon
проявявам *гл.* demonstrate, show, reveal; (*снимки*) develop
пръв *числ.* first
пръскам *гл.* splash; ~ **се** *прен.* burst
пръст¹ *ж.* soil, earth
пръст² *м.* (*на ръка*) finger; (*на крак*) toe
пръстен *м.* ring
пръчка *ж.* stick
пряк *прил.* direct
прякор *м.* nickname
прям *прил.* sincere, direct, open
психолог *м.* psychologist
психология *ж.* psychology
птица *ж.* bird
публика *ж.* audience
публикувам *гл.* publish
публичност *ж.* publicity
пудинг *м.* pudding
пудра *ж.* powder
пуйка *ж.* turkey
пукам *гл.* crack
пуканки *мн.ч.* popcorn
пуловер *м.* sweater
пулсирам *гл.* pulse
пума *ж.* puma
пункт *м.* point, item
пунктуация *ж.* punctuation
пура *ж.* cigar

пурпурен *прил.* crimson
пускам *гл.* (*на свобода*) release; (*кран, чешма*) turn on
пуст *прил.* empty, deserted
пустиня *ж.* desert
пустош *ж.* wilderness
пухкав *прил.* fluffy
пуша *гл.* smoke
пушка *ж.* gun
пчела *ж.* bee
пшеница *ж.* wheat
пък *с.* but; and; while
пъкъл *м.* hell
пълен *прил.* full, complete; (*за фигура*) plump; fat
пълзя *гл.* creep
пълня *гл.* fill; stuff
пън *м.* log
пъпеш *м.* melon
първичен *прил.* original
пържа *гл.* fry
пържола *ж.* chop, steak
пързалка *ж.* (*за кънки*) rink; (*детска*) slide
пързалям се *гл.* (*с кънки*) skate; (*с шейна*) sledge
пъстър *прил.* multicoloured; (*очи*) greenish
пъстърва *ж.* trout
път¹ *м.* road, way, path, highway
път² *м.* time; **един ~** once; **два ~и** twice
пътека *ж.* path
пътешественик *м.* traveller
пътник *м.* passenger, traveller
пътнически *прил.* passenger; ~ **чек** traveller's cheque
пътувам *гл.* travel, journey; ~ **по море** make a voyage; ~ **на стоп** hitchhike
пътуване *ср.* journey, travelling, trip; (*по море*) cruise
пясък *м.* sand

Р

работа *ж.* work, job; business; labour

работник *м.* worker; ~**тна сила** *ж.* labour force; ~**тно време** *ср.* opening hours

работя *гл.* work; function, operate

равен *прил.* flat; smooth; level; equal

равнина *ж.* plain

равнище *ср.* level; *прен.* standard

равновесие *ср.* balance

равнодушен *прил.* indifferent

радар *м.* radar

радвам се *гл.* be glad

радиация *ж.* radiation

радио *ср.* radio

радост *ж.* joy

радостен *прил.* glad; cheerful, merry

раждаемост *ж.* birth rate

раждам *гл.* bear, give birth to

раждане *ср.* birth

разбивам *гл.* break; smash; crash

разбирам *гл.* understand, realize, find out; ~ **погрешно** misunderstand; **разбира се** of course, certainly; *ам.* sure

разбъркан *прил.* jumbled

разбърквам *гл.* mix; stir; jumble

развален *прил.* bad; rotten

развалини *мн.ч.* remains, ruins

развалям *гл.* damage; spoil

развивам *гл.* develop

развитие *ср.* development, growth

развлечение *ср.* entertainment, amusement

развличам *гл.* entertain, amuse

развод *м.* divorce

развълнувам *гл.* excite, thrill

разглеждам *гл.* examine, look at

разглезвам *гл.* spoil

разговарям *гл.* talk/speak (**с(ъс)** to, with); (*бъбря*) chat

разговор *м.* conversation, talk, chat

раздавам *гл.* give out; give away

разделям *гл.* divide; part, separate

раздразнение *ср.* irritation

раздразнителен *прил.* irritable, short-tempered

razисквам *гл.* discuss, debate

разискване *ср.* discussion, debate

разказ *м.* story, tale; short story

разказвам *гл.* tell, narrate

разказвач *м.* narrator

разклащам *гл.* shake

разклонявам се *гл.* branch out

разкош *м.* luxury

разкошен *прил.* magnificent, splendid, gorgeous

разкривам *гл.* reveal, discover, uncover

разливам *гл.* spill

разлика *ж.* difference

различен *прил.* different, various

размер *м.* size; measure

размирици *мн.ч.* riots, unrest

размишление *ср.* speculation

размишлявам *гл.* speculate

размножавам се *гл.* breed

разнасям *гл.* deliver

разнообразен *прил.* various; varied

разнообразие *ср.* variety

разопаковам *гл.* unpack

разочаровам *гл.* disappoint

разочарование *ср.* disappointment

разписание *ср.* timetable, schedule

разположение *ср.* location

разпра *ж.* quarrel

разпределям *гл.* distribute

разпродажба *ж.* sale

разпространявам *гл.* spread, circulate

разрешавам *гл.* allow, permit, let; (*проблем*) solve

разрешение *ср.* permission; (*на проблем*) solution

разрешително *ср.* licence

разрушавам *гл.* destroy, ruin

разследвам *гл.* investigate

разследване *ср.* investigation

разстояние *ср.* distance

разсъдък *м.* mind

разсъждавам *гл.* reflect, think

разсъждение *ср.* reflection

разсъмване *ср.* dawn, daybreak

разтвор *м.* solution

разтоварвам *гл.* unload; *прен.* relieve

разтопявам *гл.* melt

разтребвам *гл.* tidy up, put in order

разтревожен *прил.* worried

разтягам *гл.* stretch

разузнаване *ср.* intelligence

разузнавателен *прил.* intelligence

разум *м.* reason, mind, wit; **здрав** ~ common sense

разумен *прил.* rational; sensible, reasonable

разхвърлян *прил.* untidy; messy

разходка *ж.* walk

разхождам се *гл.* walk, have a walk, stroll

разцвет *м.* bloom

разцепвам *гл.* split

разчертавам *гл.* line

разчитам на *гл.* rely/count on

разширявам (се) *гл.* expand, widen

раиран *прил.* striped

рай *м.* paradise, heaven

райе *ср.* stripe

район *м.* region, district

рак *м.* crab; (*болест*) cancer

ракета *ж.* rocket; (*за тенис*) racket

ракла *ж.* chest

раковина *ж.* shell

рамка *ж.* frame

рамо *ср.* shoulder

рана *ж.* wound

ранг *м.* rank

раница *ж.* rucksack, backpack

рано *нрч.* early

ранявам *гл.* wound

раса *ж.* race

раста *гл.* grow

растеж *м.* growth

растение *ср.* plant

растителен *прил.* plant, vegetable

рафинирам *гл.* refine

рафт *м.* shelf; (*за книги*) bookshelf

рационален *прил.* rational

реагирам *гл.* react

реакция *ж.* reaction

реален *прил.* real, true

реалност *ж.* reality
ребро *ср.* rib
ребус *м.* puzzle
рева *гл.* roar; (*плача*) cry
ревматизъм *м.* rheumatism
ревнив *прил.* jealous
ревност *ж.* jealousy
ревностен *прил.* eager, keen
револвер *м.* gun
революция *ж.* revolution
реге *ср. муз.* reggae
регистрирам *гл.* register
регулирам *гл.* control, regulate
ред *м.* row, line; (*порядък*) order
редактирам *гл.* edit
редактор *м.* editor
редица *ж.* row, line
редовен *прил.* regular
режа *гл.* cut; slice; (*с нож*) knife
резен *м.* slice
резерва *ж.* reserve; ~вна част spare part
резерват *м.* reservation
резервоар *м.* reservoir; (*на кола*) tank
резултат *м.* result; *прен.* outcome, issue
резюме *ср.* summary
река *ж.* river
реклама *ж.* advertisement, *разг.* ad; commercial
рекламирам *гл.* advertise
реколта *ж.* crops
рекорд *м.* record
религиозен *прил.* religious
религия *ж.* religion
релса *ж.* rail
ремонтирам *гл.* repair, mend
ремък *м.* strap

ренде *ср.* grater
рентген *м.* X-ray
репетирам *гл.* rehearse
репетиция *ж.* rehearsal
репичка *ж.* radish
репортер *м.* reporter
реставрация *ж.* restoration
реставрирам *гл.* restore
ресто *ср.* change
ресторант *м.* restaurant
ресурси *мн.ч.* resources
рефер *м.* referee
рецензирам *гл.* review
рецепта *ж. мед.* prescription; (*готварска*) recipe
рециклирам *гл.* recycle
реч *ж.* speech
речник *м.* dictionary; (*запас от думи*) vocabulary
реша *гл.* comb
решавам *гл.* decide; (*проблем, загадка*) solve
решение *ср.* decision; (*на задача*) solution
риба *ж.* fish
рибар *м.* fisherman
ридание *ср.* sobs
риза *ж.* shirt
рикша *ж.* rickshaw
рис *м.* lynx
риск *м.* risk
рисувам *гл.* draw, (*с бои*) paint
рисуване *ср.* drawing
рисунка *ж.* drawing; (*върху стена*) graffiti
ритам *гл.* kick
ритъм *м.* rhythm
риф *м.* reef
рицар *м.* knight

роб *м.* slave
робот *м.* robot
робство *ср.* slavery
рог *м.* horn
род *м.* family; (*вид*) kind, type
ро̀ден *прил.* (*за страна, град*) native, home
родѐн *прил.* born
родител *м.* parent
роднина *м. и ж.* relative
роднинство *ср.* relationship
родов *прил.* family; tribal
роза *ж.* rose
розов *прил.* pink; rose
рок *м.* rock, rock'n'roll
рокля *ж.* dress
ролери *мн.ч.* rollerblades
роля *ж.* part
роман *м.* novel
романтика *ж.* romance
романтичен *прил.* romantic
рося *гл.* (*за дъжд*) drizzle
рубин *м.* ruby

руло *ср.* roll
рус *прил.* fair, blond
рухвам *гл.* collapse, fall down
ръб *м.* edge; border
ръгби *ср.* rugby
ръж *ж.* rye
ръждясал *прил.* rusty
ръка *ж.* hand; (*от китката до рамото*) arm
ръкав *м.* sleeve
ръкавица *ж.* glove
ръководител *м.* chief, head, leader
ръководя *гл.* guide, lead; (*държава*) govern, rule
ръкопис *м.* script
ръкопляскам *гл.* applaud, clap
ръкопляскане *ср.* applause
ръмжа *гл.* snarl, growl
ръчен *прил.* hand, manual
рядко *нрч.* rarely, seldom
рядък *прил.* rare
ряпа *ж.* turnip

С

с(ъс) *пр.* (*заедно с*) with, and; (*средство*) by, with; (*за време*) for
сабя *ж.* sword
сак *м.* holdall
сако *ср.* coat, jacket
саксия *ж.* (flower)pot
саксофон *м.* saxophone
сал *м.* raft
салата *ж.* salad; (*маруля*) lettuce
салон *м.* hall

салфетка *ж.* napkin
сам *прил.* alone, by himself
сама *прил.* alone, by herself
само *нрч.* only; just
самобитност *ж.* originality
самобръсначка *ж.* razor
самолет *м.* plane, airplane, aeroplane; **безмоторен** ~ glider; **реактивен** ~ jet
самоличност *ж.* identity
самообладание *ср.* self-control

самостоятелен *прил.* independent; separate
самота *ж.* solitude, loneliness
самотен *прил.* lonely, solitary; isolated
самоубийство *ср.* suicide
самоуверен *прил.* self-confident
самохвалко *м.* bouncer
самун *м.* loaf; ~ хляб a loaf of bread
сандал *м.* sandal
сандвич *м.* sandwich
сандък *м.* box, chest
сантиментален *прил.* sentimental
сантиметър *м.* centimetre
сапун *м.* soap
сарказъм *м.* sarcasm
саркастичен *прил.* sarcastic
сатана *м.* devil
сателит *м.* satellite
сафари *ср.* safari
сблъсквам се *гл.* collide
сбогом *нрч.* farewell
сбор *м.* sum
сбръчквам (се) *гл.* wrinkle
свалям *гл.* take down; (*дреха*) take off
сватба *ж.* wedding
свеж *прил.* fresh; cool
свежест *ж.* freshness
свенлив *прил.* shy
светвам *гл.* (*лампа и пр.*) turn/ switch on
светец *м.* saint
светкавица *ж.* lightning
световен *прил.* world, global, universal
светофар *м.* traffic lights
светъл *прил.* light; bright
светя *гл.* shine; glow
свещ *ж.* candle
свещен *прил.* sacred, holy

свещеник *м.* priest, minister
свидетел *м.* witness
свиня *ж.* pig; swine (*и pl*); ~нско месо *ср.* pork
свиреп *прил.* fierce
свирка *ж.* pipe, whistle
свиркам *гл.* whistle, blow a whistle
свличане *ср.* landslide
свобода *ж.* freedom, liberty
свободен *прил.* free; (*хлабав*) loose; (*незает*) vacant
свод *м.* arch
свой *прит. мест.* one's own
свойство *ср.* property, quality
свръх- (*представка*) *грам.* over
свързвам *гл.* connect, link, join together; ~ се contact (с –)
свършвам *гл.* finish, end
свят *м.* world
сготвям *гл.* cook, prepare (a meal)
сграбчвам *гл.* grab, seize
сграда *ж.* building
сгромолясвам се *гл.* collapse
сгъвам *гл.* fold; bend
сгъстявам *гл.* thicken
сделка *ж.* transaction, bargain, deal
сдържан *прил.* reserved
се, себе си *мест.* oneself
север *м.* north
сега *нрч.* now, at present; nowadays
седалка *ж.* seat
седем *числ.* seven
седемдесет *числ.* seventy
седемнадесет *числ.* seventeen
седло *ср.* saddle
сѐдмица *ж.* week
седмичен *прил.* weekly
седя *гл.* sit, be seated
сезон *м.* season
сека *гл.* cut; chop; ~ пари mint
секвоя *ж.* redwood

секретар *м.* secretary
секретен *прил.* secret
секунда *ж.* second
селекция *ж.* selection
село *ср.* village; **на ~** in the country/countryside
семе *ср.* seed
семейство *ср.* family
семинар *м.* workshop
сензационен *прил.* sensational, thrilling
сензация *ж.* sensation
сепвам *гл.* startle
сепия *ж.* squid
септември *м.* September
сервиз *м.* set
сервитьор *м.* waiter
сервитьорка *ж.* waitress
сергия *ж.* stand, booth
сержант *м.* sergeant
сериозен *прил.* serious
серия *ж.* series
сертификат *м.* certificate
сестра *ж.* sister; **медицинска ~** nurse
сетиво *ср.* sense
сеч *ж.* (*клане*) massacre
сея *гл.* sow
сив *прил.* grey
сигнал *м.* signal
сигурен *прил.* sure, certain
сигурно *нрч.* certainly, surely
сигурност *ж.* certainty; (*безопасност*) security
сила *ж.* strength, force, power; energy
силен *прил.* strong, powerful
символ *м.* symbol; sign; emblem
симптом *м.* symptom
симулирам *гл.* simulate
син *м.* son
син *прил.* blue
синтезатор *м.* synthesizer

сирак *м.* orphan
сирене *ср.* cheese
сироп *м.* syrup
система *ж.* system
ситар *м. муз.* sitar
ситуация *ж.* situation
скакалец *м.* grasshopper
скала *ж.* rock
скалп *м.* scalp
скандал *м.* scandal
скандален *прил.* scandalous
скара *ж.* grill
скачам *гл.* jump
скейтборд *м.* skateboard
скелет *м.* skeleton
ски *мн.ч.* skis; **карам ~** ski
скицирам *гл.* sketch
склад *м.* store, warehouse
складирам *гл.* store
скланям *гл.* persuade
склон *м.* slope
скоро *нрч.* soon
скоропоговорка *ж.* tongue twister
скорост *ж.* speed
скорошен *прил.* recent
скорпион *м.* scorpion
скреж *м.* frost
скривалище *ср.* shelter
скривам *гл.* hide
скръб *ж.* grief, sorrow
скръбен *прил.* sorrowful
скулптура *ж.* sculpture
скуош *м. сп.* squash
скут *м.* lap
скутер *м.* scooter
скучен *прил.* boring, dull
скъп *прил.* expensive; (*мил*) dear, darling
скъпоценен *прил.* precious, valuable
скъпоценност *ж.* jewel
скъсвам *гл.* tear
скъсявам *гл.* shorten

слаб *прил.* weak; (*фигура*) thin
слабохарактерен *прил.* weak
слава *ж.* fame, glory
славен *прил.* glorious
слагам *гл.* put, place, lay, set; ~ **на-страна** put away
сладкиш *м.* cake
сладолед *м.* ice cream
сладък *прил.* sweet
слама *ж.* straw
сланина *ж.* bacon
след *пр.* after; ~ **това** after that, then, next
следа *ж.* trace, track; *прен.* clue
следвам *гл.* follow, come next; (*уча*) study
следващ *прил.* next, following
следобед *м.* afternoon
следователно *нрч.* so, therefore
следя *гл.* spy; trace, track
слива *ж.* plum
слизам *гл.* go down; (*от кола и пр.*) get off; (*от кон*) dismount
слово *ср.* word
сложен *прил.* complicated, complex
слон *м.* elephant; ~**ова кост** *ж.* ivory
слуга *м.* servant
служа *гл.* serve; ~ **си с** use
служба *ж.* service; (*сграда*) office; (*пост*) position
служител *м.* clerk; official
слух *м.* (*сетиво*) hearing; (*мълва*) rumour
случаен *прил.* occasional, casual
случай *м.* case; occasion; **сгоден** ~ chance
случайност *ж.* chance
случвам се *гл.* happen, take place
случка *ж.* event; incident
слънце *ср.* sun

слънчев *прил.* sunny; solar; ~ **часовник** sundial; ~**о затъмнение** eclipse; ~**а светлина** sunshine
слънчоглед *м.* sunflower
слюнка *ж.* saliva
сляп *прил.* blind
смазвам *гл.* oil
смачквам *гл.* smash
смекчавам *гл.* soften
смел *прил.* brave, courageous
смелост *ж.* courage; *разг.* guts
сменям *гл.* change; replace; shift
смес *ж.* mixture
смесвам *гл.* mix, blend
смет *ж.* garbage, rubbish, litter, trash
сметана *ж.* cream
сметка *ж.* bill; (*в банка*) account
смешен *прил.* funny
смешка *ж.* joke
смея се *гл.* laugh
смислен *прил.* sensible, rational
смисъл *м.* sense
смокиня *ж.* fig
смрад *ж.* stink
смущавам *гл.* confuse, embarrass; disturb
смълчавам *гл.* silence; ~ **се** become silent
смърт *ж.* death
смъртен *прил.* mortal
смяна *ж.* change, exchange; shift
смятам *гл.* count
смях *м.* laughter
снабдявам *гл.* supply
снаряжение *ср.* equipment, outfit
снаха *ж.* daughter-in-law
снеговалеж *м.* snow
снежен *прил.* snowy
снежинка *ж.* snowflake
снижавам *гл.* decrease, reduce
снимка *ж.* photograph, photo, shot; picture
сняг *м.* snow

собствен *прил.* own
собственик *м.* owner
собственост *ж.* property, ownership
совалка *ж.* shuttle
сок *м.* juice
сокол *м.* falcon
сол *ж.* salt
солен *прил.* salty
соло *ср.* solo
соля *гл.* salt
сонар *м.* sonar
сорт *м.* sort, kind
сортирам *гл.* sort out, separate
сос *м.* sauce
соча *гл.* point; indicate
сочен *прил.* juicy
спадам *гл.* go down, fall, drop, decline
спазвам *гл.* keep, observe
спалня *ж.* bedroom
спанак *м.* spinach
спане *ср.* sleep
спарен *прил.* (*за въздух*) stuffy
спасение *ср.* rescue, saving
спасител *м.* rescuer; lifeguard; ~на лодка *ж.* lifeboat
спасявам *гл.* save, rescue
спестявам *гл.* save (up), put aside/away
специален *прил.* special; particular
специалист *м.* expert
специално *нрч.* especially, particularly
специфичен *прил.* specific
спечелвам *гл.* win
спешен *прил.* urgent
спирала *ж.* spiral
спирам *гл.* stop; (*за кратко*) pause; (*възпрепятствам*) check
спирачка *ж.* brake
спирка *ж.* stop; station

списание *ср.* magazine; (*научно*) journal
списък *м.* list
сплашвам *гл.* scare, frighten
споделям *гл.* share
спокоен *прил.* quiet, peaceful, calm
спокойно *нрч.* calmly
сполука *ж.* success, good luck
сполучлив *прил.* successful
спомен *м.* memory
споменавам *гл.* mention
спомням си *гл.* remember, recall
спонсор *м.* sponsor
споразумение *ср.* agreement
спорт *м.* sport(s)
спортист *м.* sportsman
спортистка *ж.* sportswoman
споря *гл.* argue
способен *прил.* able, capable
способност *ж.* ability
справедлив *прил.* just, fair
справедливост *ж.* justice
справка *ж.* reference
справям се *гл.* manage
спретнат *прил.* neat, tidy
спуквам се *гл.* crack; burst; (*гума*) puncture
спусък *м.* trigger
спътник *м.* satellite
спя *гл.* sleep, be asleep; ~ **зимен сън** hibernate
сравнение *ср.* comparison
сравнявам *гл.* compare
срам *м.* shame
срамежлив *прил.* shy
срамежливост *ж.* shyness
сребро *ср.* silver
сред *пр.* among
среда *ж.* middle; medium; **в ~та** in the middle; **околна ~** environment
среден *прил.* average; middle, medium

средновековен *прил.* medieval

средства *мн.ч.* means, resources

среща *ж.* meeting; (*неочаквана*) encounter; (*уговорена*) appointment

срещам *гл.* see; meet; (*случайно*) encounter

срещу *пр.* against

срещуположен *прил.* opposite

сричка *ж.* syllable

срок *м.* time; term; краен ~ deadline

срутване *ср.* collapse

сръбвам *гл.* sip

сръчен *прил.* skilful

сръчност *ж.* skill

сряда *ж.* Wednesday

стабилен *прил.* stable

ставам *гл.* become; (*прав*) stand up; (*от сън*) get up; (*случвам се*) happen, take place

стадий *м.* stage

стадион *м.* stadium

стадо *ср.* flock

стандарт *м.* standard

становище *ср.* view, opinion

станция *ж.* station

стар *прил.* old

старая се *гл.* try

старинен *прил.* antique; ancient

старомоден *прил.* old-fashioned

старт *м.* start

старши *прил.* senior

статуя *ж.* statue

стафида *ж.* raisin

стачка *ж.* strike

стая *ж.* room

ствол *м.* trunk

стегнат *прил.* tight

стена *ж.* wall

стенография *ж.* shorthand

степен *ж.* grade

стеснителен *прил.* shy

стеснителност *ж.* shyness

стигам до *гл.* reach, get/come to

стил *м.* style

стимулирам *гл.* stimulate

стискам *гл.* hold tight, grip; (*ръце*) clasp; ~ палци cross one's fingers

стих *м.* verse

стихвам *гл.* fall, calm down; fade

стихиен *прил.* elemental

стихотворение *ср.* poem

сто *числ.* hundred

стойност *ж.* value, cost; price

стока *ж.* goods; article

стол *м.* chair

столетие *ср.* century

столица *ж.* capital

столова *ж.* canteen

стомана *ж.* steel

стомах *м.* stomach

стопанин *м.* master

стопанка *ж.* (*домакиня*) housewife

стопанство *ср.* farm

стоплям *гл.* warm

стоя *гл.* stay; (*прав*) stand

страдам *гл.* suffer

страдание *ср.* suffering

страна *ж.* side; aspect; (*държава*) country

странен *прил.* strange, odd

страница *ж.* page

странник *м.* stranger

страст *ж.* passion

страстен *прил.* eager, passionate

стратегия *ж.* strategy

страх *м.* fear

страхотен *прил.* terrific

страхувам се *гл.* fear (от –), be afraid (от of), dread

страшен *прил.* fearful, dreadful, terrible

стрела *ж.* arrow

стрелба *ж.* gunfire
стрелка *ж.* (*на часовник*) hand
стрелям *гл.* shoot
стремя се *гл.* strive (**към** for)
стрида *ж.* oyster
стриктен *прил.* strict
строг *прил.* severe, strict
строен *прил.* slim
строител *м.* builder
строя *гл.* build, construct
струвам *гл.* cost
струна *ж.* string
струпвам се *гл.* gather, crowd
струя *гл.* stream
стръв *ж.* bait
стръмен *прил.* steep
стряскам *гл.* startle
студ *м.* cold; chill
студен *прил.* cold
студент *м.* student
студио *ср.* studio
стъбло *ср.* stem
стъкло *ср.* glass
стълба *ж.* ladder
стълбище *ср.* stairs
стъпало *ср.* step
стъпвам *гл.* step
стържа *гл.* scrape
стюардеса *ж.* air-hostess
сувенир *м.* souvenir
суграшица *ж.* sleet
суеверие *ср.* superstition
суетлив *прил.* fussy
сумирам *гл.* sum
сумо *ср. сп.* sumo
сумрак *м.* dusk, twilight
супа *ж.* soup
супермаркет *м.* supermarket
суров *прил.* raw; *прен.* rough; severe
сутрин *ж.* morning
сух *прил.* dry
суча *гл.* suck

суша *ж.* land; (*безводие*) drought
сфера *ж.* sphere
схващане *ср.* opinion, view
схема *ж.* scheme
сходен *прил.* similar; alike
сцена *ж.* scene; (*театрална*) stage
сценарий *м.* script
сценограф *м.* designer
счетоводител *м.* accountant
счетоводство *ср.* accounting
считам *гл.* consider
събарям *гл.* knock down
събирам *гл.* gather; collect; *мат.* add
събиране *ср.* meeting, party
събитие *ср.* event
съблазнявам *гл.* tempt
съблазън *ж.* temptation
съблечен *прил.* undressed
събличам *гл.* take off; ~ **се** undress
събота *ж.* Saturday; ~ **и неделя** weekend
събрание *ср.* meeting
събувам *гл.* take off
събуждам *гл.* wake; ~ **се** *прен.* awake
съвет *м.* advice; tip
съвещание *ср.* conference
съвпадам *гл.* coincide
съвременен *прил.* modern
съвсем *нрч.* quite
съвършен *прил.* perfect
съгласие *ср.* agreement
съгласявам се *гл.* agree
съд *м.* (*съдилище*) court; (*за течности и пр.*) container; vessel
съдба *ж.* fate; fortune
съдия *м.* judge; *сп.* referee
съдружник *м.* partner
съдържам *гл.* contain
съдържание *ср.* (*същина*) substance; contents
съдя *гл.* judge

съединение *ср.* union; *хим.* compound

съединявам *гл.* join, connect; unite

съжаление *ср.* pity, regret

съжалявам *гл.* be sorry

съживявам *гл.* revive, animate

съзвездие *ср.* constellation

съзвучие *ср.* harmony

създавам *гл.* create, make, invent; generate

създател *м.* creator

съкращавам *гл.* abbreviate, shorten

съкращение *ср.* abbreviation

съкровище *ср.* treasure

сълза *ж.* tear

съм *гл.* am

съмнение *ср.* doubt; suspicion

съмнителен *прил.* doubtful; suspicious

съмнявам се *гл.* doubt (в –)

сън *м.* sleep, dream

сънен *прил.* sleepy, drowsy

сънувам *гл.* dream

съображение *ср.* consideration

съобщавам *гл.* announce

съобщение *ср.* announcement; message

съоръжение *ср.* installation

съответен *прил.* respective; (*подходящ*) appropriate

съперник *м.* rival

съпричастен *прил.* sympathetic

съпротива *ж.* resistance; opposition

съпруг *м.* husband

съпруга *ж.* wife (*pl* wives)

сърбам *гл.* sip

сърдечен *прил.* warm-hearted; ~ пулс heartbeat

сърдит *прил.* angry

сърф *м.* surf

сърце *ср.* heart

сърцевина *ж.* core

съсед *м.* neighbour

съседство *ср.* neighbourhood

съсипвам *гл.* ruin

съскам *гл.* hiss

съсредоточавам (се) *гл.* concentrate

съсредоточаване *ср.* concentration

съставям *гл.* make up, compose, form

състезавам се *гл.* compete

състезание *ср.* competition, race, contest

състояние *ср.* state; (*богатство*) wealth

състрадание *ср.* sympathy, pity

състрадателен *прил.* sympathetic, pitiful

съученик *м.* classmate

съхранявам *гл.* keep; reserve

съчетавам *гл.* combine; match

съчетание *ср.* combination

съчинение *ср.* writing, composition

съчинявам *гл.* compose

съчувствам *гл.* sympathize, feel for

същ *прил.* same

съществен *прил.* important

съществително име *ср.* noun

същество *ср.* being; individual

съществувам *гл.* exist; be

съществуване *ср.* existence

също *нрч.* too, also

съюз *ср.* union, alliance

сьомга *ж.* salmon

сюжет *м.* plot

сюнгер *м.* sponge

сядам *гл.* sit down, be seated

сякаш *нрч.* as if

сянка *ж.* shadow

сяра *ж.* sulphur; ~рна киселина sulphuric acid

Т

таблица *ж.* table, chart, diagram
табуретка *ж.* stool
таван *м.* ceiling; attic
тази *мест.* this; that
тайна *ж.* secret
тайнствен *прил.* mysterious
тайнственост *ж.* mystery
така *нрч.* so; in this way
такса *ж.* fee, charge; (*при пъту-ване*) fare
такси *ср.* taxi, cab
таксувам *гл.* charge
тактичен *прил.* tactful
тактичност *ж.* tact
тактувам *гл.* time, beat time
такъв *мест.* such
талант *м.* talent, gift
таласъм *м.* goblin
талисман *м.* mascot
талия *ж.* waist
там *нрч.* there
танк *м.* tank
танц *м.* dance
танцувам *гл.* dance
тапа *ж.* cork
тапети *мн.ч.* wallpaper
татко *м.* dad
твой *прит. мест.* your; yours
творба *ж.* work
творец *м.* creator
творчески *прил.* imaginative
творя *гл.* create
твърд *прил.* steady, hard, solid, inflexible
твърде *нрч.* rather; too
твърдение *ср.* statement
твърдя *гл.* claim

те *мест.* they
театрален *прил.* dramatic
театър *м.* theatre
тебешир *м.* chalk
тегло *ср.* weight
тегля *гл.* pull; drag; (*претеглям*) weigh
тежа *гл.* weigh
тежък *прил.* heavy; *прен.* hard
тези *мест.* these
тека *гл.* flow
текст *м.* text; (*на песен*) lyrics
текстил *м.* textile
тел *м. и ж.* wire
теле *ср.* calf
телевизия *ж.* television, *разг.* TV
телевизор *м.* TV set
телеграма *ж.* telegram, wire
телеграф *м.* telegraph
телескоп *м.* telescope
телефон *м.* telephone, *разг.* phone
телефонирам *гл.* telephone, phone, call
телефонист *м.* (telephone) operator
тема *ж.* topic, theme; subject
теме *ср.* scalp
теменужка *ж.* (*градинска*) pansy; (*горска*) violet
темп *м.* rate
темперамент *м.* temperament
температура *ж.* temperature
тенджера *ж.* saucepan
тенис *м.* tennis; ~ **на маса** table tennis
тениска *ж.* T-shirt
теоретичен *прил.* theoretical

теория *ж.* theory
тераса *ж.* terrace
термометър *м.* thermometer
терор *м.* terror
тероризирам *гл.* terrorize, bully
терорист *м.* terrorist
тесен *прил.* narrow; (*дреха*) tight
тест *м.* test; quiz
тестен *прил.* paste
тесто *ср.* dough
тетрадка *ж.* notebook, exercise book
техен *прит. мест.* their; theirs
техник *м.* mechanic
техника *ж.* (*метод*) technique
технологичен *прил.* technological
технология *ж.* technology
течен *прил.* liquid
течение *ср.* (*въздушно*) draught; (*водно*) stream
течност *ж.* liquid
ти *мест.* you
тиган *м.* frying pan, pan
тигър *м.* tiger
тиква *ж.* pumpkin
тиктакам *гл.* tick
тип *м.* type
типичен *прил.* typical
тираж *м.* circulation
тирания *ж.* tyranny
титла *ж.* title
тих *прил.* quiet; silent; gentle; (*за глас*) low
тихо *нрч.* quietly; gently; silently; **тихо!** hush! be quiet!
тичам *гл.* run; jog
тишина *ж.* silence
тлъст *прил.* fat
тоалетна *ж.* toilet, WC, loo; *ам.* bathroom, restroom
това *мест.* this; that; it
товар *м.* load, weight
тогава *нрч.* then
тоест *нрч.* that is to say, *съкр.* i.e.

този *мест.* this; that
той *мест.* he
тока *ж.* buckle
толерантен *прил.* tolerant
толкова *мест.* so; so much/many, that much/many
том *м.* volume
тон *м.* (*тежест*) ton; *муз.* tone
тоналност *ж.* key
топка *ж.* ball
топлина *ж.* warmth
топола *ж.* poplar
топъл *прил.* warm
топя *гл.* melt
тор *м.* manure; (*изкуствен*) fertilizer
торба *ж.* bag; sack; (*на кенгуру*) pouch
тормозя *гл.* bully
торта *ж.* cake
тост *м.* toast
точен *прил.* exact; accurate, precise
точка *ж.* point; dot; item; *сп.* score
точно *нрч.* exactly, precisely; just; (*за час*) sharp
трагедия *ж.* tragedy
традиционен *прил.* traditional, conventional
традиция *ж.* tradition
тракам *гл.* rattle
трактор *м.* tractor
трамвай *м.* tram
транспорт *м.* transport
трансформатор *м.* transformer
трапезария *ж.* dining room
трая *гл.* continue, last; (*понасям*) bear, stand
трева *ж.* grass; (*билка*) herb
трезвен *прил.* sober
тренирам *гл.* train; coach
тренировка *ж.* training
треньор *м.* trainer, coach
треперя *гл.* tremble, shake; (*зъзна*) shiver

трепет *м.* thrill
трепкам *гл.* twinkle
тресавище *ср.* marsh
трети *числ.* third
третирам *гл.* treat
трещя *гл.* rattle; (*гърмя*) thunder
три *числ.* three
тридесет *числ.* thirty
трик *м.* trick
трилър *м.* thriller
тринадесет *числ.* thirteen
триъгълник *м.* triangle
трия *гл.* rub
тролей *м.* trolley
тромав *прил.* clumsy
тромбон *м.* trombone
тромпет *м.* trumpet
трон *м.* throne
тропически *прил.* tropical
тротинетка *ж.* scooter
тротоар *м.* pavement; *ам.* sidewalk
троха *ж.* crumb
троша *гл.* break; smash
труд *м.* labour
труден *прил.* difficult, hard
трудност *ж.* difficulty, hardship
трудолюбив *прил.* hard-working
труп *м.* corpse
трупам *гл.* pile up
тръба *ж.* pipe; *муз.* trumpet; (*водосточна*) drain
тръбопровод *м.* pipeline
тръбя *гл.* trumpet
тръгвам *гл.* start; depart; leave
трън *м.* thorn
тръпка *ж.* shiver
тръстика *ж.* cane
трябва *безл. гл.* must, have to, ought to, should
трясвам *гл.* bang
трясък *м.* crash, bang, smash
туба *ж.* tube
тук *мест.* here

тунел *м.* tunnel
туптя *гл.* beat
туризъм *м.* tourism
турист *м.* tourist
турнир *м.* tournament
турски *прил.* Turkish
туткал *м.* glue
тухла *ж.* brick
тъжен *прил.* sad, unhappy; sorrowful
тъка *гл.* weave
тъкан *ж.* tissue; textile
тълпа *ж.* crowd
тъмен *прил.* dark; (*неясен*) obscure
тъмнина *ж.* darkness
тъмница *ж.* dungeon
тъмночервен *прил.* crimson
тънък *прил.* thin, slim
тъп *прил.* stupid; dull
търбух *м.* belly
търговец *м.* trader
търговия *ж.* trade, commerce
търговски *прил.* commercial; ~а марка trade mark
търгувам *гл.* trade
тържествен *прил.* official; festive
тържество *ср.* celebration; party
търкалям се *гл.* roll
търкам *гл.* rub
търпелив *прил.* patient; tolerant
търпение *ср.* patience
търпя *гл.* tolerate, stand; (*трудности*) suffer
търся *гл.* look for, search
тътен *м.* roar
тюлен *м.* seal
тюркоаз *м.* turquoise
тютюн *м.* tobacco
тя *мест.* she
тягостен *прил.* depressing
тяло *ср.* body
тях *мест.* them

У

убеждавам *гл.* convince, persuade
убежище *ср.* shelter
убивам *гл.* kill, murder
убиец *м.* murderer, killer; *пол.* assassin
убийство *ср.* murder; (*политическо*) assassination
уважавам *гл.* respect
уважение *ср.* respect
увеличавам *гл.* increase, raise; amplify
уверен *прил.* confident
увивам *гл.* wrap
увлечение *ср.* passion; zest
увод *м.* introduction
угасявам *гл.* put out; turn/switch off
удар *м.* hit, stroke, blow
ударение *ср.* stress, accent
удивителен *прил.* amazing, marvellous, wonderful
удивявам *гл.* astonish
удобен *прил.* comfortable; (*подходящ*) suitable
удобство *ср.* comfort
удовлетворявам *гл.* satisfy
удоволствие *ср.* pleasure, delight
удостоверение *ср.* certificate
удрям *гл.* strike, hit; ~ **спирачка** brake
уединен *прил.* solitary, isolated
уединение *ср.* solitude
уж *част.* as if, as though
ужас *м.* horror, dread, terror
ужасен *прил.* terrible, horrible, dreadful, awful

ужасявам *гл.* terrify
ужилвам *гл.* sting
указание *ср.* instruction
указател *м.* (*телефонен*) directory
укорявам *гл.* reproach; upbraid
украса *ж.* decoration, ornament
украсявам *гл.* decorate
укрепление *ср.* fort
улика *ж.* clue
улица *ж.* street
ултравиолетов *прил.* ultraviolet
улучвам *гл.* (*удрям*) hit; (*отгатвам*) guess
ум *м.* mind, intellect
умел *прил.* skilful
умен *прил.* clever, intelligent, smart
умение *ср.* skill, ability
умерен *прил.* temperate; (*за климат*) mild
умея *гл.* can, be able, know
умивалник *м.* washbasin
умирам *гл.* die; pass away, depart
умножавам *гл.* multiply
умозаключение *ср.* deduction
умора *ж.* fatigue
уморен *прил.* tired
умствен *прил.* mental
универсален *прил.* universal
университет *м.* university
уникален *прил.* unique
унил *прил.* depressed
униформа *ж.* uniform
унищожавам *гл.* destroy; (*заличавам*) wipe out

упадък *м.* decline
уплаха *ж.* scare
уплашвам *гл.* scare, frighten
уповавам се *гл.* trust (**на** in/to)
упорит *прил.* persistent; stubborn
упоритост *ж.* persistence
употреба *ж.* use
употребявам *гл.* use; apply
управление *ср.* management; (*на държава*) government; rule
управлявам *гл.* rule, govern; manage; (*возило*) drive
упражнение *ср.* exercise
упражнявам се *гл.* practise
упътвам *гл.* direct
ура *межд.* hurray
ураган *м.* hurricane
урва *ж.* cliff
уреждам *гл.* arrange, organize
урок *м.* lesson
усет *м.* sense (**за** of)
усещане *ср.* sensation
усилвам *гл.* strengthen; increase; (*звук*) amplify
усилен *прил.* hard
ускорявам *гл.* accelerate
условие *ср.* condition
усложнявам *гл.* complicate
услуга *ж.* favour
усмивка *ж.* smile
усмихвам се *гл.* smile
усойница *ж.* viper

успех *м.* success
успешен *прил.* successful
успокоявам *гл.* calm
успореден *прил.* parallel
успявам *гл.* succeed; manage
уста *ж.* mouth
установявам *гл.* establish; ~ се settle (down)
устен *прил.* oral
устие *ср.* entry
устна *ж.* lip
устойчив *прил.* stable
усуквам *гл.* twist
усъвършенствам *гл.* improve
утешавам *гл.* console
утре *нрч.* tomorrow
утро *ср.* morning
ухо *ср.* ear
уча *гл.* study; (*обучавам*) teach
участвам *гл.* take part, participate
учебник *м.* textbook
учен *м.* scientist
учение *ср.* study
ученик *м.* student, pupil
училище *ср.* school
учител *м.* teacher; tutor
учтив *прил.* polite
учтивост *ж.* politeness
учудвам *гл.* surprise; ~ се wonder (**на** at)
ушен *прил.* ear

Ф

фабрика *ж.* factory
файтон *м.* cab
факел *м.* torch
факти *мн.ч.* data, facts
фалирал *прил.* bankrupt
фалшив *прил.* false
фамилен *прил.* family; ~лно име
  surname
фантазия *ж.* imagination; daydream
фантастичен *прил.* fantastic
фар *м.* lighthouse
фасонка *ж.* socket
фасул *м.* beans; зелен ~ French
  beans
февруари *м.* February
фенер *м.* lantern; lamp
фенерче *ср.* torch
ферма *ж.* farm
фестивал *м.* festival
фехтовка *ж.* fence
фея *ж.* fairy
фигура *ж.* figure; body
фиде *ср.* noodles
физика *ж.* physics
физически *прил.* physical; ~о
  възпитание physical education,
  PE
филия *ж.* slice
филм *м.* film; *ам.* movie
философ *м.* philosopher
фин *прил.* fine, delicate
финал *м.* final
финиширам *гл.* finish
фирма *ж.* company, firm

фитил *м.* wick
флаг *м.* flag; (*на кораб*) jack
фланела *ж.* vest; sweatshirt
флейта *ж.* flute
флота *ж.* fleet; navy
фойерверк *м.* fireworks
фокус *м.* trick
фолио *ср.* tin foil
фон *м.* background
фонд *м.* fund
фондация *ж.* foundation
фонтан *м.* fountain
форма *ж.* form, shape
формален *прил.* formal
формуляр *м.* form
фотоапарат *м.* camera
фотограф *м.* photographer
фотография *ж.* (*изкуство*)
  photography; (*снимка*) photograph, photo, picture, shot
фотьойл *м.* armchair
французин *м.* Frenchman
французойка *ж.* Frenchwoman
френски *прил.* French
фризьор *м.* hairdresser
функция *ж.* function
фунт *м.* pound
фурна *ж.* oven; furnace
фуста *ж.* petticoat
футбол *м.* football; soccer
футболист *м.* footballer, football
  player
футурология *ж.* futurology
фъстък *м.* peanut

Х

хавлия *ж.* towel

хазна *ж.* treasury

хайде *част.* come on; ~ **да** let's

халат *м.* dressing-gown

халба *ж.* mug

халка *ж.* ring

хамак *м.* hammock

хамбар *м.* barn

хамбургер *м.* hamburger

хамстер *м.* hamster

хан *м.* (*странноприемница*) inn

хапче *ср.* pill

хапя *гл.* bite

характер *м.* character; temper

характерен *прил.* typical

харесвам *гл.* like, enjoy

хармония *ж.* harmony

харпун *м.* spear

хартия *ж.* paper

харча *гл.* spend

хастар *м.* lining

хваля *гл.* praise; ~ **се** boast

хващам *гл.* catch, grab, seize; get; ~ **в капан** trap

хвърлям *гл.* throw; toss; dash

хвърча *гл.* fly

хвърчило *ср.* kite

хектар *м.* hectare

хеликоптер *м.* helicopter

хиена *ж.* hyena

хижа *ж.* hut

хиляда *числ.* thousand

химикал *м. хим.* chemical

химикалка *ж.* ballpoint pen

химия *ж.* chemistry

химн *м.* hymn

хипопотам *м.* hippopotamus, *съкр.* hippo

хирург *м.* surgeon

хитрост *ж.* trick

хитър *прил.* cunning; clever

хищник *м.* vulture

хлабав *прил.* loose

хлад *м.* chill

хладен *прил.* cool; chilly

хладилник *м.* refrigerator, fridge

хладнокръвен *прил.* calm, cool-headed, cold-blooded

хлапе *ср.* kid

хлебар *м.* baker

хлипам *гл.* sob

хлъзгав *прил.* slippery

хлъзгам се *гл.* slide

хлътнал *прил.* hollow

хляб *м.* bread; **препечен** ~ toast

хоби *ср.* hobby

хобот *м.* trunk

ход *м.* movement

ходило *ср.* foot (*pl* feet)

ходя *гл.* go, walk; ~ **на пръсти** tiptoe

хокей *м.* hockey

холографски *прил.* holographic

хомот *м.* yoke

хонорар *м.* fee

хор *м.* chorus

хора *мн.ч.* people

хоризонт *м.* horizon

хороскоп *м.* horoscope

хотел *м.* hotel

храброст *ж.* courage
хралупа *ж.* hollow
храм *м.* temple
храна *ж.* food
хранене *ср.* meal
храня *гл.* feed; ~ **се** eat, have a
  meal
храст *м.* bush
храча *гл.* spit

хубав *прил.* pretty; beautiful; fine;
  (*за мъж*) handsome, good-look-
  ing
художествен *прил.* artistic
художник *м.* artist, painter
хуманност *ж.* humanity
хумор *м.* humour
хълм *м.* hill
хълцам *гл.* hiccup

Ц

цапам (се) *гл.* stain
цар *м.* king
царевица *ж.* maize; **сладка** ~
  sweetcorn
царица *ж.* queen
царски *прил.* royal
царство *ср.* kingdom
царувам *гл.* reign
цвекло *ср.* beetroot
цвете *ср.* flower
цвиля *гл.* neigh
цвърча *гл.* twitter
цвят *м.* colour; (*цъфтеж*) bloom
цел *ж.* aim, goal; *воен.* target
целомъдрие *ср.* virtue
целулоид *м. хим.* celluloid
целя *гл.* aim at
цена *ж.* price; (*стойност*) cost,
  value
ценен *прил.* valuable, precious
ценност *ж.* value
цент *м.* cent
централен *прил.* central

център *м.* centre; *ам.* center
ценя *гл.* value
цепя *гл.* split; (*дърва*) chop
церемония *ж.* ceremony
цех *м.* workshop
цивилен *прил.* civil
цивилизация *ж.* civilization
циганин *м.* gipsy
цигулка *ж.* violin, fiddle
цикъл *м.* cycle
цилиндър *м.* cylinder
цинк *м.* zinc
цип *м.* zipper
ципа *ж.* skin
цирк *м.* circus
цитат *м.* quote
циферблат *м.* dial
цифра *ж.* figure
цопвам *гл.* splash
църква *ж.* church
цъфтя *гл.* bloom
цял *прил.* whole, complete; full
цяр *м.* cure, remedy

Ч

чадър *м.* umbrella
чай *м.* tea
чайка *ж.* gull
чайник *м.* (tea)pot; (*метален*) kettle
чакалня *ж.* waiting room
чакам *гл.* wait (for), expect
чакъл *м.* gravel
чанта *ж.* bag, hand-bag
чар *м.* charm, fascination
чаршаф *м.* sheet
час *м.* hour; ~à o'clock
часовник *м.* (*стенен*) clock; (*ръчен*) watch
част *ж.* part; piece; unit; element; (*дял*) share
частен *прил.* private
частица *ж.* particle; bit
чаша *ж.* cup; (*стъклена*) glass
че *с.* that
чевръст *прил.* alert, active
чек *м.* cheque
чекмедже *ср.* drawer
чело *ср.* forehead
челюст *ж.* jaw
ченге *ср.* cop
червей *м.* worm
червен *прил.* red
червенокос *прил.* red-headed, ginger
червеношийка *ж.* robin
червило *ср.* lipstick
черво *ср.* gut
черен *прил.* black; ~рна дъска blackboard

череп *м.* skull
череша *ж.* cherry
черта *ж.* line; (*характерна*) feature
чертане *ср.* drawing
чертая *гл.* draw
чертеж *м.* diagram, sketch
черупка *ж.* shell
чест *прил.* frequent
честване *ср.* celebration
честен *прил.* honest; fair
често *нрч.* often, frequently
честота *ж.* frequency
чесън *м.* garlic
чета *гл.* read
четвърт *ж.* quarter
четвъртък *м.* Thursday
четене *ср.* reading
четина *ж.* bristle
четири *числ.* four
четиридесет *числ.* forty
четиринадесет *числ.* fourteen
четка *ж.* brush; ~ за зъби toothbrush
чеша *гл.* scratch
чий *мест.* whose
чин *м.* desk; *воен.* rank
чиния *ж.* plate; dish
число *ср.* number
чист *прил.* clean; pure; (*ясен*) clear
чистя *гл.* clean
читав *прил.* safe; здрав и ~ safe and sound
читател *м.* reader
чифт *м.* pair; couple
чичо *м.* uncle

член *м.* member
човек *м.* man, person
човечество *ср.* mankind, humanity
човечност *ж.* humanity
човешки *прил.* human
човка *ж.* beak
чорап *м.* stocking; (*къс*) sock
чорапогащник *м.* tights
чувал *м.* sack; **спален** ~ sleeping bag
чувам *гл.* hear
чувствам *гл.* feel
чувствителен *прил.* sensitive
чувство *ср.* feeling, emotion
чуден *прил.* marvellous, wonderful

чудесен *прил.* wonderful, lovely; fantastic
чудо *ср.* wonder
чудовище *ср.* monster
чудя се *гл.* wonder
чужд *прил.* foreign; strange; alien
чужденец *м.* foreigner, stranger
чуждестранен *прил.* foreign
чук *м.* hammer
чукам *гл.* knock; tap
чума *ж.* plague
чуплив *прил.* fragile; (*за коса*) wavy
чупя *гл.* break
чуруликам *гл.* twitter
чучулига *ж.* lark
чушка *ж.* pepper

Ш

шайка *ж.* gang
шал *м.* scarf; shawl
шамар *м.* slap
шампион *м.* champion
шампионат *м.* championship
шампоан *м.* shampoo
шапка *ж.* hat, cap
шафер *м.* best man
шаферка *ж.* bridesmaid
шах *м.* chess
шега *ж.* joke
шейна *ж.* sledge
шепна *гл.* whisper, murmur

шепот *м.* whisper, murmur
шериф *м.* sheriff
шест *числ.* six
шествие *ср.* parade
шестдесет *числ.* sixty
шестнадесет *числ.* sixteen
шеф *м.* chief, boss
шивач *м.* tailor
шивачка *ж.* dressmaker
шимпанзе *ср.* chimpanzee
ширина *ж.* width
широк *прил.* wide; broad; (*за дреха*) loose

шия *ж.* neck
шия *гл.* sew
шкаф *м.* cupboard
шлем *м.* helmet
шлосер *м.* mechanic
шляя се *гл.* stroll
шнорхел *м.* snorkel
шнур *м.* cord
шокирам *гл.* shock
шоколад *м.* chocolate
шосе *ср.* road, way; highway
шофирам *гл.* drive
шофьор *м.* driver; ~ **на такси** taxi driver; **~ска книжка** *ж.* driving licence
шпионин *м.* spy
шт! *межд.* hush
шум *м.* noise; sound
шумен *прил.* noisy
шунка *ж.* ham
шут *м.* fool
шушукам *гл.* whisper

щедър *прил.* generous
щепсел *м.* plug
щета *ж.* damage
щипка *ж.* peg
щипя *гл.* pinch
що *мест.* what
щраквам *гл.* click
щраус *м.* ostrich
щръквам *гл.* (*коса*) bristle
щурец *м.* cricket
щъркел *м.* stork

Ъ

ъгъл *м.* corner

Щ

щаб *м.* headquarters
щадя *гл.* spare
щанд *м.* stand
щастие *ср.* happiness
щастлив *прил.* happy, fortunate, lucky
щат *м.* state
ще *част. за бъд.вр.* shall, will; going to

Ю

юг *м.* south
юли *м.* July
юмрук *м.* fist
юни *м.* June
юрган *м.* quilt
юрист *м.* lawyer
ютия *ж.* iron
юфка *ж.* noodles

Я

ябълка *ж.* apple
явен *прил.* obvious
явление *ср.* phenomenon (*pl* phenomena)
ягода *ж.* strawberry
ягуар *м.* jaguar
яд *м.* anger
ядене *ср.* meal
ядка *ж.* nut
ядосвам *гл.* make angry
яздя *гл.* ride
яйце *ср.* egg
як *прил.* strong
яка *ж.* collar

яке *ср.* jacket
ям *гл.* eat, consume
ян *м. фил.* yang
януари *м.* January
японец *м.* Japanese
ярд *м.* yard
ярост *ж.* fury
яростен *прил.* furious
ярък *прил.* bright
ясен *прил.* clear; plain
ястие *ср.* dish
ястреб *м.* hawk
ято *ср.* flock
яхния *ж.* stew

GEOGRAPHICAL NAMES, NATIONALITIES AND LANDMARKS

ГЕОГРАФСКИ НАЗВАНИЯ, НАЦИОНАЛНОСТИ И ЗАБЕЛЕЖИТЕЛНОСТИ

Africa ['æfrɪkə] Африка
Alabama [ˌæləˈbæmə] Алабама
Alaska [əˈlæskə] Аляска
Alhambra [ælˈhæmbrə] Алхамбра
America [əˈmerɪkə] Америка
Antarctica [ænˈtɑːktɪkə] Антарктида
Appalachian Mountains [ˌæpəˈleɪtʃɪən] Апалачи
Arabic [ˈærəbɪk] арабски
Arran [ˈærən] о. Аран
Argentina [ˌɑːdʒənˈtiːnə] Аржентина
Arizona [ˌærɪˈzəʊnə] Аризона
Asia [ˈeɪʃə] Азия
Atlas Mountains [ˈætləs] Атласки планини
Australia [ɒˈstreɪlɪə] Австралия
Austria [ˈɒstrɪə] Австрия
Bahamas [bəˈhɑːməz] Бахамски острови
Balkan [ˈbɒlkən] Балкан; балкански
Barbados [bɑːˈbeɪdɒs] Барбейдос
Bermuda triangle [bəˌmjuːdəˈtraɪæŋgl] Бермудски триъгълник
Boston [ˈbɒstən] Бостън
Brazil [brəˈzɪl] Бразилия
Britain [ˈbrɪtn] Великобритания
British [ˈbrɪtɪʃ] британски
Bulgaria [bʌlˈgeərɪə] България
Bulgarian [bʌlˈgeərɪən] българин; български
Cairo [ˈkaɪərəʊ] Кайро
California [ˌkælɪˈfɔːnɪə] Калифорния
Cambridge [ˈkeɪmbrɪdʒ] Кеймбридж
Canada [ˈkænədə] Канада

Canary Islands [kəˈneərɪˌaɪləndz] Канарски острови
Cape Town [ˈkeɪptaʊn] Кейптаун
Cardiff [ˈkɑːdɪf] Кардиф
Caribbean [kəˈrɪbɪən] Карибско море; карибски
Chicago [ʃɪˈkɑːgəʊ] Чикаго
Chile [ˈtʃɪlɪ] Чили
China [ˈtʃaɪnə] Китай
Chinese [tʃaɪˈniːz] китаец; китайски
Colombia [kəˈlɒmbɪə] Колумбия
Colorado [ˌkɒləˈrɑːdəʊ] Колорадо
Cuba [ˈkjuːbə] Куба
Denmark [ˈdenmɑːk] Дания
Denver [ˈdenvə] Денвър
Detroit [dɪˈtrɔɪt] Детройт
Dover [ˈdəʊvə] Доувър
Dublin [ˈdʌblɪn] Дъблин
Duluth [dəˈluːθ] Дълут
Dutch [dʌtʃ] холандски
Easter Island [ˈiːstəˌaɪlənd] Великденски остров (Пасха)
Ecuador [ˈekwədɔː] Еквадор
Edinburgh [ˈedɪnbərə] Единбург
Egypt [ˈiːdʒɪpt] Египет
Egyptian [ɪˈdʒɪpʃn] египтянин; египетски
Emerald Isle [ˈemərəldˌaɪl] поет. Ирландия
English [ˈɪŋglɪʃ] английски
Europe [ˈjʊərəp] Европа
Everest [ˈevrest] Еверест
France [frɑːns] Франция
French [frentʃ] френски

Galapagos Islands [gə'læpəgəs ͵aıləndz] острови Галапагос
Georgia ['dʒɔːdʒə] Джорджия
German ['dʒɜːmən] немец; немски
Germany ['dʒɜːmənı] Германия
Glasgow ['glɑːzgəʋ] Глазгоу
Grand Canyon [͵grænd'kænjən] Големият (Гран) каньон
Great Britain [͵greıt'brıtn] Великобритания
Great Wall of China [greıt wɔːl əv 'tʃaınə] Великата китайска стена
Greece [griːs] Гърция
Greek [griːk] грък; гръцки
Guinea ['gını] Гвинея
Gulf of Mexico ['gʌlfəv͵meksıkəʋ] Мексикански залив
Hawaii [hə'waiiː] Хавайски острови
India ['ındıə] Индия
Indian ['ındıən] индианец; индиански; индиец; индийски
Ireland ['aıələnd] Ирландия
Irish ['aırıʃ] ирландски
Italian [ı'tælıən] италианец; италиански
Italy ['ıtəlı] Италия
Jamaica [dʒə'meıkə] Ямайка
Japan [dʒə'pæn] Япония
Japanese [͵dʒæpə'niːz] японец; японски
Java ['dʒɑːvə] о. Ява
Jew [dʒuː] евреин
Jupiter ['dʒuːpıtə] Юпитер
Kenya ['kenjə] Кения
Kilauea [͵kiːlaʋ'eıə] Килауеа
Lancaster ['læŋkəstə] Ланкастър
Liverpool ['lıvəpuːl] Ливърпул
London ['lʌndən] Лондон
Long Island [͵lɒŋ'aılənd] Лонг Айланд
Los Angeles [lɒs'ænd͵ʒı͵liːz] Лос Анджелис

Machu Picchu [͵mɑːtʃuː'piːktʃuː] Мачу Пикчу
Madagascar [͵mædə'gæskə] Мадагаскар
Madrid [mə'drıd] Мадрид
Maine [meın] Мейн
Malaysia [mə'leızıə] Малайзия
Malta ['mɔːltə] Малта
Manchester ['mæntʃıstə] Манчестър
Mars [mɑːz] Марс
Mauna Loa [͵maʋnə'ləʋə] Мауна Лоа
Mercury ['mɜːkjʋrı] Меркурий
Mexico ['meksıkəʋ] Мексико
Middle East [͵mıdl'iːst] Близкият изток
Minnesota [͵mını'səʋtə] Минесота
Mississippi [͵mısı'sıpı] Мисисипи
Mongolia [mɒŋ'gəʋlıə] Монголия
Mount McKinley [͵maʋntmə'kınlı] вр. Маккинли
Naples ['neıplz] Неапол
Nepal [nı'pɔːl] Непал
Neptune ['neptjuːn] Нептун
Netherlands, the ['neðələndz] Холандия
New Delhi [͵njuː'delı] Ню Делхи
New Orleans [͵njuː'ɔːliːnz] Ню Орлиънс
New York [͵njuː'jɔːk] Ню Йорк
New Zealand [͵njuː'ziːlənd] Нова Зеландия
North America [͵nɔːθə'merıkə] Северна Америка
North Pole [͵nɔːθ'pəʋl] Северен полюс
North Vietnam [͵nɔːθ͵vjet'næm] Северен Виетнам
Norway ['nɔːweı] Норвегия
Norwegian [nɔː'wiːdʒən] норвежец; норвежки
Pakistan [͵pɑːkı'stɑːn] Пакистан
Peru [pə'ruː] Перу
Pluto ['pluːtəʋ] Плутон

Poland ['pəʊlənd] Полша
Polish ['pəʊlɪʃ] полски
Polynesian [ˌpɒlɪ'niːʒən] полинезиец; полинезийски
Pompeii [pɒm'peɪɪ] Помпей
Poole [puːl] Пул
Portugal ['pɔːtʃʊgəl] Португалия
Portuguese [ˌpɔːtʃʊ'giːz] португалец; португалски
Pretoria [prɪ'tɔːrɪə] Претория
Rocky Mountains [ˌrɒkɪ'maʊntɪnz] Скалисти планини
Rome [rəʊm] Рим
Russia ['rʌʃə] Русия
Sahel, the [sə'hel] Сахел
Saturn ['sætən] Сатурн
Scotland ['skɒtlənd] Шотландия
Siberia [saɪ'bɪərɪə] Сибир
South America [ˌsaʊθə'merɪkə] Южна Америка
South Pole [ˌsaʊθ'pəʊl] Южен полюс
Spain [speɪn] Испания
Spanish ['spænɪʃ] испански
Sri Lanka [ˌsrɪ'læŋkə] Шри Ланка
Stonehenge [ˌstəʊn'hendʒ] Стоунхендж
Switzerland ['swɪtsələnd] Швейцария

Sydney ['sɪdnɪ] Сидни
Taj Mahal [ˌtɑːdʒmə'hɑːl] Тадж Махал
Tanzania [ˌtænzə'nɪə] Танзания
Tezcoco Lake [tez'kəʊkəʊ] ез. Тецкоко
Thai [taɪ] тайландец; тайландски
Tobago [tə'beɪgəʊ] Тобаго
Tokyo ['təʊkɪəʊ] Токио
Turkey ['tɜːkɪ] Турция
Turkish ['tɜːkɪʃ] турски
United Kingdom [juːˌnaɪtɪd'kɪŋdəm] Обединено кралство
Uranus [jʊ'reɪnəs] Уран
Uruguay ['jʊərəˌgwaɪ] Уругвай
USA [ˌjuːes'eɪ] САЩ
Utah ['juːtɑː] Юта
Venezuela [ˌvenɪ'zweɪlə] Венесуела
Venus ['viːnəs] Венера
Vesuvius [vɪ'suːvɪəs] Везувий
Victoria Falls [vɪkˌtɔːrɪə'fɔːlz] водопад Виктория
Wales [weɪlz] Уелс
Welsh [welʃ] уелски
West Indies [ˌwest'ɪndɪz] Уест Индия (*остаряло название на Антилските и Бахамските острови*)

ABBREVIATIONS

СЪКРАЩЕНИЯ

a.m. [eɪ em] *ante meridiem* преди пладне
BBC [ˌbiːbiː'siː] *British Broadcasting Corporation* Би Би Си
DIY [ˌdiːaɪ'waɪ] *Do IT Yourself* направи си сам
FIFA ['fiːfə] *Federation of International Football Associations* ФИФА
p.m. [piːem] *post meridiem* след пладне
PTO [ˌpiːtiː'əʊ] *Please Turn Over* Моля, обърни

IRREGULAR VERBS

НЕПРАВИЛНИ ГЛАГОЛИ

Infinitive	Past Tense	Past Participle
awake	awoke	awaked, awoken
be	was/were	been
bear	bore	borne
beat	beat	beaten
become	became	become
begin	began	begun
bend	bent	bent
bet	bet, betted	bet, betted
bite	bit	bitten, bit
bleed	bled	bled
blow	blew	blown
break	broke	broken
breed	bred	bred
bring	brought	brought
broadcast	broadcast, broadcasted	broadcast, broadcasted
build	built	built
burn	burnt, burned	burnt, burned
burst	burst	burst
buy	bought	bought
catch	caught	caught
choose	chose	chosen
come	came	come
cost	cost	cost
creep	crept	crept
cut	cut	cut
dig	dug	dug
do	did	done
draw	drew	drawn
dream	dreamt, dreamed	dreamt, dreamed
drink	drank	drunk
drive	drove	driven
eat	ate	eaten
fall	fell	fallen
feed	fed	fed
feel	felt	felt
fight	fought	fought
find	found	found
fly	flew	flown

forget	forgot	forgotten
forgive	forgave	forgiven
freeze	froze	frozen
get	got	got; *ам.* gotten
give	gave	given
go	went	gone
grind	ground	ground
grow	grew	grown
hang	hung, hanged	hung, hanged
have	had	had
hear	heard	heard
hide	hid	hidden
hit	hit	hit
hold	held	held
hurt	hurt	hurt
keep	kept	kept
kneel	knelt	knelt
knit	knitted, knit	knitted, knit
know	knew	known
lay	laid	laid
lead	led	led
learn	learnt, learned	learnt, learned
leave	left	left
lend	lent	lent
let	let	let
lie	lay	lain
light	lit, lighted	lit, lighted
lose	lost	lost
make	made	made
mean	meant	meant
meet	met	met
melt	melted	melted, molten
mistake	mistook	mistaken
overcome	overcame	overcome
pay	paid	paid
prove	proved	proved, proven
put	put	put
quit	quitted, quit	quitted, quit
read	read	read
ride	rode	ridden
ring	rang	rung
rise	rose	risen
run	ran	run
say	said	said
see	saw	seen
sell	sold	sold
send	sent	sent
set	set	set

sew	sewed	sewn, sewed
shake	shook	shaken
shave	shaved	shaved, shaven
shine	shone	shone
shoot	shot	shot
show	showed	shown, showed
shut	shut	shut
sing	sang	sung
sink	sank	sunk, sunken
sit	sat	sat
sleep	slept	slept
slide	slid	slid
smell	smelt, smelled	smelt, smelled
sow	sowed	sown, sowed
speak	spoke	spoken
spell	spelt, spelled	spelt, spelled
spend	spent	spent
spill	spilt, spilled	spilt, spilled
spin	spun, span	spun
spit	spat	spat
split	split	split
spoil	spoilt, spoiled	spoilt, spoiled
spread	spread	spread
stand	stood	stood
steal	stole	stolen
stick	stuck	stuck
sting	stung	stung
stink	stank, stunk	stunk
strike	struck	struck, stricken
swear	swore	sworn
sweep	swept	swept
swim	swam	swum
take	took	taken
teach	taught	taught
tear	tore	torn
tell	told	told
think	thought	thought
thrive	throve, thrived	thriven, thrived
throw	threw	thrown
understand	understood	understood
upset	upset	upset
wake	woke, waked	woken, waked
wear	wore	worn
weave	wove	woven
weep	wept	wept
win	won	won
wind	wound	wound
withdraw	withdrew	withdrawn
write	wrote	written

КНИГИТЕ НА „ХЕРМЕС"
МОЖЕТЕ ДА ЗАКУПИТЕ
ВЪВ ФИРМЕНИТЕ НИ КНИЖАРНИЦИ:

Пловдив • ул. „Патриарх Евтимий" 12, срещу
хотел „България", етаж 2
• Търговски център GRAND, етаж 2
• ул. „Д. Юруков" 2
Бургас ул. „Гладстон" 67
Видин МОЛ Видин
Стара Загора МОЛ „Галерия", етаж 3
Русе МЕГАМОЛ Русе
и всички добри книжарници в страната

Надя Джанкова

АНГЛИЙСКО-БЪЛГАРСКИ/БЪЛГАРСКО-АНГЛИЙСКИ РЕЧНИК
ENGLISH-BULGARIAN/BULGARIAN-ENGLISH DICTIONARY

Отговорен редактор
Мария Тоскова

Компютърна обработка
Калин Гарабедян

Коректор
Недялка Георгиева

Българска, първо издание
Формат 60 / 84 / 16
Печатни коли 12

ИЗДАТЕЛСКА КЪЩА „ХЕРМЕС"
Пловдив 4000, ул. „Богомил" № 59
Тел. (032) 608 100, 630 630
E-mail: info@hermesbooks.com
www.hermesbooks.com

Печат: „Полиграфюг" АД – Хасково